JN004550

頂《いただき》はいつも遠くに

鹿島アントラーズの30年

寺野典子

集英社

頂はいつも遠くに　目次

写真／©KASHIMA ANTLERS
ブックデザイン／アルビレオ

序章　コロナ禍

敵のボールを奪い、攻撃に転じるとき、カシマスタジアムにお馴染みのドラムロールが鳴り響く。果敢に敵陣へ攻め入る合図であり、アントラーズイレブンの背中を押す力だ。

２０２１年5月30日、アウェイの川崎フロンターレ戦。1－2で敗れた敵地での試合は、「Jリーグ 新型コロナウイルス感染症対応ガイドライン」に基づき、ビジターのゴール裏に鹿島サポーターの姿はなかった。低調だった前半に失点、後半16分に同点に追いつき、逆転を狙うアントラーズに加勢する音のないスタジアム。わずかな違和感が生まれる。終了間際に失点し、敗戦となった結果がビジター観客の有無の所為《せい》だとは思わないけれど、そこに足りないもの、不在の大きさを想う試合ではあった。

２０２０年春、世界中に蔓延した新型コロナウイルスは、1年半経ってもこの世から消えることはなかった。口と鼻を覆うマスク姿が当然となった社会にも、人との距離を意識する日常にも慣れてきた。歓声や歌声に代わり温かい拍手や手拍子が響くスタジアムは、過去とは違う空間になったが、逆にそれは欧州のスタジアムに似ているなとも思えた。歌うことも、声を出し続けることもなく、ピッチを見つめる観客が作る静寂。素晴らしいプレーに感嘆のどよめきが生まれ、スタンディングオベーションと拍手で称える。以前、目にしたそんな光景を思い出す。

ニューノーマル。

新しい日常を模索せざるを得ない状況で、暮らしや日常だけでなく、経済も大きく変わるだろう。飲食店や小売店、病院にとどまらず、エンターテインメントの現場も疲弊している。プロサッカークラブも同様だ。

２０２０年、Ｊリーグは、約４か月間公式戦を中断した。再開後も無観客試合を実施し、２０２１年になっても入場者数の制限は続く。クラブ経営に大きな打撃を与えたのは確実だった。鹿島の２０２０年の営業収入は47億９千７００万円。２０１９年の営業収入が67億６千８００万円だったことを考えると、20億円弱の減収となった。人件費やトップチーム運営費などの営業費用は57億４千６００万円で、営業損失は９億４千９００万円。２０１９年は１億円弱の黒字を計上したところから一転、10億円近い赤字に。

「親会社であるメルカリからの借り入れなどを行い、資金繰りの不安がある状況ではない」

社長の小泉文明《ふみあき》は「２０２０年度決算報告に関するオンライン説明会」で話している。

２０１９年７月30日。

日本製鉄およびその子会社が保有する株式のメルカリへの譲渡が発表され、鹿島アントラーズＦＣはメルカリの子会社となった。

１９９３年、Jリーグが開幕した際、参加したクラブのほとんどが、企業のサッカーチームを母体としたクラブだった。三菱重工、日産自動車、古河電工、松下電器など大手製造業が支えていたことは、ある種、日本の高度成長期を表しているようだ。

鹿島アントラーズは住友金属工業蹴球団を母体として誕生している。Jリーグ参入後も住友金属は長きにわたりクラブをサポートしてきた。鹿島は多くのタイトルを獲得し、常勝軍団と呼ばれるほどの成長を遂げたが、親会社である住友金属は日本の鉄鋼業不況もあり、合併を経て、２０１９年に日本製鉄としてスタートを切ったばかりだった。

２０１８年の鹿島の営業収入は、ＡＣＬ（ＡＦＣチャンピオンズリーグ）優勝の影響もあり、70億円を超えた。しかし、当時から現場が抱く危機感は小さくはなかった。

２０１１年、鹿島アントラーズは創設20周年にあたり、「ＶＩＳＩＯＮ　ＫＡ41」を発表している。これはクラブ創設50周年を迎える、２０４１年にどのようなクラブとして存在するかというビジョンを掲げたものだ。クラブにかかわる人間が変わっても、将来にわたり追い続けるべきものを明確化している。３年ほどの時間をかけて、専門機関に１千以上の項目の調査を依頼し、サポーターなどへのヒアリングや、世界中のサッカークラブの視察も行い、精査したうえで発表された。実はこのとき、「このままでは、クラブの存続も危うい」という結論も出たという。当時40億程度だった営業収入を70億を超えるまでに伸ばしたのも、クラブ消滅を起こりうる現実として受け入れた結果だろう。

それでも、現状維持は自滅への道のりだという意識は変わらない。さらなるスピード感を持ち、新しいことにチャレンジしていかなければならない。しかし、何かを決めるとき、親会社の判断を仰ぐ際にかかる時間を足かせに感じることもあっただろう。

サッカーの現場もテクノロジーの発展により、大きく進化し、変わった。たとえば、データなどの分析力は対戦相手の情報だけでなく、チーム強化の鍵を握り、重要性が増している。アンダーシャツに内蔵したデバイスにより、選手の位置情報、走行距離や走行スピード（減速や加速）、体の向きや傾きなどのデータ収集を行い、そのデータをどう分析活用するかは、パフォーマンスの向上だけでなく、ケガの予防にもつながるといわれている。Ｊリーグでは２０１６年から公式戦での着用が許可され、活用しているクラブも多い。

どんな世界でも、最先端といわれるものは日進月歩。加速度をつけながら、進化を続けていく。戦術、チーム運営、ビジネスでも同じだ。鹿島がスピード感を欲したのも当然だった。

ＢtoＢといわれる企業間取引が主体である日本製鉄と、直接消費者と取引するＢtoＣである鹿島とでは、考え方や文化に齟齬が生まれても致し方ない。ひとつの企業として、サッカークラブが生き残るには、同じ文化を持つ企業のもとにいるほうが、親子双方にメリットが生まれるという判断があった。

２０１９年の経営権譲渡承認後の会見で、鹿島の庄野洋社長（当時）はこう語っている。

「ビッグクラブとなるためのさらなる発展を求めるとき、クラブとして受け継がれてきた伝統やフィロソフィーはしっかりと継承しつつも、変わるべきものはしっかりと変えていかなければならない。メルカリさんの血が新しく入ることで、クラブの持続的成長へ非常にプラスに働いてくるものだと確信しています」

「親会社を変える」

　そんな発想がクラブ内で芽生えたのは２０１６年ごろだった。２０１７年、鹿島のスポンサーとなったメルカリは、鹿島が経営権譲渡先探しをしていると知り、手を挙げている。「テクノロジーを使えば、もっとクラブがよくなる」と小泉文明は訴えた。テクノロジーやデジタルがクラブの未来に欠かせないと考えていた鈴木秀樹（取締役マーケティングダイレクター）にも小泉の言葉は強く響き、いくつかの候補のなかからメルカリを選んだ。子どものころからアントラーズファンだという小泉の姿にも安心感を抱いたはずだ。

「地元におけるアントラーズの大事さを私自身、非常に感じている。私たちの得意分野であるテクノロジーを使い、地域地元を大切にしつつ、東京、日本全国のアントラーズファンをアセットとしながら、ビジネスをしていきたい。会社として体力をつけて、アントラーズの価値をさらに上げていくことが重要だと考えています」

　社長就任会見で小泉は、穏やかな表情で語った。ミクシィやメルカリといったスタートアップ企業を育て上げた手腕の持ち主である小泉が醸し出すのは温和な空気感だ。しかし、その瞳の強さは印象に残った。どんな質問にも丁寧に対応し、言葉を尽くした。

その半年後に始まったのが、新型コロナウイルス感染拡大だ。

「クラウドファンディングで１億３千万が集まった。親会社がメルカリだったからこそ、コロナ禍であってもデジタルでいろんなことがやれる。うん、すごいよ」

長く強化部（現フットボールグループ）で仕事をしてきた鈴木満（取締役フットボールダイレクター）が語るように、２０２０年夏、ふるさと納税と組み合わせた画期的なクラウドファンディングを実施。ほかにも、オンラインライブイベント「鹿ライブ」でのギフティング（投げ銭）や鹿行《ろっこう》の「食」を届けるプロジェクト、地元企業のＤＸコンサルタントやパートナー企業のビジネスマッチングなど、さまざまな動きを見せている。

コロナ禍は、数年前から鹿島が注力している「ノンフットボールビジネス」を大きく進める時間をもたらした。スタジアムが空っぽになり、トレーニングもままならず、リモートワークでクラブハウスに集まる人は少なくなったが、鹿島は熱を蓄え、歩みを止めてはいなかった。

「数年かけてやっていこうと思っていたことがどんどん進んでいきました。収入的にはもちろん厳しいです。でも、ここで培った時間があれば、アフターコロナの時代に向けていい方向へ進んでいけると感じています。『こういうことがやりたい』というスタッフの声に、『だったらこんなやり方がある』と僕らが提案できる。サッカー業界とインターネット業界がぶつかることで、かなりいい化学反応が起こっていると感じています。相互にリスペクトしながら1年間やってきたことは、すごく大きいなと思います」

小泉が語る鹿島で生まれたケミストリーは、サッカーやスポーツ業界だけでなく、さまざまな現場で実際に生まれている。テクロノジーが、社会や生活を変えているのだ。

「２０１１年の東日本大震災以降、観客が戻るまでに3年もかかった。でも今回はもっと速いスピードで回復させたい」

鈴木秀樹の言葉が力強いのは、新たな武器を手にしているからだろう。鹿島にとって、コロナ禍はデジタルという武器が問題解決の選択肢を増やし、解決スピードをあげることを証明するひとつの機会になったのかもしれない。

「99・9999パーセント不可能」

Jリーグ参加を表明した住友金属工業蹴球団に対して、Jリーグ初代チェアマンの川淵三郎は、そう言った。日本サッカーリーグ2部の成績やホームタウンの小ささなど理由はいくつもあったに違いない。それでも、1万5千人収容のスタジアム建設などの条件をクリアし、住金蹴球団はJリーグ入りを果たす。

その後、ジーコが加入。鹿島はプロクラブとして歩み始め、「FOOTBALL《フットボール》 DREAM《ドリーム》」を追い続けて創設30周年を迎えた。20個の国内外主要タイトルを手にした歴史は、必ずしも未来を約束してくれるものではない。だが、揺るぎない軸がもたらした成功体験は、鹿島アントラーズが鹿島アントラーズであるべき理由を教えてくれる。

２０２１年10月1日、「クラブ創設30周年 ＶＩＳＩＯＮ ＫＡ41 事業発表会見」が行われた。10年前からアップデートされた鹿島アントラーズの未来の姿は輝かしい。そこへ向かう道程には、きっとさまざまな困難が待ち受けているだろう。けれど、鹿島はひるまない。

「すべては勝利のために」

絶えず変化する現状を把握し、未来を見据え、危機感を抱き、その解決に奔走する。ピッチ上で戦うフットボールもそれを支えるビジネスも、常にその姿勢が貫かれてきた。それが鹿島アントラーズの生き方であり、強さの秘密だ。

「これだけ小さな町で、成功して、お客さんが集まり、いろんな人が助けてくれるのは、優勝できたから、勝ってきたからというのは間違いない。『自分たちはいいサッカーをしています』と言いながら、勝てなければ、それはただの自己満足だと思う。優勝できなくなれば、本当に普通のチームになってしまう。だから、やっぱり、勝ち続けなきゃいけない」

２０１８年の現役引退後、アカデミーで後進の育成に汗を流す小笠原満男の言葉が重く響くのは、タイトルから遠ざかっている現実があるからだ。

mercari
mercari
LIXIL
8

RISO
27

ポジションを示した記述は次の通りです。
ＧＫ（ゴールキーパー）、ＤＦ（ディフェンス）、
ＣＢ（センターバック）、ＳＢ（サイドバック）、
ＭＦ（ミッドフィルダー）、ＦＷ（フォワード）

（本文中　敬称略）

第一章　初勝利

「試合に勝ったとか、
そういう喜びに浸る時間はなかったですね。
とにかく試合が無事に開催できたこと。
そしてそれを終えられたこと。それだけだった」

――鈴木秀樹

２０２１年６月27日。４－０で北海道コンサドーレ札幌を下した鹿島アントラーズは、Ｊリーグ史上最速でホーム３００勝を達成。相馬直樹監督就任後、約１か月半で９試合を戦い、６勝１分２敗と上昇傾向を見せつつあったが、６月20日ベガルタ仙台戦、６月23日大分トリニータ戦と下位に苦しむチームに手を焼き、引き分けが続いたあとの快勝だけに、カシマスタジアムは沸いた。

「（１９９３年の）開幕戦で名古屋グランパスエイトを５－０で破った試合、ジーコさんのハットトリックは衝撃でしたね。そこからＪリーグブームが起きて、日本代表にも注目が集まり、サッカー界が大きく変わり始めるんだなというのを子どもながらに実感しました。鹿島は逆境に強いクラブという印象があって、好きだったんです」

のちに鹿島に加入する岩政大樹《だいき》は、１９９３年５月16日の鹿島のホーム１勝目を深く記憶に刻んだ。川崎フロンターレで現役を全うした中村憲剛《けんご》も大きなインパクトを受けたと話す。

「オフトジャパンに注目が集まり、Ｊリーグブームの機運が高まるなかで、僕は全国大会にも出場し、『僕は将来絶対にJリーガー、プロになる』と卒業文集に書く小学生だったんです。でも、中学に入ると、周りに体格のいい選手が揃ってきて、小さかった僕は、壁にぶち当たってしまった。半年前までJリーガーになりたいと思っていたのに、それは届かない夢に思えて、モヤモヤ、屈折していたときにJリーグが開幕しました。ジーコさんのハットトリック、そのゴールシーンは今でも覚えています。『いやー、ジーコすごいな』と純粋に驚きました。二強といわれるヴェルディやマリノスとは違う、今まで知らなかったアントラーズがその後、優勝をかっさらっていくんだから。インパクトは大きかったですね」

記憶の鮮やかさを物語るように中村の声が弾む。プレーヤーとして苦境に立たされた少年の心に落とされた一滴のしずくは、のちに大きな力に変わっていくことになる。

5月15日、国立競技場で行われたヴェルディ川崎対横浜マリノス戦で幕を開けたJリーグ（日本プロサッカーリーグ）。鹿島の大勝は、そんなJリーグ開幕に花を添える一戦となった（ヴェルディ川崎は現東京ヴェルディ、横浜マリノスは現横浜F・マリノス）。

「試合に勝ったとか、そういう喜びに浸る時間はなかったですね。とにかく試合が無事に開催できたこと。そしてそれを終えられたこと。それだけだった」

スポンサー集めから、チケット販売、試合の運営……。当時、事業面をすべて担っていた鈴木秀樹にとってその夜は、勝利の美酒に酔う間もなかった。

「名古屋戦は開幕ということで、チケットは完売していたけれど、その３日後の試合（横浜フリューゲルス戦）は、３千枚くらいしか売れていなかった」

チケット販売を担当していた高島雄大（現育成責任者）が振り返る。売れていないのはその先の試合も同じ。しかし状況は一変する。

「開幕戦が終わった翌日、テレビの朝の情報番組で紹介されたすべてのスポーツ紙の一面がジーコだった。そこからチケットが急激に売れ始め、３日後の試合も１万枚近く売れました。それ以降はずっとソールドアウトになるんです」

しかも、鹿島の快進撃は続き、７月７日第16節でファーストステージ優勝を決める。

「日本リーグは、ヴェルディとマリノスの時代だった。私はこれを変えたかった。アントラーズはＪリーグの模範だ。鹿島を10番目の参加チームとして選んだときには、反対もあった。鹿島は、Ｊリーグが理想としていること、私がやってほしいことをすべてやってくれた」

当時の川淵三郎チェアマンは、自身の描いたストーリーが現実となったことを喜んだ。

１９６５年、日本で初めて発足したサッカーリーグ「日本サッカーリーグ」（以下ＪＳＬ）は、アマチュア選手によるアマチュアリーグだった。観戦者数もわずか。それでもドイツで日本人初のプロサッカー選手となった奥寺康彦が１９８６年に帰国して古河電工サッカー部に復帰すると、スペシャル・ライセンス・プレーヤー制度が設けられ、奥寺だけでなく、木村和司などプロ契約を結ぶ選手が続々誕生する。さらにＦＩＦＡワールドカップメキシコ大会（１９８６

年）のアジア予選で、先に国内リーグがプロ化していた韓国に敗れ出場権を逃したことで、日本サッカーの強化においてもプロリーグの必要性が論じられるようになった。

同時に２００２年ワールドカップ招致の機運も高まり、代表の強化に加えて大会開催に必要なスタジアムの建設も進むなど、プロリーグ発足のあと押しとなる。１９８９年、日本サッカー協会内に「プロリーグ準備検討委員会」を設置。90年、プロリーグ参加条件が発表される。

「僕はちょうど、サッカー協会のプロリーグ準備室に出向していたので、住金を離れて、プロクラブで仕事をすることも少し考えていた。『住友金属がプロリーグ入りに手を挙げた』と報道が出て、『うちがやるのか？』と驚きました。みんな指導者やスカウト、ピッチのことをやりたいから、一番若手で下っ端だった僕が自然と事業面の仕事をやることになった」

鈴木秀樹が当時のことを愉快そうに話す。そこから30年仕事に邁進し、成果を手にした男の熱量が伝わってきた。

鹿島アントラーズＦＣ創設へ

神奈川県横須賀市の陸上自衛隊少年工科学校（現高等工科学校）から、陸上自衛隊富士学校の教官になった鈴木は、日本Ｂ代表候補合宿に呼ばれ、その後住友金属工業蹴球団へ移籍した異色の経歴を持つ。好奇心旺盛で勉強熱心かつ思考も柔軟。詳細なエビデンスを基に、先を見通し、強い決断力で、さまざまな施策を実施してきた手腕は「天才」と称されている。

プロリーグ入りを表明したとはいえ、スタッフの数は少ない。選手もスタッフも普段は住友金属で仕事をしながら、トレーニングやリーグ戦の運営などを行っていた。しかし、プロクラブともなれば、やるべきことは山積している。特にスポンサー集めや自治体との連携など、ピッチ外の環境整備は急務だが、経験も乏しく困難が予想された。それを担う鈴木は「一緒に働く人間についての人事権は僕に任せてください」という条件で仕事に就いた。

住友金属工業蹴球団は、１９４７年に同好会として創設され、１９５６年に正式なサッカー部、蹴球団として大阪本社で活動を開始した。１９７５年に鹿島製鉄所のある茨城県鹿島町（現鹿嶋市）へ移転。このころから本格的な強化も始まり、いわば鹿島町が誕生の地といえる。

もともと半農半漁の鹿島町は、１９６０年以降、県の鹿島臨海工業地帯造成計画により、一大工業地帯となった。１９９８年に発表された大鋸《おおが》順の論文「Jリーグクラブチームの設置による地域活性化―茨城県鹿島町の事例―」によれば、10年間で人口が倍増し、町の歳入も２億円から60億円弱にまで増加したという。しかし、娯楽もない町の20代の人口は減少。鹿島町は１９９０年に近隣の自治体や企業とともに「楽しい街づくり懇談会」を発足させている。住友金属も同年作成した「２０００年ビジョン（住友金属の21世紀の在り方）」のなかで、「企業の発展は町づくりから」という理念のもと積極的に地域貢献を推進する方針を決定した。同社でも鹿島町への転勤が若い社員を中心に不人気だったこともあり、蹴球団のプロリーグ参入の決定は自治体や住友金属が抱える問題解決の起爆剤と期待された。

卜伝の郷運動公園に建設予定だったスタジアムの収容人数を、Ｊリーグの基準に合わせて３千人から１万５千人へと変更し、のちに屋根付きスタジアムが誕生。十数億円をかけて、当時としては珍しい、事務方もチームも同じ屋根の下で運営されるオールインワンのクラブハウスも完成し、選手寮、雄飛寮も完備した。

こうして１９９１年２月、Ｊリーグ加盟の10チームに選ばれ、同年10月、株式会社鹿島アントラーズＦＣが創設される。

住友金属や自治体のサポートでプロクラブ設立のための初期費用を賄うことはできたが、ここから先のランニングコスト、運転資金は自分たちでなんとかしなくてはならない。

「これからどうなっていくのか。どうしなければいけないのか」

危機感は鈴木秀樹の胸に深く、そして色濃く刻まれたに違いない。その後の30年間、常に先を見てきた彼を思えば容易に想像できる。

「Ｊリーグ全体が、何年持つのだろうか？　という疑いが僕自身のなかにはありました。それまでのＪＳＬの姿を見ていたら、Ｊリーグが成功して、ヨーロッパのようになるなんて思っていた人は、半分にも満たないんじゃないかと思います」

現在は鹿島のマーケティンググループで働く吉田誠一が話す。日本経済新聞社の記者として、長くサッカー現場を取材してきたからこそ、安易な成功はないと実感していたのだろう。

それでも、１９９２年のヤマザキナビスコカップからJリーグブームといわれる現象が生まれた。１９９３年のJリーグ開幕以降、県立カシマサッカースタジアムの入場者数も1試合1万5千人近い数を重ねる。地元だけでなく、都心から観戦に訪れる人の数も相当数に上った。マッチデーには、スタジアム近隣に民間駐車場が生まれ、賑わいを見せるようになる。スタジアムでは老若男女のスポーツボランティアの活動も始まった。

「アントラーズができて、暴走族がいなくなったらしい」

ＳＮＳのない時代にそんな噂が耳に入る。アントラーズは地元の若者の娯楽を変え、ひいては地域社会に大きな影響をもたらした。

ファーストステージ優勝後、鹿島町長から感謝状を贈られた団体がある。ＩＮ．ＦＩＧＨＴ（インファイト）だ。

Jリーグ人気を語るとき、「サポーター」は欠かせない存在だ。それまでプロ野球など贔屓の団体や個人を応援する人たちはファンと呼ばれていたが、Jリーグ発足とともにファンとは異なる存在として「サポーター」に注目が集まる。サポーターは応援だけでなく、クラブの理念や思想を理解し、ときには批判もする存在だ。

Jリーグ発足初年度から参加した10のクラブには、それぞれ熱狂的なサポーターグループが誕生し、チャントを歌い、声を上げ、太鼓を叩き、大旗を振るなど、スタジアムを彩った。そんなグループの多くは、欧州や南米のサッカーシーンに影響を受けた当時20代のサッカーファンによって運営されている。インファイトもそのひとつだった。

「当時10人ほどだったスタッフのうちの何人かで食事をしていたんです。奥にある座敷から、『アントラーズができるんだから、応援はどうする？』みたいな声が聞こえてきた。背中越しにそういう声を耳にした僕らは、途中からその輪に加わったんです。自営業者や会社員、女子高生などいろんな立場の人が集まって、アントラーズについて話していたんですよ。これ、本当の話です（笑）。で、会社の朝礼でその話をして、有志みんなでお金を出し合って、太鼓を贈ろうということになったんです」

インファイトは鹿島のゴール裏の文化を形成した。その軸となる太鼓の由来は小さな町の奇跡だったと高島が教えてくれた。

「カシマスタジアムができる前は、まだ鹿島にはスタジアムもなくて、声を出して応援してくれる人も点々としていた。だから、太鼓があれば、まとまるんじゃないかというふうに思ったし、ちょうどバンドをやっている人がいたしね。それに当時スタジアム観戦の主流だったチアホーンはちょっと違うなぁとも思っていたから」

開幕に向けてチームは動き出す

高島は大学を卒業後、銀行員として働きながら、当時ＪＳＬ２部だった甲府クラブで現役を続けていた。しかし、転勤族ともいわれる銀行員という立場から現役引退を考えるようになっていた。そんなとき、当時古河電工サッカー部のマネージャーだった長岡茂から、「鹿島アントラーズで人を募集している」と誘われ、面接へ赴いた。

「新しいクラブハウスやスタジアムの工事現場を見て、当時日本にはそんな施設はなかったから、本当に驚きました。びっくりという感じです。あと、帰る前に偶然ジーコと会えたんです。そのとき『ジーコがマラドーナの弟のウーゴに似てるって話していたぞ』と通訳の方が教えてくれたのも、本当にうれしかった。日本にプロリーグができるという話を聞いたときは、アメリカ（北米サッカーリーグ。１９８４年に解体）や韓国（１９８３年にスーパーリーグの名でスタートしたＫリーグ）などうまくいっていない例もあったので、せっかくやるんだから、成功してほしいと思っていたし、役に立ちたい気持ちもあったので、迷いはありませんでした」

　高島は銀行を退職し、鹿島での人生を歩むことを決断する。

「学生時代に何度か南米や欧州へサッカーを見に行ったんです。スタジアムの空気を作っているサポーターの存在は本当に魅力的だった。こういうなかでサッカーができたらどんなに幸せだろうと思いましたね」

　開幕当時は、鈴木秀樹曰く「高島はチケットを数えるのが速かったんだよ。銀行でお札を数えていたからさ」とチケット販売にも携わったが、仕事はそれだけでなく、ペプシカップで来日したブラジルのフルミネンセＦＣに帯同したり（ポルトガル語が話せるわけではなく、通訳もいなかった）、サッカースクールの運営スタッフをしたりと走り回った。

「徐々にゴール裏にサポーターが集まるようになり、試合を見に来るだけでなく、チームを勝たせるという想いを持つ人が増えて、今のサポーターという形になっていった。僕は彼らと年齢も近く、食事をする機会もあったし、『南米やヨーロッパのサポーターはこうだった』みたいな話を重ねる機会もありました」

　高島の熱意は、試合を勝たせるホームスタジアムの雰囲気作りへとつながっていく。

「コロナ禍で世界中のスタジアムからサポーターがいなくなりましたよね。でもこのままでは、本当の意味での試合は成り立たない。それはジーコと何度も話しました。サポーターはサッカーの試合の一部なんです。彼らが生み出す高揚感は選手だけでなく、スタジアムにも影響を及ぼします。今、コロナの影響で声も出せないというなかでも、できる範囲で選手を鼓舞してくれるのは、本当にありがたい」

　ジーコが示したサポーターへの姿勢は、創設時からクラブで共有される文化となる。クラブ公式マガジンとして「月刊フリークス」が誕生した理由もそれが所以《ゆえん》となっている。

「１９９５年夏にサントスの清水エスパルスへの移籍に関して、いろいろなところから情報が出て、クラブの想いというのが伝わらないまま、サポーターが抗議行動を起こしたんです。そういうなかでジーコのアドバイスもあり、新聞などのメディアを通さず、クラブからリアルな情報を発信しようと『フリークス』が誕生しました。創刊号で僕がジーコの話を聞いたんですが、このときもサポーターの大切さについて、強く語ってくれました」

　そんな高島は１９９７年からジーコとともに毎年ブラジルでＵ－15年代の大会、日伯友好カップにも携っており、現在はアカデミーの責任者を務めている。

「優勝が決まったとき、まず思ったのは、目標というのは、１８０の力を出せば届くことを指すのではなくて、困難と思われることを目標にし、そこへ向かうということなんだと。困難なことだからいろんな問題があるし、意見もぶつかる。そこで問題解決のために議論し、やるべきことを明確にして進んでいく。目標の立て方とはそういうことだと思ったよ」

　ファーストステージで優勝を飾ったとき、鈴木満がそう実感したのは、開幕直前にジーコが発した言葉があったからだ。

「よし、優勝するぞ！」

　その場にいた人間のなかで一体何人がジーコの言葉を真に受けただろう。もちろん、目指すべき目標は高いほうがいい。「優勝を目指して頑張ろう」という空気は重要だが、最後に参加が決まった鹿島が優勝するなんて、絵空事だと言われてもおかしくなかったはずだ。しかし、ジーコの真剣な表情に鈴木満は言葉を呑み込んだ。

「やっとプロになれて、本田技研工業サッカー部などから、選手を補強はしたけれど、やっぱりベースを考えると、自分たちの力は下のほうだろうと予想はしていた。川淵さんにも『ビリにはなるなよ』と言われた。せめて中位くらいでというのが現実的な感覚だった。イタリア遠征から帰国して、さあ開幕というときに『絶対優勝する』とジーコが言っても、最初は『口で言うのは簡単だけど』という気持ちが当然あった。でも、ジーコは本気。本気で優勝しようと考えているし、トレーニングから始まって、すべてが『優勝するために必要だ』と毎日毎日言われ続ける。そうすると自然と優勝を意識できるようになるし、そのために何をしなくちゃいけない、これをやるべきなんだという空気に変わっていった」

身の丈に合った目標を立てていたら、それ以下の結果しか手にできなかっただろう。そして初タイトルは、その後の鹿島を決定づける大きな意味を持つことになる。無謀とも思える夢を実現する勇気にも似た意識を、ジーコはクラブに根付かせたのかもしれない。

主務として現場に立っていた長石博之（現アドミンチーム）は語る。

「目標達成には行動が伴わなければならないので、優勝を意識すれば行動が変わるのは当然です。優勝を目標にしたことが、選手だけでなく、スタッフのモチベーションを刺激したのも事実。ただ、当時は目の前のことで精いっぱいでした。それが、今日の試合に勝てたという現実へとつながっていく。『優勝を目指す』という高すぎる目標があったからかもしれませんが、結局、一つひとつクリアして、積み重ねたものによって自信も生まれ、優勝を飾ることができた。そこがアントラーズの強みだと思うんです。一つひとつの結果を大事にしていくことがアントラーズの伝統になったと感じています。粘り強く、勝っていけるのは、そういった一つひとつ、一歩一歩を大切にするから。それは今も変わらないですね。その原点があの１９９３年のファーストステージだったのかもしれません」

２０２０年に引退した中村憲剛は言う。

「自分たちがタイトルを獲ったときに、なぜ鹿島がタイトルをたくさん獲ってきたのかという理由がわかりました。タイトルを獲ることで、自分たちの日常、クラブハウスやピッチで過ごす日常の景色が変わるんです。毎シーズン、タイトルを目指して戦っているけれど、獲れないと、やっぱり半信半疑なんですよ。でも、タイトルを獲ったとき、自分たちの取り組みが是だった、よかったと肯定できる。そうすれば、次の年ももっとやろうよというふうになるわけです。日常に対する納得力、説得力が違ってくるんですよね。それを、鹿島は１９９３年に達成しているわけです。鹿島の源はそこじゃないですか？　タイトルを獲ったこと。強いから獲ったんじゃなくて、タイトルを獲ったから強い」

ひとつの成功体験が鹿島にもたらしたのは、自分たちの基盤への自信だった。１９９３年セカンドステージは10勝８敗で４位に甘んじたが、どのように進むべきかという方法論や姿勢の確かさが揺らぐことはなかった。

１９９４年に提示された「スピリット・オブ・ジーコ」は、鹿島のあるべき姿を的確に言語化し、可視化したものだ。クラブの一員が大切にすべきこと、クラブの理念を表した。それが形骸化しないのは、ジーコ自身の言動に触れたスタッフや選手がいるからだろう。そして彼らはジーコが不在となった間も変わらぬ熱量で「スピリット・オブ・ジーコ」を、そしてその精神を「献身・誠実・尊重」という指針にして心の拠り所にし、自分たちの正しさの規範にしたのだろうと思えるのだ。

mercari

第二章
ジーコ

「でも、そういう負けず嫌いというのは、
恥ずかしいことではなく、プロである限り
すごく大事なことだと教えてくれた。
まさにジーコイズムですね」

――秋田 豊

ジーコ。本名はアルトゥール・アントゥネス・コインブラ。彼がジーコという愛称で世界のサッカーファンの注目を集めたのは、１９８１年、ＣＲフラメンゴの一員として出場したインターコンチネンタルカップ（トヨタカップ）だったのではないか。このときＭＶＰを受賞している。

　１９８２年のワールドカップスペイン大会では優勝こそ逃したもののファルカン、トニーニョ・セレーゾ、ソクラテスとともに「黄金のカルテット」の主軸として活躍。１９８３年にイタリア、セリエＡのウディネーゼへの移籍を果たす。１９８９年に引退を決意すると、翌１９９０年にはブラジル・スポーツ担当大臣に就いた。

　そんなジーコがJリーグでのプレーを希望しているという話が日本サッカー協会に届く。プロリーグ設立準備室長だった川淵三郎は、古河電工に獲得を勧めたが実現せず、白羽の矢が立ったのは住友金属工業蹴球団だった。当時監督を務めていた鈴木満が振り返る。

「うちは2部リーグだったし、日本代表選手を輩出するようなチームじゃない。サッカーの実績もないし、地方都市で、人口も少ない。そこで川淵さんから『チーム強化のうえでも、マーケティング的にもジーコが来れば華やかになるだろう』と、話をもらったんです」

住友金属はすぐさまその話を引き受け、オファーを決断する。

宮城県工業高校から中央大学へ進学した鈴木満は、ユース代表にも選出される攻撃的な選手だった。卒業後、住友金属工業蹴球団に入団すると、１９８９年に現役を引退。翌シーズンから１９９２年まで監督を務め、Jリーグがスタートしたタイミングでヘッドコーチとなった。１９９６年からは強化責任者を務めている。ちなみにクラブ関係者だけでなく、サッカー界では「マンさん」と呼ばれているが、本名は「すずきみつる」だ。

「僕自身、監督になって１、２年目のころで、まだまだ駆け出しだったから、プレッシャー以外の何物でもなかった。年齢だって（ジーコより）４つも下だし、『嘘だろう?』というのが最初の印象です。でも、同時に思ったんだよね。サッカー王国のブラジルで、神様とか王様といわれるような人が身近にいれば、学ぶべきことが多いはず。学ぶというか、僕らはプロの経験もないし、プロクラブをどうやって作り、運営していくのかというマニュアルもない。正直想像もつかない。だったらもう、すべて教えてもらう、教えを受けてやっていこうと」

１９９１年５月、ジーコは住友金属と契約を結ぶ。当時の新聞によれば、２年契約で契約金１億５千万円、年俸３千万円（すべて推定）。

ジーコは易々と引退を撤回したわけではなかっただろう。これから始まる日本のプロリーグ、そして、まさにゼロから生まれようとしている鹿島アントラーズというクラブを生み育てることに意義やモチベーションを感じたからこそ、日本へやってきた。

当時、秋春制だったJSLの2部を戦う住友金属のホーム開幕戦は大塚製薬に5－0で快勝。「日刊スポーツ」（1991年9月8日）によると、2千席の客席に収まらない5千人を超える観客のなかには、地元で働くブラジル人の姿もあった。1ゴール1アシストのジーコは、「チームが勝つことがすべて」と試合後に語っている。

筑波大学サッカー部に所属していた藤田俊哉は、当時練習試合で住友金属を訪れた。

「本当にジーコが日本に来ているんだって実感したよね。しかもやっぱり巧い。当時30代後半でしょう？　その年齢で現役やっているというのは、異次元の世界だった」

その後、ジュビロ磐田の一員として、鹿島とライバル関係になるとは、20歳になったばかりの藤田には想像すらできなかった。それはまるで、目の前のアイドルに心躍らせるサッカー少年だった。

プロとは何か。ジーコの教え

日本中のサッカー少年、サッカーファンがジーコの来日に沸いた。それは住友金属工業蹴球団の面々も同じだった。誰にとっても「あの」ジーコなのだから。

そんななか、「僕はあまり詳しくなかったんです」と打ち明ける男がいる。長石博之だ。大阪体育大学から住金へ入り、現役引退直後の1991年から主務になったばかりだった。

第二章

ジーコ

「その直後にジーコが加入することになったんです。僕は海外サッカーや往年の選手への興味もあまりなかった無知なプレイヤーだったから、ブラジルのジーコというよりも、住金のジーコという感じでしたね。でも逆にそれがよかったと思うんです。ジーコのことをよく知っていたら、物怖じして結構しんどかったと思うので」

　ジーコは単身赴任で鹿島町（現鹿嶋市）に暮らしていた。通訳が常駐しているわけではなく、スタッフの数も少ない。自然と長石がジーコをサポートする機会が増えていく。言葉の壁がありながらも、交流は深まったが、それは温かいものばかりではなかった。

「毎日毎日叱られているという感じでした。僕は主務の仕事を始めたばかりの新米で、社会人経験もほとんどない選手あがりですから……。いろんなことを言われましたね。たとえば、オフィスにジーコが足を踏み入れた瞬間、『この床はなんだ、滑るじゃないか！』と。選手が滑ってケガをしたらどうするんだということです。彼はそういう細かいことから、一つひとつすべてにおいて妥協しない。しかも選手の立場での発言です。指摘されることは正しい。ただただ学ぶ毎日でしかありませんでした」

　真っ赤な顔で叱責したあと、その感情を引きずることなく、声をかけてくれるジーコに優しさを感じたと長石は振り返る。

　ジーコが試合前日の食事会場に並んだうどんを前に「こんな軽い食事じゃダメだ」と改善を求めたことがあった。そこで要求されたのは鶏肉だった。食事はお腹を満たすだけのものではなく、栄養を摂取し、さらに試合でのパフォーマンスを考えるうえで、何をいつ食べるかまで重要だと日本人選手や関係者はジーコから学んだのだ。

「もっと細かく負荷をコントロールできるマシーンじゃないと筋肉を傷めてしまう」とトレーニング施設の古いマシーンにダメ出ししたジーコは、フィジカルコーチの里内猛に自転車のチューブを用意させた。（「里内猛が描く日本の未来図」より　田崎健太／スポーツコミュニケーションズ）

長石が自身同様、ジーコから日々叱責を受けていたと名を挙げるのが、監督の鈴木満だ。叱責といっても、それはジーコからの要求に他ならないが、普通の組織なら、選手が監督に向かって声をあげるというのは、尋常ではない。監督の威厳にもかかわることだ。

「プライドとかっていうことはなかった。唯一プロの世界を知っているのがジーコなんだから。彼に教えを乞うという気持ちだった。僕自身に守りたいものなんてないよ。安易な妥協を許さないジーコの言葉から強い本気を感じていたからね」

練習メニューから、ときには試合のメンバー選びまでジーコとのコミュニケーションを重ねた鈴木は、その日々をノートに丁寧に記した。情報を可視化することで頭のなかは整理されていった。そしてそのノートは鈴木の財産になった。

「選手個々のロッカーが並ぶロッカールームでは、選手が監督を囲んで話を聞けるように椅子を壁に沿って並べられるようにしなくてはならない。床は滑らないようにゴム張りにすべきだ」

ジーコは、新設するクラブハウスやスタジアムの設計にも積極的に意見を出している。

天然芝3面、人口芝2面を擁するクラブハウスは、トップチームだけでなく、アカデミーの選手たちもトレーニングできる。スタッフも同じ場所で仕事をする。文字通り鹿島アントラーズのすべてが集まる環境は、アントラーズの空気を作るうえで好影響をもたらした。それは当時の日本のサッカークラブでは例を見ない規模を誇っていた。

「クラブハウスやスタジアムの完成予想図を見せてもらい、『こんなに素晴らしい環境でサッカーができるのか』と心が躍った。周りは工場だけで、娯楽施設はない。サッカーに集中するしかない環境もいいなと思ったんです」

１９９２年に本田技研工業から加入した本田泰人だけでなく、クラブハウスはその後も、多くの選手たちの心をひきつけた。対内的な効果だけでなく、対外的にも鹿島の代名詞となった。その後、日本だけではなくアジアのクラブも視察に訪れている。

クラブハウスは規模だけでなく、機能面におけるジーコの詳細なアドバイスも活かされた。それまでバラバラだった練習着の統一など細やかな目配りもジーコならではだ。

プロとしてあるべき姿を学ぶ

チーム強化というソフト面、施設というハード面などの環境整備だけでなく、ジーコはホームタウンとプロクラブの在り方まで説いた。ジーコが振り返る。

「30年前、アントラーズをここに根付かせるため、クラブ運営について最初に考えたのは、クラブを作ったとしても、町の人がクラブに興味を持たなければ、なんの意味もないということ。だから僕が選手たちにまず要求したのは、『練習の30分前に来て、サインなどのファンサービスをきちんとしてほしい。町中でもクラブの宣伝をしてほしい』ということだった。町の人たちに鹿島アントラーズを町の誇りだと感じてもらえるまでにたどり着けたのは、僕をはじめ、このクラブを作った人たちにとって、もっとも重要なことだった。サポーターのあと押しがあり、それがチームに勢いをもたらし、勝つことができた。幸いそれが現在まで続いている」

サポーターの愛情や熱がチームにとっていかに重要か。そして、プロクラブが地域社会にとって欠かせない存在になるために必要なことは何か。サッカー王国ブラジルで生まれ育ち、イタリアでキャリアを積んだジーコの言葉は重い。

新しいクラブを生み出すことが動機となり、ジーコが日本へ来たことはすでに述べたが、彼はチームを強くすることだけにとどまらず、プロサッカークラブの在り方、ブランディングやマーケティングなどにも助言を広げていった。

これが長年ＪＳＬ１部に在籍し、多くの日本代表を輩出してきた歴史や伝統を持つクラブだったならば、ジーコの話をそのまま受け入れるのは容易くなかっただろう。ジーコはいち選手でしかなかったし、ましてや外国人。「無理を言うな」「日本はブラジルとは違うんだ」などと、反発や疑念などが生まれたとしても不思議ではない。

現在に至るまでＪリーグには数多くの大物外国人選手や監督が在籍し、クラブの象徴として掲げられてきた。しかし、彼らの言動がピッチ外にまで波及し、クラブの歴史すべてにかかわっている例は、鹿島アントラーズとジーコだけといっても過言ではない。

ジーコがいわゆる「お飾り」として、担いだ神輿に乗せられるだけで終わらなかったのは、クラブとジーコが同じ熱量で、新しいクラブを作ることの難しさに取り組んだ成果だった。

ジーコの指摘の細かさは、細部へのこだわりの重要性を知る機会となり、「これじゃダメだ」と否定されれば、改善策を考えた。そのためのアドバイスもジーコは忘れなかった。厳しさと優しさ、温かさが同居するジーコの人間性に惹かれていったのは当然だった。それは長石や鈴木満だけでなく、鹿島にかかわる多くの人が抱いた想いでもあった。

こうして、ジーコは生まれたばかりのアントラーズのシンボルとなった。鈴木満が振り返る。

「今の鹿島があるのは、ジーコの存在がすごく大きいことは事実だし、ジーコが来ていなかったら、今のアントラーズは絶対にありえなかった。ジーコを素直に受け入れて、彼の声を反映する。そういう働き方をジーコができたのは住金の体質というか、組織の在り方にマッチしていたからだと思う。伝統もないし、すごいOBもいないから、変なプライドもない。そういうこともあってジーコと住金はよい関係になれたと思っています」

ジーコは言う。これはアントラーズに入ってくる選手に対してかつて語った言葉だが、30年前の彼とクラブとの関係にも通じている。

「アントラーズでは、常に勝利に対する意識やこだわりが求められる。僕は要求や注意されることの意味を伝えられたらと思っている。要求や要望をされるというのは、それができる人だから。できない人にそれを言っても意味がないから、声をかける必要はない。私は現役時代、引退後、そして今と立場は違うけれど、要求されれば、いつもそれに応えたいと頭を働かせる。そうやって要求に応えたいと思うのはプロ意識の高い人間なら当然のことだろう」

住友金属工業蹴球団は「プロクラブのことは何ひとつわからない」とジーコを頼った。そして、一つひとつジーコの要求に丁寧に応えていった。その誠実さゆえにジーコはさらなる要求を重ねることができたのではないだろうか。

要求に応えてくれるという期待。それに応えるために尽力し、行動する。信頼が生まれ、同時にプロフェッショナルとしてのプライドも育まれる。そんなサイクルのなかで、契約書に記されてはいなかったであろう絆が結ばれた。

個性を活かしながらも、調和のとれた組織を作るジーコの姿を長石が語る。

「ジーコは作戦ボードを使いながら、とにかくシンプルに選手一人ひとりの役割、やるべきことを徹底的に伝えました。本人にとっては自分の仕事が明確になるし、周囲の人間もそれぞれの役割を共有できるので、お互いの理解につながっていきました。

将棋には王、飛車、角、金、銀、桂馬、香、歩とそれぞれ役割の違う駒があります。選手も同じで、一人ひとり特徴が異なり、役割が違う。個人のエゴを抑え、個人の力が引き出されたとき、チームがバランスよく機能することをジーコが示してくれたんです」

ジーコの姿は、プロとは何かを学ぶ機会になった。

「ジーコは住金にプロ意識を植えつけてくれました。それは選手を支える僕らスタッフのプロ意識にも問いかけていたと思います。環境を整えることは第一に選手のため。『チームの勝利のため、選手のためにもっとやれることはないか？』と自問自答することで、スタッフも自発的に仕事ができるようになりました。24時間サッカーのために生活すること。プロならば当然である自己管理の必要性もジーコがチームにもたらしたものだと思います。ファンやサポーター、スポンサーがいるからこそ、サッカーを仕事にして暮らせるのだということを何度となく説いてくれたのもジーコでした」

秋田豊も証言する。

「ジーコの負けず嫌いはハンパなかったです。じゃんけんですら負けると熱くなる。でも、そういう負けず嫌いというのは、恥ずかしいことではなく、プロである限りすごく大事なことだと教えてくれた。まさにジーコイズムですね。勝つために今何をすべきか。それが脈々と鹿島に伝承されているのは、小笠原満男を見ていればわかります」

宮本監督とジーコ

Jリーグ以前も選手個人がプロ契約を結ぶことは可能ではあったが、選手たちにとって、プロリーグでのプレーは夢を実現する舞台だった。

愛知学院大学でプレーしていた秋田は、卒業後の進路について悩んでいた。

「プロ選手としてサッカーで飯を食っていきたいと考え始めたのは高校2年です。Jリーグができると決まったのが、大学2年のころでした。バルセロナ五輪最終メンバーから落ち、これからどうすればプロになれるかと真剣に考えていたところでした」

　そんな秋田が地元のトヨタ（現名古屋グランパス）への加入を望んだのは自然な流れだったが果たせず、Ｊリーグ入りを発表した住友金属工業蹴球団から秋田にオファーが届く。大学時代は毎年鹿島町で合宿があり、元々住金との交流は深かった。

「住金がＪリーグ入りを望んでいるというのは知っていたけれど、まだまだ不透明だったから、決まったときは、本当にサプライズでした。『ぜひお願いします！』という感じでしたね」

　プロリーグ発足に伴い、日本国内における選手の移籍も活発になっていく。

　１９９８年の現役引退後は長らく鹿島でコーチを務め、２０１５年に監督に就任した石井正忠は、１９９１年ＪＳＬシーズン開幕を前にＮＴＴ関東から住友金属工業蹴球団へ加入している。石井と同じようにプロリーグ参入へ動き出しているクラブへ移籍を行うケースは少なくなかった。

　本田技研は１９９０－１９９１シーズン、ＪＳＬで読売日本サッカークラブ、日産自動車に次ぐ3位だったが、１９９０年10月にはＪリーグ入りを見送っていた。ホームタウン選定などの課題もあったものの、１９９２年にＦ１から撤退せざるを得ないほどの経営不振が影響したのだろう。北澤豪《つよし》は１９９１年に読売クラブへ移籍している。

「本田技研がＪリーグへ参入しないことがわかった時点で、キーちゃん（北澤）をはじめ移籍する選手はいたんだけど、僕はすぐさま移籍を考えることはなかった。スカウトの話もいろいろ耳に入ってきたけど、今急いで決めなくてもいいんじゃないかというふうに感じていたんですよ。そうしているうちに本田技研の監督だった宮本（征勝）さんが鹿島アントラーズの監督になることが決まり、だったら鹿島へ行こうと決断したんです」

あまり詳細には覚えていないと断りながら話すのは、本田泰人だ。１９９２年4月1日、宮本の監督就任が発表されると、4月下旬には本田だけでなく、黒崎久志、内藤就行《なるゆき》、長谷川祥《よし》之《ゆき》、入井和久、千葉修の鹿島加入が発表された。ほかにも元本田技研の古川昌明が本田技研狭山から加入している。さらにブラジル人サントスがジーコとともに戦うことが決まり、１９９２年秋に行われるJリーグ前哨戦となるナビスコカップへ向け、鹿島アントラーズは始動する。

宮本が最初に行ったのは、フィジカル強化と基礎練習だった。それはプロ選手もいる1部でプレーしていた選手たちと、大半を占める2部の住友金属所属選手や新卒選手との差を埋める手段だったのかもしれない。本田は宮本とジーコの共通点について語る。

「いろんなキャリアを持つ選手が集まったチームだけど、ジーコという象徴がいたことは大きかった。なにより勝利に対するこだわりの強さは強烈だったし、チームは家族なのだから、まずはチームのことを考えることを選手たちに求め、選手もそれに応えようと必死だった。技術的に劣るなら、走力で補うとか、できることに全力を尽くす。それがプロだと。『チームのために』というのは本田技研時代から宮本さんもよく話されていたこと。それが、選手たちがまとまるうえで重要なポイントになったと思います。本田技研組の選手はみんな年齢的には若かったけれど、僕らが中心にならざるを得ないという覚悟がありました」

ナビスコカップでは、準決勝進出を果たしたものの、ＪＳＬの王者ヴェルディ川崎と対戦し、０－１で敗退。Ｊリーグのお荷物になるといわれたチームの健闘を称える声もあがったが、ジーコは納得してはいなかった。

１９９２年のＪＳＬシーズン終了とともに、鹿島を去る選手も多かった。その大半はプロ化以前から、住友金属工業蹴球団に所属していた選手たちだ。

そのひとりに手倉森誠の名がある。

青森県の五戸高校卒業後、双子の弟、浩とともに１９８６年住友金属工業蹴球団に加入。ユース日本代表の経験を持ち、代表のチームメイトには井原正巳や中山雅史がいた。ケガに悩まされながらも１９８９－１９９０シーズンは20試合に出場している。１９９１年には3か月のブラジル留学へ。サンパウロＦＣでの経験を糧に意気揚々と鹿島へ戻ってきたが、チームは、ジーコを中心に改革が進んでいる真っ最中。その後本田技研からの選手補強もあり、プロリーグへと突き進むチームから手倉森の心は離れていく。契約が解除された直後には1千２００万円を競馬につぎ込み、一日で無一文になったと「サンケイスポーツ」（２０１７年9月1日付）の取材で話している。ジーコについてこう明言している。

「１９９１年、住友金属に入団したジーコは、パチンコに興じていた選手たちをつかまえに店にやってきて、厳しく言い放ったものだ。

『ギャンブルには手を出すな。自分のことしか考えず、自分さえもうかればいいと思っている人間はみっともない』

その輪の中に、20代前半の私もいた。ジーコはプロになろうとしているわれわれに、心得を教えてくれた。しかし、当時はそんなことは言われたくない、自分の金でギャンブルをして何が悪いと反発し、聞く耳を持たなかった。素直に忠告を聞いていれば、92年に解雇された後、競馬で無一文になることもなかっただろう。

チームで不遇だった私はつまらなそうな顔をしていて、周囲から人が離れていくのがわかった。しかし、思い返すと、手を差しのべてくれた人もいたのだ。ジーコは試合に出ていない者も、ファミリーの一員として公平に接してくれた。私はブラジル留学から戻ったばかりでポルトガル語を多少話せたこともあり、マコト、マコトとよく声をかけてもらった。（中略）

鹿島から戦力外を通告されたときも、マコトはいい選手だからサッカーを続けてほしいと、ジーコは期待してくれた」

30年前の手倉森はおそらく、急激に変わる現実に適応できず、反発ばかりの手のかかる選手だったに違いない。サッカー愛は冷え、サッカー以外の生き方を模索したものの、全財産を競馬で失い、手倉森はサッカー選手として生きるしかなくなった。弟が加入を決めていた東北リーグのNEC山形（現モンテディオ山形）へ移籍し、１９９５年に現役を引退すると、同クラブでコーチとして指導者の道を歩み始め、２０１４年にはリオデジャネイロ五輪のサッカー日本代表監督に就任している。

指導者になった手倉森は、20代で彼の前に立ちはだかった数々の壁とともに、愛情を注いでくれたジーコのことを思ったに違いない。かつての自分を反面教師として捉えることができるのは、手倉森自身の後悔と感謝の証なのだと思う。

1993年5月のJリーグ開幕を控え、4月、鹿島の面々は合宿のためイタリアへ渡る。現地では、セリエC2のACマントバ、クロアチア代表、セリエAのインテル・ミラノとの練習試合が予定されていた。異例のミーティングが行われたのは、クロアチア代表に1-8で敗れたあとのことだった。以後、ジーコが練習の指揮を執ることになる。本田が語る。

「あの遠征は非常に大きな影響をチームにもたらしました。チームとしての戦術を徹底的にトレーニングしたんです。初戦はセリエCのチームと戦い、やっと引き分けたものの、次のクロアチア代表戦で大敗。激怒したジーコの姿を今でも思い出します。

翌日からはとにかく守備練習。4バックとアンカーの僕の5人で、カウンターを受けた形を一つひとつ整理していくんです。何度も何度も繰り返され、いつ終わるともわからない。僕のキャリアのなかでも一番キツイ練習でした」

続くインテル戦は1-1と引き分けで終え、確かな手応えを得た。

「インテルのトップチーム相手の練習試合をセッティングできるのもジーコがいたからこそ。オフの日にミラノ観光をしていたら、ACミランの（パオロ・）マルディーニが声をかけてくれたんです。『君たちはジーコのクラブの選手か？』って。びっくりですよ。自分の環境が恵まれていること。そして、そんなジーコを誇りに思いました」

鈴木満は自身の著書『血を繋げる。』でつづっている。

「ジーコが、自ら笛を持って指導するようになったのはそれからだ。クロアチア戦後、宮本監督、里内猛フィジカルコーチ、アベリアＧＫコーチと私に選手のジーコ、サントスを加えたミーティングを何度も重ねた末に、ジーコが『オレに任せてくれ』と主張した。そこで、技術・戦術の練習はジーコが担当し、宮本さんは組織をまとめるという役割分担が決まった」

自身が選手であるということを理解しながらも、ジーコが抱いた「今のままでは勝てるチームにならない」という危機感は非常に大きなものだった。それをミーティングに参加した全員が理解したからこそ、ジーコに任せるという判断に至ったのだろう。

宮本の監督就任により、ヘッドコーチとなった鈴木は、監督とジーコの間の潤滑油的な存在となる。鈴木と違い監督として豊富な経験を持つ宮本とジーコが衝突する場面もあった。双方の思いや考え、立場を理解する鈴木は板挟み状態だったが、誠意を持ってふたりの間に立ち、徹底的に話し合う場を作ることで一定の信頼関係を築くことができた。

しかし、翌１９９４年ファーストステージ後に宮本は監督を退任し、コーチだったエドゥーが監督に昇格する。エドゥーはジーコの実兄で同年から鹿島のコーチ職に就いていたが、このとき宮本の立場は総監督で、実質的にピッチ上での指揮を任されていたのはエドゥーだった。

監督交代時には「二頭体制」が原因だと報じられている。宮本とエドゥーの心中はわからない。穏やかなときもあれば、当然その逆もあっただろう。「二頭」と簡単に断じられるほど対立ばかりでもなかったはずだ。ただ、指令系統が不明確になれば、組織維持が困難になるのもまた当たり前のことだった。

それでも、ジーコと宮本がいなければ、１９９３年のJリーグ初年度におけるファーストステージ優勝（チャンピオンシップで敗れてシーズン２位）や天皇杯準優勝は成し遂げられなかったはずだ。宮本がいたからこそ、本田技研組の合流があったのだし、２部リーグに来た本田技研のエリートたちをまとめるうえでも宮本は欠かせない監督だった。

プロリーグという新世界を進む船の指揮官として宮本が果たした役割は小さくはない。

エドゥー監督後、２０１５年に石井正忠が監督に就任するまで、鹿島アントラーズは一貫してブラジル人監督のもとで成長を続けることになる。

「スピリット・オブ・ジーコ」の誕生

TRABALHO（献身）
LEALDADE（誠実）
RESPEITO（尊重）

１９９４年エドゥーの発案で、「スピリット・オブ・ジーコ」が完成する。ジーコの考えや発言、その教えを簡潔な言葉にし、掲げることでチーム、クラブの方向性を示したいという想いから、当時の鈴木國弘通訳がサポートしながら作った。シンプルな３つの言葉ではあるが、そこには個人主義ではなく、組織に忠誠を誓い、仲間とともに力を尽くすというジーコの理念が充分に表現された。そして今もなお、色あせることのない鹿島アントラーズの哲学となっている。ジーコにこの言葉の意図について２０１８年に聞いた。

「当時、一緒に仕事をしていた兄のエドゥーから、『スピリット・オブ・ジーコ』として掲げたいと相談されたんだ。できあがった３つの言葉を見たとき、これらの言葉は私の人生のモットーであり、哲学でもあると感じた。私が価値観として大切にしているものだからこそ、アントラーズとも共有したいと思った。

私がサッカー選手として、ひとりの人間として生きるうえで学んだこと、フラメンゴ、ウディネーゼ、ブラジル代表での経験、勝者として認められた人生のなかで、培ったものをＤＮＡとして、アントラーズにインプラント（植えつける）したわけだ。

『献身・誠実・尊重』という３つの言葉に集約されているけれど、ここから派生するいろいろなものが存在し、大切にすべきことがある。それでもやはり骨格となるのは、この３つの言葉であることは間違いないと考えている。僕はこれを大切にして勝者としてこの世界を生きてきた。でも、強制するものではないし、成功の秘訣がこれだけとも限らない。ほかのやり方で、成功することもあるだろうから」

改めて3つの言葉について、ジーコに語ってもらおう。

ＴＲＡＢＡＬＨＯ（献身）

「ＴＲＡＢＡＬＨＯというのは、直訳すると『ハードワーク』や『仕事』という意味。だから、献身というのは、努力のことだ。サッカーに限らず、どんな仕事においても、日々一生懸命取り組むということ。一生懸命、全力を尽くすのは、ごく当たり前のことだが、それを当たり前にできるかできないかで、人生が変わってくるし、得られるものにも違いが生まれるんだ」

ＬＥＡＬＤＡＤＥ（誠実）

「スポーツという競争社会、ましてやプロスポーツは目立つ世界であり、華やかな世界だ。だから、どうしても個人のエゴが生まれやすい環境なのだと思う。しかし、仲間に対して誠実に接すること、誠実さがなければ素晴らしい関係は生まれない。よい空気、雰囲気も作れないし、ましてや歓喜の瞬間を味わうことなどできない。

3つのなかでもっとも重要なのは、『誠実』だと思っている。どこの世界でも、努力する『献身』は、誰もがやることだ。そして、『尊重』というのも普通に存在している。しかし、いろいろな場所へ行き感じたのは、成功の可否を分けるのは『誠実』だということ。誠実さに欠ける人間がひとりでもいれば、『尊重』や『献身』は崩れ、うまくいかなかったこともあった。外側と内側とで違う顔を見せていれば、やがて大きな問題に発展してしまうだろう。

たとえば、体に痛みがある、あるいはケガをしているのに、それを隠して試合に出る選手がいた。理由はいろいろとあるだろう。試合に出ることで得られる報酬に目がくらんだのかもしれない。彼はケガのことを誰にも告げず、試合に出場し、ケガを悪化させてしまった。腓骨にヒビが入っていたんだが、完全に骨折し、手術が必要となり、長期間離脱することになってしまった。選手の気持ちはわからないでもないけれど、試合に出たいがために、ケガを隠し、監督であった僕をはじめ、メディカルスタッフなど、たくさんの人を騙した。その不誠実な行動が、チームの状況すら変えてしまったんだ」

RESPEITO（尊重）

「尊重というのは仲間や対戦相手、レフェリーといった対人だけでなく、さまざまなことに対して非常に重要な姿勢だ。社会、組織、クラブのルールなど規律を尊重するのも重要なことだ。たとえば、自分が試合に出ているうちはよいけれど、ベンチスタートになったり、出場機会が減ったりすることもある。そんなふうに自分の立場が変わったとしても、自分の代わりに出場するメンバーに対して、尊重できる心を持つべきだ。簡単に言えば、人としての道理や礼儀をわきまえるということ。その心を尊重という言葉で表現させてもらった」

「選手以外にも監督がいて、コーチ、テクニカル、メディカル、通訳とさまざまなスタッフがいる。そして、クラブでは、フロントがいて、掃除や洗濯を担うスタッフ、チケットを販売したり、スポンサーを担当するなど、本当にいろいろな仕事を務める人間が働いている。懸命に仕事をするあまり、自分が目立つことを最優先する人、自分のことだけを考える人間がいたら、おそらくよい結果は生まれない。最優先させるべきなのは、チーム、クラブ、組織であるべきだ。自分のことを第一に考えてはならない。もしそういう人間がいれば、どこかの部署や、あるいは、誰かが崩れると、すべてが崩れる状況に陥ってしまう。

お互いが尊重し合い、誠実に接することが、強くてよい組織作りにつながる。サッカーでたとえるとわかりやすいかもしれない。どんなに優秀な選手、能力の高い選手がいても、結果の出ないクラブは世界中にある。選手が『俺が、俺が』というように自己主張してばかりだと、チーム内がバラバラになり、問題も起きるため、結果にはつながらない。

世界のサッカー界では、メディアが作るスターシステムや数字や個人成績を重視したクラブと選手との契約があり、選手も自然と自己主張が強くなる傾向にあると思う。

サッカーはチームスポーツなのに、個人の結果、個人の記録ばかりが注目される。でも、何回バロンドールを獲得したとか、得点王に輝いたとかは、重要ではない。大事なのは『何度優勝したのか？』『どれくらい優勝に貢献したのか？』であるべきだ」

「献身・誠実・尊重」がもたらしたもの

２０２１年５月15日、対横浜Ｆ・マリノス戦。土居聖真《しょうま》がハットトリックを飾った。ホームゲームでのリーグ戦で、ハットトリックを決めると「イエローハット ハットトリック賞」として、１００万円が贈られる。土居の受賞は、２０１２年10月６日の対ＦＣ東京戦のドゥトラ以来、９年ぶりだった。（２０１４年４月には曽《そ》ケ《が》端《はた》準《ひとし》がＪ１新記録となる２１７試合連続出場を達成し、同賞を授与された）

１９９３年開幕戦のジーコ以降、鹿島の選手がハットトリックを決めたのは合計17回（うちホームは９回）。Ｊ１リーグ公式戦に限り、各クラブのハットトリック回数と総得点について調べてみた（試合数はＪ２時代などのものは除く。２０２１年10月２日現在）。

1位　横浜Ｆ・マリノス　22回（総得点　１５５８点）
2位　名古屋グランパス　21回（総得点　１４３６点）
2位　ガンバ大阪　21回（総得点　１５９９点）
4位　ジュビロ磐田　18回（総得点　１３４２点）
5位　鹿島アントラーズ　17回（総得点　１６９３点）
5位　浦和レッズ　17回（総得点　１４６９点）

これを見ると総得点数に比べて鹿島のハットトリックが少ないことがわかる。得点王も２００８年のマルキーニョスのみ。鹿島は絶対的なエースだけがゴールを量産しているわけではないからだ。そこには「スピリット・オブ・ジーコ」の精神があるのかもしれない。

再びジーコの言葉に耳を傾ける。

「あれから30年近い時間が経ち、鹿島が強豪と呼ばれる存在になったのには、『スピリット・オブ・ジーコ』が与えた影響は大きいと思う。なぜかといえば、僕のキャリアを見てもらえば、優勝回数と、この『スピリット・オブ・ジーコ』は関連性があるんじゃないかなと。ただ、『スピリット・オブ・ジーコ』があったから、アントラーズが勝ったわけではない。優秀な選手がいて、優秀な監督がいて、フロント、サポーターみんなが一体となったからこそ、結果を出せた。僕はアントラーズから離れる時間が14年間あった。だから、僕の存在がアントラーズの結果につながったということではない。ただ、『スピリット・オブ・ジーコ』を引き継ぎ、やり続けたことの成果に大きな意味があるとは思っている。

　アントラーズを離れ、日本代表やほかのクラブ、国でも、僕は同じことを言い続けてきたし、徹底もしてきた。結果という意味ではそれぞれ違ったかもしれないが、ともに仕事をしてきた人にとっては、ある程度の成果を残せたのではないかと考えている。

　スポーツ、競技をやる以上、その大会に参加するだけではなく、優勝という結果は、個人であっても団体であっても当然求められる。競技者自身がある一定の状況に達すれば『優勝したい』と思うのは当然だ。

　鹿島アントラーズの選手たちは、このクラブの一員になった時点で、勝つことに対する執念を事前に準備しなくてはならない。もしくは、チームメイトをはじめ、自分を取り囲む状況から、勝利に対する意識、こだわりを持たなくてはならないと学ぶ。そういう環境や空気を作り出すうえで、『スピリット・オブ・ジーコ』が活かされたと感じている」

ピッチ上での成果はきらびやかなスポットライトや高級車などを与えてくれる。１９９３年に華々しく開幕したJリーグは、成功者が持つ輝きを日本中のサッカー少年たちへ提示した。そのキラキラの中心にいたのは、カズこと三浦知良をはじめとするヴェルディ川崎だった。

前身の読売サッカークラブは、「野球の次は、サッカーのプロ化が始まる」と、読売新聞社や日本テレビなどの協力で生まれ、プロクラブの理想として日本サッカー界を牽引した。カズだけでなく、ラモス瑠偉、武田修宏など、個性の強い選手が在籍したチームは強く、日本代表選手も多く輩出している。

そんな強豪と肩を並べた鹿島は、また別のプロの姿を見せてくれた。

「高校生にとっては、強い＝かっこいいという感覚があると思うのですが、鹿島のかっこよさには、ヴェルディとは違う硬派なかっこよさがありました。そんなチームの練習に参加できるんだから、うれしいに決まっています。寮に泊まり、先輩の車に乗せてもらって、サテライトの練習に参加しました。鹿島の練習場は、以前見たバイエルン・ミュンヘンの練習場と同じような感じで、『こんなものが日本にあるのか』とびっくりしました」

冷蔵庫に詰まったスポーツドリンク、洗濯された練習着……。１９９４年、桐蔭学園から鹿島に加入した森岡隆三は高校生の目から見たプロの現場に驚きを隠せなかった。ユース代表にも選ばれていた森岡だったが、鹿島ではケガもあり、スタートで躓き、焦っていた。

「イライラしている僕を先輩たちが食事に誘ってくれて、いろんな言葉をかけてくれました。

厳しい先輩もいるけれど、そばにいてくれる先輩もいて。選手間の距離が近く、厳しいなかにも優しさや温かさがあり、それに包まれている感じです。当時の鹿島は町も小さいし、町ぐるみで支えてもらったところがありました。選手たちの会話も刺激的で、僕にとってそこが大人の入り口になったと思います。オン・ザ・ピッチはもちろん、オフ・ザ・ピッチでも自然と若手が大人になる、育っていく環境が鹿島にはありました。そうやって『プロの世界』とは、というのが受け継がれているのが鹿島の強みだと思います」

2年目の夏、清水エスパルスへ移籍した森岡は、わずか1年半の鹿島での生活が、プロとしての土台を築くうえで重要な時間だったと語る。

「当時ＳＢだった僕が世界最高のＳＢだと思っていたジョルジーニョがチームメイトになったんです。練習前に体幹を締めるトレーニングを毎日黙々とやっている姿に一流選手のすごさを知りました。鹿島はいろんなタイプのプロフェッショナルが揃っていたと思います。ハセさん（長谷川祥之）はヘディングも足元もうまいゴールゲッターですが、ピッチを降りると柔らかい雰囲気を漂わせながらも男気の強い人でした。（大野）俊三さんはお酒の大好きな優しい人なんだけど、ピッチ上で1対1になると『絶対に抜かせない』というすごい気迫を感じました。ほかにも石井（正忠）さん、奥野（僚右《りょうすけ》）さん、賀谷（英司）さんと名前をあげれば切りがないけれど、徹底的に自分の仕事をまっとうする。その姿勢でプロとはこういうことだと教えてくれた人がたくさんいました。

でもそれは、選手だけじゃなかった。雄飛寮の寮監だった高野勝利さんをはじめ、クラブにかかわるスタッフは誰もが自分の仕事に厳しさと責任を持っていて、仲はよいけれど、慣れ合うことのない仕事人の集団という印象がありました」

「スピリット・オブ・ジーコ」の精神によって構築されたプロ意識は、クラブ内の人間同士の絆を築き、脈々と鹿島アントラーズのなかで紡がれた。かつて自身を導いてくれた先達の姿があるからこそ、たすきをつなぐように受け継がれていったのだろう。

森岡の言葉にあるように、「スピリット・オブ・ジーコ」はクラブで仕事に従事するスタッフにも選手同様の影響を及ぼし、プロを育てていった。事務方の人間だけでなく、寮で選手の食事を作る人、練習着の洗濯やクラブハウスの掃除を担う人、グラウンドを整備する芝生の管理者といった職人や仕事人を生んでいく。ほかにも、スタジアムのボランティア、もしかしたら売店の人たちもそうかもしれない。ファンやサポーター、パートナー企業、自治体なども含む、クラブにかかわる人たちすべてが「鹿島アントラーズのために」という想いを抱き、力を尽くしてきた。そうやって「スピリット・オブ・ジーコ」は人を結ぶ、団結力の種になった。

鹿島の選手が24時間サッカーに向き合うのは、自身の成長のためだけではない。仲間に対する誠意の表れでもある。そして、勝利やタイトルは目標達成だけでなく、日々サポートしてくれる人たちへの感謝の表れだ。それが鹿島アントラーズが標榜するプロの姿となった。

鹿島アントラーズはジーコの不在時も「スピリット・オブ・ジーコ」を変わらず守り続けた。形骸化も風化もしなかったのは、「スピリット・オブ・ジーコ」が、神棚に祀られるのではなく、人の心に宿っていたからだろう。そして、その魂が息づく空気は特別なものではなく、鹿島アントラーズの日常になっていく。

「献身・誠実・尊重」

人間として当たり前で普遍的な言葉だからこそ、どんな現場や状況、人間、時代であっても「スピリット・オブ・ジーコ」は力を持つことになる。

第三章

紅白戦

「たとえ1試合でもケガなどで休んだら
次はないという気持ち。
毎日毎日が勝負。先を見る余裕はなかった」

――熊谷浩二

「ヤナギが考えていることはわかるんだよ」
奥野僚右の言葉が胸に突き刺さり、感情が高ぶった柳沢敦はうつむいたままシャワールームへ駆け込んだ。頭から浴びたシャワーの水がしょっぱい。泣いていることに気がついた。

１９９６年、柳沢は富山第一高校から鳴り物入りで鹿島アントラーズへ加入した。注目を集めたのは、１９９５年2月、キングスカップに出場する、西野朗《あきら》率いる日本選抜チームに選ばれたことがきっかけだった。当時高校2年の柳沢は「超高校級」と形容された。

大卒ルーキーよりも、年末年始に開催される高校選手権で活躍した選手が、Jリーグへ入り、プロの舞台で活躍する。城彰二や川口能活などのサクセスストーリーが当時の日本サッカー界の王道だった。

「なぜか西野さんに選ばれて、大会で点を獲ってから、急に環境が変わったことは覚えています。でも、僕のなかでは何も変わっていなかった。そんなふうに勘違いせず冷静でいられたのは、（富山第一高校の）長峰俊之監督をはじめとした、周りのおかげだと思っています。鹿島

第三章

紅白戦

に入ることに多少の不安もあったと思うんですけど、それより大きな期待があって、そこへ飛び込んでどんなふうにやっていくのかというのが自分の頭の大部分を占めていました」

しかし、１９９６年3月のアトランタ五輪アジア予選に参加したため、ジョアン・カルロスが新たに監督に就任し、始動した鹿島への合流が遅れてしまった。

「当時の練習場の空気感が、まずすごかった。笑い声もなく、黙々とトレーニングに集中する感じでした。ひとつのミスも許さないという厳しさがあった。僕自身は試合に出られない現実への悔しさをすごく感じていました。そういうとき、先輩が食事に連れて行ってくれました。手を差し伸べるとか励ますわけじゃないんですが、なんとなくサッカーの話をしていると気持ちを切り替えられた。ブラジル代表や日本代表選手もいるなかで試合に出るのは、相当な実力じゃないと難しいけど、ここにいることが代表への近道だよ、鹿島で出れば代表に近づけると。だから、とにかく紅白戦になると『なにくそ！』という気持ちで秋田（豊）さんたちに向かっていきました。でも、なかなか歯が立たなくて……」

ピッチ上での屈辱を忘れる間もなく、練習後のロッカールームでは、その日の紅白戦についての会話が重ねられる。ときには、先輩からのダメ出しに何度となく涙を流す。落胆を引きずったままでいると、誰かが食事に連れて行ってくれたという。

次の試合で先発が予想されるメンバーと控えメンバーとの紅白戦は、たいてい週に一度、土曜日が試合なら前々日の木曜日に行われてきた。試合を控えたチームにとっては、調整や確認の場となることが多いが、鹿島の紅白戦は白熱するのが常だった。

「それは選手が自分の力を出し切っているということ。後輩だろうと先輩だろうと関係ない」

と断言するのは、多くの若い選手たちの前に立ちはだかった秋田豊だ。

「若い選手をいなすとか、かわすとかじゃなくて、ブッ叩く。立ち上がれないくらいまで、ブッ叩く。Jリーグでも対戦相手は鹿島を喰おうと思って挑んできます。だから、紅白戦で若手を精神的にも、肉体的にもボロボロにするくらいの気持ちで戦うんです」

公式戦さながらに本気で対峙する秋田の姿に、柳沢をはじめ多くの選手が膝をついただろう。いつまでも立ち上がれない人間は、このチームを去るしかない。

しかし、立ち上がった者は強い。秋田が続ける。

「（小笠原）満男なんて、本当に生意気というか、まったく諦めないし、何度も何度も向かってきましたからね。俺を抜いてやろうという気持ちがすごく伝わってきました。可愛いんですよ、そういうところが。自分にとってもそういう高いモチベーションで挑んでくる若手は、練習相手として一番なんです」

以前、インタビューで小笠原が語っていたことを思い出す。

「僕らが控えだったころは、紅白戦前に円陣を組むくらい気合が入っていた。レギュラー組をいかに倒すかってことばかり考えていた」

もちろん、たくましく育ったのは小笠原だけではない。立ち向かう若手がいるからこそ、チーム内の緊張感は保たれ、選手が育ち、チームも強くなる。

第三章

紅白戦

初の年間タイトルと新戦力

初めて通年で行われた１９９６年のＪリーグで鹿島は初の年間タイトルを手にした。レオナルドがシーズン途中にフランス、パリ・サンジェルマンへ移籍したが、その穴を埋めるように柳沢が出場、８試合で５得点と活躍している。

「若い選手に限らず、試合に出ていない選手がレギュラーポジションを奪おうとする貪欲さや向上心は大切なものです。でも、そういう自己主張がチームのためにならないこともある。だから『その闘争心は紅白戦で表現する』という空気がだんだん生まれていきました」

「チームのことを考える」という空気の熟成が若手だけでなく選手やチームを育んでいたと本田泰人が振り返る。

そんな紅白戦のムードは１９９７年にベルマーレ平塚（現湘南ベルマーレ）から移籍加入した名良橋《ならはし》晃《あきら》に新たな危機感を芽生えさせる。１９９４年に平塚がＪリーグに加入すると日本代表にも選ばれたが、定着には至っていない。そんなとき、自身のアイドルでもあるブラジル代表、ジョルジーニョの鹿島加入を知る。

「ジョルジーニョと同じチームでプレーしたいという気持ちももちろんありましたが、鹿島のような強いチームでプレーできれば、日本代表に復帰できるんじゃないかと。同い年の相馬直樹と並んで戦いたいという気持ちもありました」

当時、30歳以下の選手は契約満了後も元所属クラブに契約意志がある場合は、年齢毎に定められた移籍係数による移籍金が派生するというローカルルールがあり（２００９年撤廃）、移籍は簡単ではなかった。それでも名良橋は1年がかりでアピールし、移籍を実現させる。

「まずは右ＳＢを務めていた内藤（就行）さんとのレギュラー争いに勝たなくちゃいけない。鹿島では練習から選手同士が激しく要求し合うんです。チームメイトに要求するんだから、下手なプレーはできない。選手たちからは気合がみなぎり、練習中はピリピリした空気がありましたね。紅白戦をやってもBチームの顔ぶれがすごかった。ヤナギ（柳沢敦）、ヒラ（平瀬智行）など、高校選手権で活躍した選手や力のある若い選手がたくさんいた。今まで自分がどれだけ意識が低かったのかを痛感し、甘えがあったと恥ずかしい気持ちになりました。レギュラーになっても、気を抜けばポジションを失いかねないという危機感がずっとありました。鹿島では、ライバルの存在が自分を成長させてくれると実感できる毎日を味わえたんです」

ジーコは１９９４年夏に現役を引退したが、その魂は、日本人選手に受け継がれ、レオナルドやジョルジーニョといったブラジル代表の存在によってさらに磨かれた。

「たとえ自分より年齢が若くとも、相手が子どもだったとしても、リスペクトする姿勢を持たなければならない」

鹿島加入直後の柳沢が、ジョルジーニョのそんな言葉に心を動かされたと話していた。そのエピソードは「スピリット・オブ・ジーコ」に通じると感じたことを覚えている。

名良橋もジョルジーニョの存在の大きさについて語る。

「ジョルジーニョは言葉でチームを動かすのではなく、プレーでチームを動かし、そのたたずまいでチームをまとめていた。プレーで見せる選手でした。（小笠原）満男を見ているとそんなジョルジーニョの影響を色濃く受けていると思います。満男たちの世代は、テクニカルディレクター（１９９６年〜２００２年）だったジーコさんよりも、一緒にプレーしたのは１シーズンと短いけれど、チームメイトだったジョルジーニョにより強いインパクトを受けていたと僕は思います。もちろん、ジョルジーニョはジーコさんの想いを引き継いだ選手だったから、つながっているんです」

１９９４年のワールドカップアメリカ大会で優勝したレオナルドは、大会後に鹿島へ移籍する。24歳の若きブラジル代表は、ジーコの古巣であるフラメンゴからの加入だった。「偉大なジーコが築きあげたチームで働けることを誇りに思う」と語り、ジーコの後継者として期待を集めた。

さらに、同ワールドカップの優勝メンバーのひとりであり、フラメンゴ出身のジョルジーニョも１９９５年に「ジーコのクラブ」へとやってくる。ジョルジーニョ同様にバイエルン・ミュンヘンで活躍したストライカー、マジーニョも加入した。

１９９６年にはジョアン・カルロスを監督に招聘。40歳と年齢は若いものの、フラメンゴを中心に20年近い指導者としてのキャリアを持つ。就任1年目でJリーグ王者となり、翌年はファーストステージで優勝、ナビスコカップ、天皇杯を獲得した。

１９９７年には、ヴェルディ川崎の司令塔ビスマルクの獲得にも成功する。ヴェルディ川崎と金銭面で折り合いがつかず契約が難航していたなかでの移籍だった。

当時の報道を見るとそれらすべてにジーコの働きかけがあったといわれている。しかし、ジーコの要望だけで移籍が成立することはない。

鈴木満はこの一連の大型移籍は、「逆張り」という行動だったと話す。なぜ逆だったのか。その理由には、Jリーグ人気の陰りと日本経済の景気後退があった。華々しく始まったJリーグだったが、バブルは永遠に続くものではなかった。


それでも、今がそのときと、鹿島は動いた。

当時はまだ欧州の選手の移籍金が今のように高騰する前だったことも幸いした。

「歴代の社長それぞれに考え方も異なっていたが、当時の社長（鈴木昌）が選手への投資に理解を示してくれたからこそ実現ができた」と鈴木秀樹は説明する。

１９９３年のファーストステージ以来、タイトルのない現状を改善し、ヴェルディ（１９９３、１９９４年優勝）と横浜マリノス（１９９５年優勝）の二強時代を打ち破るうえで、必要な補強であるだけでなく、未来への投資という目算があったのだろう。鈴木満が語る。

「Jリーグが開幕し、カシマスタジアムもいつも満員の観客が入るようになった。クラブが大きくなるためには、入場者収入を伸ばしていかなくちゃいけない。スタジアムを大きくしたい。当時、鹿嶋市へのワールドカップ招致活動があり、カシマスタジアムを４万人収容にできるかもしれなかった。だったら、今が勝つときだと。勝つことはクラブのブランディングにもつながる。そうしなければ、選手も獲れない。そういう危機感がありました。

徐々にサッカーバブルが終わり、どのクラブも縮小傾向は避けられず、選手にかける人件費を減らす空気がありました。でも赤字を出してもいいから、強いチームを作ろう、選手を獲得しようと逆張りをしたんです」

日本サッカー界は、１９９６年にワールドカップ日韓大会の招致に成功し、同年夏のアトランタ五輪のブラジル戦での勝利（マイアミの奇跡）、１９９８年ワールドカップフランス大会出場権獲得（ジョホールバルの歓喜）など、日本代表が歴史的な快挙を成し遂げ、確実にサッカー界は賑わっていた。しかし、経営面での重圧は、じりじりとJリーグの各クラブを蝕み始めていた。当時のクラブの大半は親会社からの補塡によって、まわっている状態だったからだ。

１９９８年10月29日、「横浜フリューゲルス消滅」が複数のスポーツ紙で報じられた。同日のJリーグの緊急理事会で、横浜マリノスがフリューゲルスを吸収する形での合併が承認される。フリューゲルスの親会社である佐藤工業が業績不振から撤退を決め、もうひとつの親会社、全日空単体での維持は難しくなった。マリノスの親会社である日産自動車もクラブを支える余裕はなくパートナーを探していたことから、親会社同士での合併話が進み、それを認めた川淵三郎チェアマンが、「身の丈に合った経営」を口にすると、誰もが黙ってうなずくだけだった。

クラブ経営の見直しは、鹿島も同じだったと鈴木満が語る。

「１９９８年の横浜フリューゲルスの消滅後は、各クラブで親会社に頼らない経営を求められるようになった。それは鹿島も同じで、赤字が続くなか、身の丈に合った経営のベースをしっかり作っていこうと。お金の使えない時代に突入していくことになった。

１９９６年に柳沢たちが入り、１９９８年には小笠原たちが加入。２０００年には羽田憲司《けんじ》と、毎年高校や大学のトップレベルの選手を獲得できた。逆張りで選手に資金を投入したことで、強いチームというブランディング、ネームバリューを残せるだけの成果が出せたので、いい日本人選手が揃った。これなら日本人選手で勝てる、勝つという施策を打った。２０００年に入ってからは日本人の若手選手へシフトし、有名外国人選手を獲得せず、人件費も抑えられたし、２０００年の三冠、２００１年の年間王者と結果も残せた。時代の流れを見ながら、自分たちのクラブの立場や状況を理解し、どこでどう勝負に出るのか、我慢するのかという判断をしっかりできたから、この30年の成功と言ってもらえる歴史につながったと思っている」

有名外国人選手の加入は、１９９４年にJリーグに参入したジュビロ磐田でも行われている。ブラジル代表キャプテンのドゥンガが１９９５年に加わり、１９９６年には4位と躍進した磐田は、のちに日本代表に選ばれる若い選手たちが揃い、急成長していた。

ジュビロ磐田との二強時代へ

2年ぶりに2ステージ制に戻った１９９７年、鹿島はファーストステージで優勝したが、セカンドステージは４位。本田、秋田、相馬、名良橋ら代表選手がワールドカップフランス大会アジア最終予選のため不在だったセカンドステージを獲ったのは磐田だった。ナビスコカップの決勝戦と同じ相手とチャンピオンシップでも戦うことが決まる。

11月22日、11月29日に開催されたナビスコカップは、第１戦をジョルジーニョの決勝弾で２－１と制すると、ホームでの第２戦は５－１と完勝して優勝した。

そして迎えたチャンピオンシップ。

12月６日の第１戦。ジュビロ磐田スタジアム（現ヤマハスタジアム）。中山雅史の２ゴールでリードされたものの、ビスマルク、マジーニョの得点で同点に追いつき、試合は延長戦へ突入する。延長後半14分に清水範久のゴールで第１戦は磐田が勝利。シュートやＣＫの数は磐田の倍と攻め続けたものの鹿島は敗れた。

「ここからジュビロとアントラーズとの二強時代が始まる」

試合後、名波浩は記者団を前にそう断言した。

「ファーストステージで優勝したので、半年前からチャンピオンシップの出場が決まっていたこともあり、真っ赤なビブスチケットなど、勝たせるスタジアムを準備していた」と当時運営担当だった高島雄大が振り返る。選手たちにも自信がみなぎっていた。ナビスコカップ決勝2試合で得点を挙げた秋田が当時の心境を振り返る。

「僕自身がかかわっていたチームでいえば１９９７年が一番強かったと思います。ジョルジーニョがいて、ビスマルクもいた。本田さんも油が乗っていた。スッポンみたいなしつこいプレーだったから（笑）。僕らＤＦ陣に負担がかかる前に、相手をコントロールし、ボールを奪い切っていた。相馬も名良橋もいる。選手個々の高い能力をチームメイトが把握し、それを活かしながら、組織力が生み出されていく。チームのためにという想いで一丸となって戦える。個と組織のバランスが非常によいチームでした。ナビスコカップの快勝もあったし、チャンピオンシップも勝てるという空気が漂っていました。そこに隙が生まれたんだと思います」

そして迎えた12月13日第2戦。鹿島が主導権を握った試合は、41分に退場者を出した磐田の防戦一方という展開に見えた。しかし、76分に鹿島も退場者を出す。そして、81分。バックパスを中山に拾われて失点。これが決勝点となり、鹿島は年間王者のタイトルを逃す。

「あれはまさに往復ビンタされたようなもの。翌日から『今度は絶対に磐田に勝つ』という気持ちで、スタートしたんです」と話す秋田は、20年経っても悔しそうだ。

その想いの強さを示すように、鹿島は天皇杯決勝で横浜フリューゲルスを下し、初優勝。リーグ戦の年間勝ち点数では、磐田（66ポイント）を、鹿島（68ポイント）は上回っている。

第三章

紅白戦

けれど、チャンピオンシップで敗れたため、三冠達成は成らなかった。

ゼロックススーパーカップで磐田を下し、スタートした1998年シーズン。ファーストステージは13勝4敗の磐田が優勝。鹿島はファーストステージ途中にジョアン・カルロスが辞任し、関塚隆が暫定監督を務めたが、11勝6敗の5位で終わった。それでも磐田との対戦は柳沢のハットトリックで勝利している。

中東などでの指揮経験があるゼ・マリオを新監督に迎えて始まったセカンドステージは、第4節までは2勝2敗だったが、5節以降は連勝を重ねて、首位を独走する。10連勝で迎えた第15節。11月3日、カシマスタジアムに2位の磐田を迎える。

43分、ビスマルクのシュートを相手GKがファンブル。そのボールに秋田が詰めるもシュートはクロスバーに弾かれる。しかし最後はマジーニョが押し込んで鹿島が先制する。前半のシュート数、鹿島9本に対して磐田は3本。圧力をかけた前半に得点が生まれた。

後半は磐田の攻勢にひるむことなく、1－0で終了。チャンスをうかがいながらもリスクは冒さず、勝利を追求した結果だった。

その後13連勝で鹿島のセカンドステージ優勝が決まった。

年間勝ち点78ポイントの磐田と74ポイントの鹿島によるチャンピオンシップが始まる。

11月21日のチャンピオンシップ第1戦、磐田は静岡ではなく、国立競技場でホームゲームを開催。1万7千人余りのジュビロ磐田スタジアムより、4万人を超える収容人数を誇る国立競技場を選んだクラブの判断は、この試合に延長Vゴールで敗れたことにより、ホームの利を活かせなかったと批判が相次いだ。（当時のJリーグの延長戦では、ゴールが決まった時点で試合が終わる延長Vゴール方式を採用していた）

11月28日のカシマスタジアムでの第2戦。前半終盤に秋田、ビスマルクのゴールでリードした鹿島は丁寧に試合を進めていく。そして2－1で勝利し、1年前の雪辱を果たした。

当時のチームについて話す秋田の言葉に鹿島の本質が表れている。

「1998年は磐田のほうが強かったと思います。でも勝ったのは鹿島。サッカーは強いから、巧いから勝つわけじゃないんです。試合に勝ったチームが強い。鹿島というチームは、勝つことで強くなった。負けていい試合なんて、1試合もありません。自分たちの現状を把握し、相手を知り、どうやったら勝てるのかというところからスタートするんです。

どんなときも自分たちのリズムで慌てずプレーできるのも、イメージを共有して、プレーできるから。たとえば、押し込まれて守備的に見えても、あえてそういう時間帯を作っているという意識なんです。相手が攻め込んでいれば、相手のゴール前にはスペースがある。それは、ボールを奪った僕らにとっては大きなチャンスということ。そういうビジョンをピッチの選手たちが持っている。それを培うのが、トレーニングの量と質です。『本当にこれで勝てるの？ 自信を持って試合に出られるの？』と追い込んでいく空気が鹿島にはありました」

名良橋の言葉も興味深い。

「当時の鹿島の選手たちは、勝つためにはなんでもやるという気概がありました。リードしている時間帯なら、少しでも時間を稼ぐことを考える。悪い流れを絶つためのファウルもいとわない。フェアプレーという意味ではよくないかもしれません。でも、勝つことが重要だった。そういう気持ちがみなぎっていたし、それが練習中の厳しさを生んでいました。

１対１、球際では絶対に負けない。そういうファイターが揃っていた。戦えない選手では勝てない。高い集中力があれば、セカンドボールにも素早く対応できるんです。そういう細かなこだわりが勝利に結びつく。それはチームだけでなく、クラブに宿っている精神だと感じました。スタッフ、職員、洗濯や掃除をしてくれる人たちもそういう気持ちだった。戦うことの重要性、闘争心を肝に銘じる。そんな時間を鹿島で過ごせたと感じています」

勝ったのだから強い。

勝つか負けるかの二択しかない世界において、そう言い切れる結果を手にしたのは、偶然ではなく必然。そんな日常を当たり前に送っていたのだ。

翌１９９９年の年間王者はアジアスーパーカップを制し、アジア王者にもなった磐田だった。鹿島は13連勝した前年セカンドステージから一転、成績が伴わず、９月３日、ゼ・マリオ監督が解任され、テクニカルディレクターだったジーコが監督代行として、采配をふる。

この年、十数名の選手を放出した鹿島は、若い選手たちを起用せざるを得ない状況が生まれ、加入2年目の小笠原たちにチャンスがまわってくる。これはその後も何度かみられる、鈴木満の「補強しないことがチームの強化」策だった。

柏レイソルとのナビスコカップ決勝戦は、逆転に成功するもアディショナルタイムに失点。試合は延長戦を経て、ＰＫ戦へ。6人目のキッカーだった小笠原のシュートは、ＧＫに阻止されてしまう。

およそ20年後の２０１８年、現役引退会見で「印象に残る試合」を問われた小笠原が語ったのが、このＰＫ戦だった。

「一番残っているのは、ナビスコカップ決勝のＰＫ戦でキーパーに止められてしまい、タイトルを失ったこと。あのときのインサイドキックひとつが印象深くて、自分のミスひとつでいろんな人の想いを……。ひとつのキックで試合に勝つこともあれば、負けることもある。インサイドキックを狙った場所に蹴る大切さをすごく感じたし、自分のミスで負けたというのがすごくあるので、一番のシーンと言われて出てくるのは、それかなと思います」

１９９８年に大船渡高校から加入した小笠原は、この試合後半から出場し、鹿島に流れを引き戻す活躍を見せている。それでも失ったものは大きく重い。基本中の基本であるインサイドキックがもたらした現実は、彼のサッカー人生を支えたのだろう。現役最後の会見の場で、タイトルを導いたゴールではなく、この失敗をあげたことにこの男の生き様が伝わってきた。

２０００年の鹿島はジーコとともに黄金の中盤として戦ったトニーニョ・セレーゾを監督に招聘。ファーストステージは８勝７敗の８位と低迷したが、セカンドステージは開幕６連勝でスタートし、10勝４分１敗で優勝する。

11月４日にはナビスコカップ決勝で川崎フロンターレを下し、タイトルを獲得。小笠原は出場停止だったが、同期の中田浩二がＭＶＰを受賞している。若手選手に贈られるニューヒーロー賞は鈴木隆行が手にした。

そして、横浜Ｆ・マリノスとのチャンピオンシップ。12月２日の第１戦は０－０で終えるも12月９日の第２戦は３－０で粉砕。８月５日以降、リーグ戦、ナビスコカップで15試合負けなしを記録した。ＭＶＰは小笠原が手にしている。

勢いに乗るチームは史上初の三冠を目指し、トーナメントを勝ち進み決勝の舞台に立った。

２００１年１月１日、国立競技場。天皇杯決勝。対するは清水エスパルス。

先制点と延長Ｖゴールを決めて大会ＭＶＰに輝いたのも小笠原だった。

Ｊリーグ初の三冠達成。それでも小笠原は、自身のＰＫ失敗で失ったタイトルを忘れることはなかったに違いない。

「ナビスコカップは代表選手が不在だったので、僕も試合に出ることができた。代表が戻る決勝戦でもピッチに立ち、タイトルを獲れた時点で信じられない状態でした。チームのために仕事ができた、ずっと夢見てきたというか、望んでいたものが叶った瞬間でした」

このシーズン、ボランチとしてレギュラーの座を手にした熊谷浩二は、「自分にとっては、出来すぎな感じの1年だった」と言葉を続ける。

三本木農業高校から1994年に加入した熊谷は、1年目11試合に出場し、1995年にはU-20ワールドユース（現U-20ワールドカップ）にも出場している。

しかし、鹿島ではその後のシーズン、試合出場数は一桁が長く続いた。

紅白戦は生き残りをかける場所

「当時はサテライトリーグがあって、選手数が多かったこともあり、僕にも居場所があったんだと思います。レベルの高い環境で味わうのは自分の力のなさや課題ばかり。毎日ついていくのが精いっぱいでしたね。鹿島に来るのは、僕が抱く課題なんて飛び越えたレベルの選手。毎年、高校や大学のナンバーワン選手が加入してくる。そのたびチーム内の自分の序列は下がる。でも、僕と彼らはまったく違うんだと思えたのは、プライドがなかったから。高校時代に培った自信、プライドは、鹿島へ来た初日に全部崩されました。でも、それがよかったんです。

劣等感というか、差があるということを受け入れる、認められるかが大事。自分がどうしたって敵わない才能を持つ選手がいる。そのなかでチームのために自分ができること、力を発揮できること、チームメイトに負けないものは何かを、本気で追求しなくちゃ生き残れない。毎日ただ必死で、精いっぱい今日を生きる、力を尽くすことだけでした。

焦りも当然ありましたし、心の余裕はずっとなかった。それが僕の選手生活です。苦しさはついてまわっていたけれど、同時にたとえそれが小さなものであっても、課題を克服し、自分の成長を実感できる喜びもありました。鹿島というチームにいさせてもらえる、適応する可能性があるという希望というか、プライドはありました。先輩や同年代の仲間だけでなく、後輩からも常に刺激を受け続けることが可能な環境については非常に感謝しています。

クラブには『選手を育てる』というスタンスがあったので、僕のような選手に対しても時間を与えてくれた。なおかつ、鹿嶋という地域柄、サッカーに専念するしかない。本当に環境に助けられたし、成長することの喜びをモチベーションに変える力を養ってもらえたかなと」

選手に時間を与える。

当時高卒Jリーガーには、3年ほどの猶予を与えるのが一般的な考え方だった。それでも、5年近い時間を与えられた熊谷のケースは珍しい。それはジワジワと成長していることを本人だけでなく、チームや指揮官が実感していたからだろう。

一方、２０００年ナビスコカップでニューヒーロー賞を受賞、天皇杯でも2得点と三冠に貢献した鈴木隆行は、外へ出ることで成長が促された選手だ。

１９９５年に日立工業高校から加入したが出場機会がなく、１９９７年、ジーコが会長を務めていたブラジルのＣＦＺ・ド・リオへ期限付き移籍したのを皮切りに、ジェフユナイテッド市原（現ジェフユナイテッド市原・千葉）、二度目のＣＦＺ・ド・リオ、川崎フロンターレと期限付き移籍を重ね、２０００年8月に鹿島へ復帰。翌２００１年にはレギュラーに定着しただけでなく、日本代表にも選ばれ、２００２年ワールドカップ日韓大会にも出場している。

豊富な運動量、前線での守備、ＤＦを背負ってのポストプレーでの強さはここ一番という試合でのゴールを生んだ。さまざまなチームで戦った鈴木は、他選手とは違う自身の強みを見極め、「今できること」に集中し続けた結果、競争を生き残ってきた。

それは熊谷と同じだ。自身の個性を磨き、チームの歯車に徹する献身性を身につけた。いわゆる技術が上達して、巧くなるだけでなく、生存競争を生き抜く術を知り、巧くなった。そのうえで、チャンスを手にしても失わないひたむきさ。鹿島の環境がもたらす緊張感が「まだまだ」という向上心のガソリンになったのかもしれない。

やっとレギュラーポジションを手にした熊谷だったが、紅白戦は特別な時間だった。

「Ｂチームとの紅白戦では、主力組のなかには『コンディション調整』という感覚でプレーする選手もいたと思うんですけど、僕はそういう感覚で練習できなかった。わずかでも力や気持ちを抜いてしまうとポジションを奪われるという意識が強かった。たとえ1試合でもケガなどで休んだら次はないという気持ち。毎日毎日が勝負。先を見る余裕はなかった」

自分の現在地点を確認できる場として、鹿島の紅白戦は、競争のなかで切磋琢磨する選手たちを支え、導き続ける。

第四章

ゴールデンエイジ

「あいつらがいてよかったなって思う。
本当によく6人も集まった」

——中田浩二

１９９４年のＡＦＣ Ｕ－16選手権に優勝した日本代表の中心は、１９７８年生まれの選手だったが、１９７９年生まれの小野伸二、高原直泰《なおひろ》、稲本潤一、酒井友之ら中学生たちもチームの一員となっていた。そして翌年の１９９５年 Ｕ－17世界選手権（現Ｕ－17ワールドカップ）にも名を連ねる。当時はワールドカップ招致活動の一貫で、数多くの海外遠征が実施されていたことも、彼らの国際試合での活躍や海外志向へとつながっているように感じる。

数名のエリートの存在が、同学年に大きな影響を及ぼす。

Ｊクラブの下部組織に所属していた稲本、酒井らは高校生ながらＪリーグデビューを飾ったが、当時はまだ全国高等学校体育連盟（高体連）主催の大会が日本の10代選手の主戦場だった。その高体連で史上初の三冠（インターハイ、全日本ユース選手権、高校選手権）を成し遂げたのが、東福岡高校だ。そのチームで10番を担った本山雅志《まさし》獲得に動くＪクラブは少なくなかった。東福岡の選手のほかにも清水商業高校（現清水桜が丘高校）の小野、清水東高校の高原、小笠原満男（大船渡高校）、遠藤保仁《やすひと》（鹿児島実業高校）、中田浩二（帝京高校）といった選手たちへの注目も日に日に高まっていた。

第四章

ゴールデンエイジ

1996年、強化責任者となった鈴木満は、高校、大学の新卒選手のスカウトは専任の人間に任せたいと考えていた。全国を飛び回り、現場へ足を運んで、選手を見て、学校の監督たちとコミュニケーションを深めなければ、よい選手の獲得はできないからだ。

スカウトを務めたのは平野勝哉と椎本邦一（現チーフスカウト）だった。

新人選手獲得の決定は、スカウトの手にゆだねられた。フットボールグループプロチームとしては希望ポジションを伝えるだけ。誰を獲るかの裁量を持つスカウトがオファーを出せば、それが正式なオファーとなる。多くのクラブのように練習参加させてから、監督や強化責任者の許可を得て加入を決める必要がない。だから、鹿島では現在でも、練習参加は本人が希望する場合に限られる。

平野は、住友金属工業蹴球団で現役引退後にマネージャーを務め、鹿島になってからは球団部次長として、選手の査定や契約など複数の仕事を抱えながら、新人選手のスカウトも行っていた。椎本も現役引退後、1995年からその仕事を始めている。

1996年はDFの池内友彦（室蘭大谷高校）、平瀬智行（鹿児島実業高校）、柳沢敦のふたりのストライカーがルーキーとして加入したが、1997年には新卒の獲得ができず、椎本は職を辞そうかと思うほど落ち込んだ。その想いが1998年に高校を卒業する「黄金世代」獲得へつながったのかもしれない。

平野の自著『サッカースカウトマン』には、「本山をストーカーのように追いかけた」とあるが、当時、東福岡の試合会場にはいつも平野の姿があったことを覚えている。おそらく他クラブのスカウトも現場にいたはずだが、穏やかな表情で選手を見守る平野の印象は強く残った。

当時、鹿島の強化方針は「中盤選手の獲得」だった。

本山だけでなく、小笠原、中田、山口武士《たけし》（大津高校）などＭＦの鹿島入りが決定する。加えて、ＳＢの中村祥朗《よしろう》（奈良育英高校）、鹿島ユースからはＧＫの曽ケ端準が昇格。計６名の新人が１９９８年に加わった。

本山と同じ攻撃的ＭＦだった小笠原が当時の心境を語る。

「最後に自分が決まったんですけど、同期で同じポジションの選手もいるし、試合に出られるチームへ行くほうがいいのかと考えないでもなかった。アントラーズは各チームのお山の大将が集まり、誰が生き残るかみたいなチーム。日本ナンバーワン、高校ナンバーワン、大学ナンバーワンレベルの選手が次々入ってくる。そういう厳しい環境のなかで勝負したいと思った。アントラーズでポジション争いに勝てば日本代表が見えてくる。そこでポジションを勝ち獲れば、今度は海外が見えてくる。アントラーズはそういうチームだから、そこでやったほうが成長できると思って飛び込んだ。

ほかのチームには『君を評価しているから、レギュラーで』というところもあったけど、厳しい競争をしたほうが自分のためになると思ったから。まあいろんな考え方があると思うけど、結果論でいえば、アントラーズに来て、よかったなとすごく思います」

6人のなかで最初にリーグ戦でベンチ入りしたのは中田だった。開幕前のアジアクラブ選手権でジョルジーニョが負傷し、開幕戦でベンチ入り。ファーストステージ第4節の京都パープルサンガ戦で負傷した熊谷浩二に代わり途中出場。続く第5節柏レイソル戦で初先発したが、その後はベンチ入り12試合、出場3試合1得点でルーキーイヤーが終わる。

その柏戦で、小笠原が初ベンチ入り。第6節ガンバ大阪戦で途中出場すると、負傷のビスマルクが欠場した第7節横浜マリノス戦で初先発。第8節でも先発したが、以降はベンチ入り3試合、出場2試合にとどまった。

本山は第13節ヴィッセル神戸戦で初ベンチ。第14節市原戦で途中出場。その後は2試合のベンチ入りのみ。山口は一度ベンチ入りしたが、曽ケ端と中村はその機会もなかった。

仲間であり、ライバルでもある

「最初、僕が試合に出て、（小笠原）満男やモト（本山雅志）は絶対に負けたくないと思って練習していたはずだし、その後、満男が出れば、やっぱり僕も悔しかった。でも嫉妬はないし、『なんであいつが出ているんだよ』とは思わない。お互いを認めているからね。たとえば、紅白戦で満男がトップチームでプレーしていても、Bチームの僕が削ってやろうとは思わない。逆にトップチームの選手と『どういう話してたの？』『どういうふうにやってたの？』って、いろいろ質問してましたね。お互いが、いいライバル関係で競っていったからこそ、伸びたんだと思います。鹿島は簡単に試合に出られる環境ではなかったから、よりお互いの存在が力になった。あいつらがいてよかったなって思う。本当によく６人も集まった。もし、同期がひとりとかふたりだったり、競う相手がいなかったら、多分、成長もできなかったんじゃないかな。僕は先に引退することになったけれど、やっぱりちょっと悔しかったですね」

中田は同期について、そう振り返る。小笠原はこう語った。

「ピッチ外ではよき仲間で、ピッチに入ればよきライバル。本山や中田が試合に出れば悔しい。ただ心のどっかで応援しているみたいな……いい関係でしたね。選手がどんどん成長するうえで、競争は絶対に必要。ポジション安泰ですよって状況より、少しでも気を抜いたらポジションを奪われるという危機感がすごく大事になってくると思うから」

１９９９年３月にはフィリップ・トルシエ日本代表監督のもとで、小笠原、本山、中田はＵ－20ワールドユースで準優勝を果たすチームに選出され、その後はシドニー五輪アジア予選を戦うＵ－21代表での活動も増えていく。

しかし、彼らはまだ鹿島のレギュラーではなかった。

「所属クラブで試合に出ていないのに、代表に選ばれるのか？」と揶揄する声もあった。人気先行だと批判する論調も出てくる。悔しさや歯がゆさを抱えながらも当時の彼らは明るく、溌《はつ》剌《らつ》としていた。

「鹿島は簡単に試合に出られないチームです」

スカウトの椎本は、選手獲得時には必ず、そう打ち明けるという。だから選手たちには、覚悟がある。

「みんな最初は、自分は試合に出られると考えていたと思います。でも現実はそうじゃない、とすぐに思い知らされる」と中田が頬を緩めながら話す。

小笠原は「とんでもないチームに来たな」と感じたという。

鹿島で生きていくうえで選手として必要なことは、技術の向上だけではないと日々のトレーニングのなかで学んでいく。中田が続ける。

「本田（泰人）さん、秋田（豊）さん、相馬（直樹）さんに名良橋（晃）さんと、日本代表の選手がいるところに僕ら新人が入ったわけだから、練習中からちょっとしたポジショニングが違っていたり走れなかったりすると、すごく怒鳴られた。鹿島の選手はみな、勝つために何をしなきゃいけないかっていうのを常に考えているので練習から厳しい。試合を想定してトレーニングしているから、1年目だろうと、5年目だろうと、10年目だろうと関係ない。サボる選手がいたら、そこからやられるというのを知っている。だからきつく言われるのも当然のこと。しかも、練習のなかで、『ああだよね』『こうなんじゃないか』『もっとこうしてくれ』という議論が、すごく頻繁に行われていた。勝つためのやり方はいろいろある。それをすり合わせて、まとめるうえでの話し合いなんです。そうやって戦い方を共有していた。自分がこうプレーしたいからじゃなくて、チームが勝つためにこういうポジションをとってくれという要求をし合い、お互いをリスペクトしながら納得ができるまで議論をしてました」

ときには、練習後のマッサージ中まで話し合いが続くこともあったという。

「みんなが自分の意見を持ちながら戦っているんだと、鹿島に入ったとき、すごく感じました。いざ試合になったときにプレーが整理されているのは普段から話し合っているから」

しかし、若い中田たちがその議論のなかに入っていけたのだろうか？　何も言えず、言われたまま動くことしかできなかったのではないか？

「言われることは納得できることばかりだったけど、自分の考えを話さなくちゃいけないとも思っていた。でも、やっぱり最初は言えない。ビビっているところも正直あった。そんなとき奥野（僚右）さんとかが『お前、どう思ってるの？』ってうまく話を振ってくれました」

話すチャンスを得ると、先輩たちは若手の話に耳を傾けてくれた。

「僕が話したとき、『１年目のくせに』というんじゃなくて、ちゃんと聞いてくれた。そのうえで、『お前はそう思ったかもしれないけど、ここは、こういうやり方もある。だから、お前はこんなふうに動いてくれ』と教えられると、『あっ、なるほど』と納得できた。本当に小さなことを積み重ねて、試合で何をしなくちゃいけないのかを学んでいった」

よいサッカーをするだけでは、満足しない。どうやったら勝てるのか。勝利を追求するチームの空気になじみ、鹿島の流儀を身につけていく。

「練習のインテンシティが高いし、公式戦より激しい。（２００６年に移籍した）イタリアでも１００パーセントでガツガツやっているのが当たり前だった。試合に出たいなら、必死にやらないと通用しない。それを実践しているのが、アントラーズだと思います」

小笠原の言葉を中田が補足する。

「代表へ行っても鹿島へ戻ったらＢチーム。でも日々のトレーニングのなかで、いろいろトライできた。そういうなかで、自分が巧くなっているなというのが感じられた。鹿島の紅白戦のほうがキツくて、試合のほうが楽なときすらありました」

中村憲剛が見た黄金世代

１９７９年生まれの学年は、１９９９年のＵ－20ワールドユース準優勝を経て、黄金世代、ゴールデンエイジと呼ばれるようになった。小野、稲本、高原らが早くも欧州へ活躍の場を移し、中田英寿、中村俊輔に続き、日本人選手の価値を示した。日本代表でも主軸となっていく。

１９８０年生まれの中村憲剛にとって、ゴールデンエイジたちはどういう存在だったのか。

「僕は黄金世代を非常にリスペクトしていたし、憧れてもいました。特に同じＭＦの（小野）伸二さん、ヤットさん（遠藤保仁）、（小笠原）満男さん、モトさん（本山雅志）、（中田）浩二さん……。18歳からＪリーグで活躍しているすごい選手たちです。（Ｕ－20世界選手権で）準優勝したとき、当時大学生だった僕は、自分がＪリーグへ行くのは難しいかなと思い始めていたので、彼らは『いつか追いつこう、追い越そう』という対象でもなかったと思います。ただシンプルに応援していただけ。『こういう人たちが日本を背負って立つんだろうな』と。それが変わったのは、やはり川崎フロンターレへ入ってからですね」
所属していた中央大学を関東大学リーグ1部へ昇格させ、Ｊ２の川崎フロンターレの練習にテスト生として参加後の２００３年に加入。２００５年のＪ1昇格を牽引した。
「２００４年にＪ２で優勝したあと、天皇杯（5回戦）で鹿島と対戦することになった。ずっと上にいると見ていた人たちが、急に目の前に来たんです。僕らが2点リードするんですけど、最終的には浩二さんが延長Ｖゴールを決めて勝ってしまう。底力みたいなものを感じました。でも同時に手応えもありました。やりようによっては戦えるという感触を掴めた。そのときから、対鹿島という想いが芽生えたんだと思います」

司令塔として川崎に君臨する中村は、すでに高い評価を集めていた。そんな彼の意外な様子を見たのは、２００５年9月11日、等々力陸上競技場でだった。ホームの川崎は、公式戦で初めて鹿島に勝利。取材陣からの囲み取材を終えた中村の横を、小笠原が通った。そのとき「あっ、小笠原！」とでもいうように、中村のテンションが上がったように見えたのだ。一瞬ではあったけれど、サッカー少年とプロ選手の邂逅というような空気が漂った。

「僕らはホームでの鹿島戦へ向けて『Ｋ点越え』をキャッチコピーにプロモーションを行っていたんです。スキージャンプのＫ点越えに、鹿島のＫを重ねてのＫ点越え。それくらい遠い相手だという敬意と、チャレンジしていく僕らの気持ちの表れです。当時の関塚隆監督は鹿島出身ですし、かなりマックスのパワーを出して勝利できた。１９９３年からリーグをリードしてきた伝統あるクラブに勝てたという喜びがありました。つい数年前まで見ているだけの人たち、ミツさん（小笠原満男）たちとやっと並べたという数年越しの想いが叶った。だから、ミツさんたちが横を通ったとき、確かにテンションが上がりましたよ」

それから数年後、中村は代表として日本を背負う。まるで星のように遠い存在だと思っていたゴールデンエイジが、中村が立つにふさわしい場所へ導いたのかもしれない。

ゴールデンエイジを６人も一度に獲得。その事実は鹿島の歴史にとっても大きい。

２００１年、山口武士と中村祥朗は時期は異なるがともに大分トリニータへ期限付き移籍（その後山口は２００２年にソニー仙台へ、中村は２００３年にサガン鳥栖へ移籍）し、１９９８年加入の６人は４人になったが、彼らの確かな成長がライバルを粉砕した試合がある。

２００１年チャンピオンシップだ。

２００１年Ｊリーグチャンピオンシップ

この年の鹿島はケガ人も多く、ファーストステージは11位と低迷している。それでもセカンドステージは開幕７連勝で３節以降首位に立った。

10月13日、第８節は静岡エコパスタジアムでジュビロ磐田と戦う。ファーストステージを優勝した磐田は6連勝で、セカンドステージも2位につけていた。

ナビスコカップ準決勝でも磐田と対戦したが、第1戦を0－1と落とし、ホームでの第2戦はスコアレスドローで鹿島の大会敗退が決まっており、ファーストステージでも磐田に敗れていただけに、シーズンダブルを許すことはありえない鹿島と、ホームで首位を叩きたい磐田との一戦だ。

試合は、拮抗した固い内容で、両者チャンスらしいチャンスもなく前半が終了。試合が動くのは、思わぬアクシデントからだった。

58分、磐田GKからロングパントが前線へ送られる。反応した中山雅史と曽ケ端が交錯。素早く立ち上がった中山がこぼれたボールを無人のゴールへ蹴り込む。ゴールを認めたレフェリーに対して、スタジアムの場内映像に映るリプレーを指さしながら鹿島イレブンが抗議するが、判定は覆らない。それが尾を引いたのか、78分にも失点した鹿島は0－2と敗れ、得失点差で磐田に首位を明け渡す。

この敗戦は、秋田豊が語った「１９９７年の往復ビンタ」と同じ効果をもたらしたのだろう。セカンドステージを獲り、チャンピオンシップで磐田を破る。モチベーションは高まった。磐田戦後6連勝すると、最終節を残して鹿島はセカンドステージ優勝を飾った。

のちに鹿島で現役を引退し、監督を務めた大岩剛が、当時在籍していた磐田で感じたのは、前所属名古屋グランパスエイトの指揮官アーセン・ベンゲルが強調していた「一体感」に対する確信だった。２０１９年に鹿島を離れた彼に聞いた。

「大学から名古屋へ入り、ベンゲルのもとで感じたのは、戦術的な細かさよりも、攻守が連動するなど、シンプルなことをチームで一体感を持ってやれるかが、勝利に直結するということでした。磐田の場合も同じく一体感が鍵になっているけれど、名古屋と違い主導するのは選手でした。練習から厳しく激しいのは当たり前。レベルの高い選手も揃っているので、自然と阿吽の呼吸でプレーできる。チームとして結果が残せるから、選手も自信がつき、成長し、日本代表になるという流れのなかで、選手の高い意識があのチームを作ったんだと思います」

一体感という言葉は、監督大岩剛のチーム作りのテーマにもなった。

２０００年、磐田の田中誠が、鹿島について語っている。

「鹿島はすごく厳しさのあるチーム。『勝つ』という気持ちを前面に出す選手が多い。だから試合でも威圧感をすごく感じます。でも、ジュビロの選手はそういう闘志を内に秘めるタイプが多い。表に出すことも必要なんじゃないかと思う」

２００１年の磐田は出場予定だった世界クラブ選手権（現ＦＩＦＡクラブワールドカップ）が中止となり、アジアクラブ選手権、ナビスコカップと決勝戦で敗れている。当時リーグ最強と呼ばれる完成度と魅力を備えた磐田だったが、「勝負弱さ」という一面もあった。

年間勝ち点は磐田71ポイント。一方鹿島は54ポイント。チャンピオンシップの勝者にならなければ、王者にはなれない。

２００１年12月２日、チャンピオンシップ第１戦、エコパスタジアム。11分。試合は早々に動いた。ＰＫを与えた鹿島が失点する。37分には鈴木隆行が二度目の警告を受けて退場処分に。前半、磐田は９本のシュートを放つが鹿島はわずか３本に留まっている。その流れは後半も続き、鹿島は54分に２失点目を喫した。

中盤を圧倒され、主導権を握られ、数的不利の状況でも鹿島は相手の隙をうかがい粘り強く戦う。79分に小笠原が蹴ったＣＫを秋田がヘディングシュートでゴールすると、83分柳沢と代わった平瀬智行が同点弾を決めた。

終盤４分間で２失点した磐田と、追いついた鹿島とでは同じドローでも印象は大きく異なる。

「勝利に近いドローだ」

鹿島の指揮官トニーニョ・セレーゾは会見で力強く語った。

12月８日、チャンピオンシップ第２戦。カシマスタジアム。

積極的な攻撃姿勢を見せはするものの、リスクは冒さない。鹿島は徹底していた。

出場停止の鈴木隆行に代わり、先発した平瀬は柳沢とともに磐田のボランチを抑え込む。どっしりと守備に重きを置く鹿島は、攻勢に出たい磐田を丁寧に跳ね返していく。

２試合での勝利数が上回ったチームが勝者となるレギュレーションのため、確実に勝つチャンスをうかがう鹿島からは、４万人近いサポーターがあと押しするホームでの余裕と試合巧者としての風格が感じられた。50分、負傷したビスマルクに代わり、本山がピッチへ。「モトのスピードやドリブルを活かすために、満男のポジションを少し下げた」と中田。柳沢、平瀬、本山が3トップ気味の形をとり、同時に小笠原が後方から飛び出してくる。本山の投入で攻撃の流動性が増した。次第に磐田は引き気味にならざるを得ない。磐田のチャンスは鹿島がすぐさまボールを回収し、自分たちのチャンスへ変えた。

両者に得点がないまま試合は進む。スコアは同じだが、精神的には磐田のほうが追い込まれていた。苦境を打開する交代策もなかなか打てず、藤田俊哉に代えて前田遼一を入れたのは83分。試合は0－0のまま、延長戦へ突入する。

磐田はボランチも攻撃参加。その空いたスペースを本山がドリブルで突破する。磐田も西紀寛が絶好のチャンスを迎えるが、シュートは曽ケ端にキャッチされてしまう。

97分、小笠原がＦＫを放つ。クリアボールを西が拾うと前線では前田と奥大介が手を挙げている。どちらへ出すかためらった瞬間、本山が西の持つボールを奪い、前へ運んだ。シュートを外し、ボールも奪われて西は「熱くなった」と、本山を追いかけ倒してしまう。ファウルを告げる笛が鳴り、ボールをセットしたのは、小笠原だった。やや左よりのゴールから22メートル付近。磐田は壁を5枚立てる。それでも自らキッカーに名乗り出た小笠原が動じることはない。壁の右に立つ磐田のオランダ人ＧＫヴァン・ズワムへ向かい右足インフロントで蹴り出したボールは、ゴール右へと突き刺さる。それを見届けるとピッチに倒れ込んだ小笠原の上にチームメイトたちが重なり合う。

「キーパーが動くと思って、右上を狙った」と話す小笠原の狙い通りのVゴールが決まった。リーグ二連覇の瞬間だった。小笠原も2年連続のチャンピオンシップMVPを受賞した。

「2001年はリーグ戦、ナビスコカップ、チャンピオンシップとジュビロとは6試合戦ったけれど、勝てたのは一度だけ。ジュビロのサッカーは高さやドリブルに頼るわけでもなく、ボールも人も自由によく動いている。見ていても『楽しそうだ』と思う。それを見ながら、必死で守らなくちゃいけない試合もあった。だから、そういうジュビロに勝つというのはやっぱり気持ちがいい」

小笠原は「サッカーダイジェスト」での自身の連載コラムのなかで話した。

鹿島と磐田、二強時代の終焉

「情けない。『キレイなサッカーをやっているけど、ツメが甘い』とは二度と言われたくない」

試合後の藤田の言葉を覚えている。「アントラーズはスゴイよね。途中から代表経験者が試合に出てくるんだもん」と同郷の相馬にそう声をかけながらも、味わった屈辱は隠せない。

当時、鹿島だけでなく、磐田の取材をする機会も多かったため、両チームの違いについて考える機会は少なくなかった。

鹿島の選手が毎年のように「リーグ制覇」を目標に掲げるなかで、磐田の選手が求めるのは勝利だけではなかったように思う。試合の内容にこだわり、自分たちのサッカーを貫きたいと考えていた。もちろんそれが勝利につながると信じているからなのだが、それだけでは勝てないことをこのチャンピオンシップで味わった。

その雪辱を果たすように、翌２００２年の磐田は両ステージで優勝し、Ｊリーグ初の完全優勝を成し遂げる。

「アントラーズは僕が話すまでもなく、ジーコの想いをクラブとして大切にし続けている。鹿島の勝負強さというのは、現役時代に何度も見せつけられた。20年前のチャンピオンシップでも同じだった。僕たちは自分たちのサッカーを追求していたし、それで結果も残せた。けれど、２００１年に勝ったのは鹿島だということ。そして、20年間、何度もタイトルを獲り続けている。そこにはジーコの勝負に対する姿勢が貫かれているからだと思っています」

藤田は、20年前の鹿島とのチャンピオンシップを振り返った。

２００３年、鹿島は大岩を獲得する。当時大岩は30歳。プロサッカー選手は30代になるとリストラ対象とも言われた時代だったが、大岩のもとには鹿島以外のクラブからのオファーも届いていた。

「磐田がチームの若返りを図っているということへの悔しさよりも、試合に出られないことで自分の選手価値が落ちてしまうという危機感が大きかった。まだやれるという気持ちも強かったけれど、ケガもあり、モヤモヤしていた。そういうときに鹿島が声をかけてくれた。ライバルチームの僕を評価し、獲得に動いた鹿島の覚悟を考えるとそれに応えたいと思った。鹿島へ行く決断は簡単でした」

大岩はライバルとしてリスペクトしていた鹿島の強い想いに触れ、自身のチャレンジにふさわしい場所と考えたと、２０２０年12月の本書の取材で振り返ってくれた。


鹿島にとって、即戦力ＣＢ獲得は急務だった。

１９９９年に東福岡から金古聖司《かねこせいじ》を獲得したが、同年春のＵ－20ワールドユース前の合宿で「左膝前十字靱帯断裂及び、左膝半月板損傷」を負うと、全治まで1年を要し、その後も大小のケガに悩まされる。２０００年に獲得したユース代表キャプテンの羽田憲司も、２００１年、原因不明の足の痛みを訴え、ブラジルで手術や治療を行ったが長期離脱。秋田とＣＢを組んでいたファビアーノも２００２年セカンドステージで負傷離脱してしまう。

そういう状況下でトニーニョ・セレーゾの希望もあり、大岩へのオファーに至った。

「選手としてのベースがあり、実績もある日本代表クラスの選手をピンポイントで補強したのは、名良橋、大岩、新井場《あらいば》（徹《とおる》、２００４年加入）くらい」と鈴木満が話す。

当時を大岩が語る。

「クラブとしては、競争力を上げたいという思惑があったと思います。本田さんも秋田さんも在籍し、緊張感がありました。名古屋にも磐田にもないクラブの重さを感じました。

どんなときも『試合に勝つ』という気概は失われなかった。それは監督が代わっても同じ。勝つことを諦めない泥くささは、まるで住友金属の鉄鋼の硬さと同じようだと思いました」

　そして、改めて強いクラブの必須条件とは何かを考えるようになる。

「僕は3つのクラブしか経験していないけれど、日々の練習の厳しさや激しさは強いクラブの絶対条件です。ミスや逃げるプレーに対してはチームメイトが厳しく、甘えを許さない。やる気がないとか、そういう空気についてこられない選手は淘汰される。それは鹿島でも磐田でも同じです。両者のカラーは違うけれど、共通している点は多い。そういう日常があるから、強くなるのか、強いからそうなるのかはわからない。でも、逃げを許さない空気感が選手を強くするし、チームを強くするんだと思います」

　２００１年チャンピオンシップでの敗戦。当時磐田の主力だった大岩にとってもその衝撃は大きかった。鹿島の一員となり、勝敗を分けた理由をどう考えるだろうか？

「鹿島にはどんなに攻められても、『最後に勝てばいい』というのが、脈々と受け継がれている。そこにタイトルへのこだわりを感じます。たとえば、２００１年だったらVゴールで試合が決まるというルールだから、あそこで勝負に出たんだと思うし、２０１６年もチャンピオンシップで勝てば、年間チャンピオンというルールに従いチャンピオンになった」

　チームを構成する人の違いが、クラブの違いになるとも話す。

「鹿島には『安定した守備』とか、『守備のこだわり』という文化がある。ここをおろそかにしてはいけないというカラーがある。多くのクラブでレジェンドと呼ばれるのは攻撃的な選手だけど、鹿島では、守備的なポジションの選手が多い。そこにクラブのチーム作りの方向性を感じると同時に、サポーターの意識の違いもあるんだと思います」

鹿島の強みのひとつである堅守速攻は、長いボールを蹴ることではない。攻守の素早い切り替えをはじめ、攻撃を効果的にするための策には、「まず守備から」というベースがある。いかに勝つかとは、いかに失点を防ぎ、得点を生むかの追求だ。そうやって高い合理性や安定感を求めてきた。

「クラブによっては、失点しても、さらに得点すればいい。負けたときも失点より、得点力にフォーカスする考え方もあるけれど、鹿島が求めるのはそういうことではなかったと思います。不安定な戦いを嫌うし、失点が増えれば、そこにフォーカスし、その課題に取り組みます。もちろん得点力をおろそかにするわけではなく、守備の安定感こそが、得点にもつながるという意識です。クラブそれぞれに歴史があり、方向性に違いも生まれます。それがクラブのカラーの違いにつながるということですね」

大岩は２０１０年に現役引退するとき38歳になっていた。最後の2シーズンはベンチを温める時間も長かった。

「確かに試合には出られなくなったけれど、日々の練習の積み重ね、厳しさの積み重ねが勝利へつながっていく。それを最後までやり続け、終わったのが38歳だったということ。鹿島でいろんなことを経験して38歳での引退だったと思っています」

１９９７年、名波浩が宣言した磐田と鹿島との二強時代は、１９９７年磐田、１９９８年鹿島、１９９９年磐田、２０００年鹿島、２００１年鹿島、そして、２００２年の磐田まで続いた。

「中山さんと秋田さんは有名だけど、本田さんと大ちゃん（奥大介）とか、至るところでバチバチやっている感じだった。今思えば、そういう相手がいたからこそ、お互いが成長していたんだと思う」と名良橋は目を細めて、当時の話を口にする。

続く、２００３年、２００４年は横浜Ｆ・マリノスが連覇。２００５年はガンバ大阪が、そして２００６年は浦和レッズがリーグ制覇している。２００７年からは鹿島が三連覇を果たすが、磐田はジリジリと成績が下降していく。

鹿島と磐田。

自国開催のワールドカップへ向け、サッカーへの注目が集まるなか、Ｊリーグを牽引したふたつのクラブの行く末が異なった要因はさまざまなものがあるだろう。

なかでも、まだ若手だった鹿島のゴールデンエイジの存在は大きかったと思う。試合を左右するプレーを残し自信を得る機会が与えられていた。そして創設当時から所属する選手たちと、自身の後輩になる選手たちとの橋渡し役にもなり、年齢を重ねながら、戦力として確実な成長をしたのが、いわゆる「シドニー五輪世代」のゴールデンエイジだ。

一方、当時の磐田は、シドニー五輪代表の選手が高原直泰や西と少なく、その下のアテネ五輪世代の層は厚かったが、彼らがバルセロナ、アトランタ五輪世代を超えることは難しかった。チャンスを手にしても確固たる自信を得るのに時間がかかった。成績が下降すると、監督交代も相次ぎ、チームのベースは何度も書き換えられていった。うまくバトンがつながらなかった印象が残る。しかし、これは磐田に限らず、多くのクラブで起きてきた現実ではないのか。だからこそ、「鹿島だけは違う」と評価されるのだろう。

チームは生き物といわれるが、時の流れが止められないのは人間もチームも同じだ。選手は年齢を重ねることで経験を身につけられるが、加齢による身体能力の低下からは逃れられない。となれば、チームはいかに競争のなかで選手を育成し、新陳代謝を行えるかが鍵となる。

１９９３年のJリーグ開幕からの10年は、ベテランと呼ばれるグループに若い選手たちを加えていくことで、結果を残しながら、前へ進んできた。草創期の選手を送り出したあと、チームの中心となったのもゴールデンエイジたちだった。２００４年にガンバ大阪から加入した新井場徹もその世代のひとりだ。

それでも結果を手にするために苦労した時期もある。

迫り来る世代交代の波

２００２年はナビスコカップを獲ったもののリーグ戦は年間順位４位。天皇杯は準優勝。

２００３年のナビスコカップ決勝では、前年と同じ対戦となったが浦和レッズに０－４と敗れて準優勝。同年セカンドステージは最終節の浦和戦を引き分けている。勝っていればステージ優勝を手にできたが、逃した結果、年間順位は５位にとどまった。

鹿島は２００３年シーズン限りで、秋田豊と相馬直樹との契約を更新しなかった。長谷川祥之はすでに同年夏、現役引退を発表している。

鈴木満はその理由に世代交代をあげ、苦渋の決断だと語り、「ベンチにおいておける選手じゃない」とも話した。ふたりはそれぞれ名古屋と川崎へ移籍する。

２００３年に柳沢敦がイタリアのサンプドリアへ、中田浩二が２００５年にフランスのオリンピック・マルセイユへ、小笠原も２００６年にイタリア・メッシーナへと欧州移籍する。

秋田、相馬に続き、２００４年には熊谷と平瀬が移籍。２００５年には鈴木隆行がベルギーへ期限付きで移籍した。２００６年には本田が現役を引退し、名良橋も２００７年に移籍していった。


新卒選手を見ると２０００年の内田潤（駒澤大学）、２００２年の石川竜也（筑波大学）、２００３年の深井正樹（駒澤大学）、２００４年の岩政大樹（東京学芸大学）、２００５年には中《ちゅう》後《ご》雅《まさ》喜《き》（駒澤大学）、田代有三（福岡大学）と大卒選手の加入が続いたのも、即戦力という意図が感じられた。秋田が移籍したタイミングで加入した岩政が当時を振り返る。

「トニーニョ・セレーゾ監督は、開幕から僕を起用しようと考えていたようで、キャンプから主力組でプレーしていましたが、なかなかフィットできなかった。『まだ１年目』という気持ちより、摑めただろうものを自らが手放してしまった想いがあり、焦りも生まれました」

チームメイトからの数々の要求、細かい指示を出す指揮官。周囲の声が導いてくれることも多いが、逆に自分のプレーを見失い、自信喪失につながることも少なくない。

「自分の判断がプロのレベルに追いついていないところもあり、『そうじゃないだろう』と言われると、その声に合わせてしまう。レベルの高いところへ来たんだから当然です。ただ周りに気を遣ってプレーすれば、自分の判断やプレーにブレが生じてしまう。でも、なんの根拠もないから自信も持てない。そういう性格なのでなかなか打ち破れない半年間でした」

ようやく先発できたのはセカンドステージの第7節だった。

「このままでは2年目にポジションを手にする保証はない。誰が責任を取るんだと切実に思ったんです。だから、周りの声をいったん遮断して、自分の基準で自分の感覚でプレーすべきだと割り切った。それでダメなら自己責任ですから。そうやって『無理やりの自信』のもとでプレーを始めると、監督や周りが僕を見る目も変わりました」

岩政の葛藤は、多くの選手が経験するものだ。だが、じっくりと時間をかけて自信を得るケースがほとんどで、岩政のように強い決断とともに状況を変えた例は少ないだろう。


現在浦和レッズに所属する興梠《こおろき》慎三が、２００５年に鵬翔高校から鹿島アントラーズに加入したときを振り返る。

「鹿島といえば、スター選手が多いという印象でした。ただ、そういう選手がいるのに、なかなかタイトルが獲れていないなとも感じていました。鹿島を選んだのは高校の先輩である増田誓志《ちかし》と一緒にプレーしたいというのが大きな理由。当時僕は同じＭＦだったからライバルになるけど、それも含めて誓志さんの影響は大きかったんです。同時に『俺だったら鹿島でもできるだろう』という自信しかなかった。実際入ってみるとレベルの違いを感じたけど、このチームで試合に出たいという目標もできた。頑張ればできるという期待と同時に、この人たちには勝てないなっていう気持ちも半分ありましたね」

当時の攻撃的ＭＦには増田だけでなく、小笠原、本山、野沢拓也（鹿島ユース）がいた。

「セレーゾに『中盤じゃなくて、ＦＷのほうがいいんじゃないか』と言われて、ＦＷをやることになった。当時は点を決めることよりもアシストするほうが好きだったし、プロでの転向で『これからどうすればいいのか』と戸惑いました。でも、アレックス・ミネイロや柳沢敦さん、鈴木隆行さんをはじめ、鹿島にはいいＦＷがたくさんいたから、すごく勉強になりました」

今では９シーズン連続二桁ゴールを挙げ、通算得点Ｊリーグ歴代３位の記録を達成する点取り屋となった興梠だが、鹿島でレギュラーポジションを手にするには、数年の時間がかかった。

「セレーゾのもとで、いかにサッカーを戦略的に、戦術的にチームに落とし込むのかを学べた」と現在も通訳を務める高井蘭童《らんどう》は言う。トニーニョ・セレーゾは、若手の強化に適した指導者でもあった。それは２０１３年に再び指揮を任せたことでも理解できる。だが、若手に経験を積ませるためだけに試合で起用することはない。多くの選手が出場機会を求めて鹿島を去った。

世代交代、選手育成を勝てない理由にできないのが鹿島アントラーズだ。

勝利という結果を残せなければ、監督の座も安泰ではない。事実、トニーニョ・セレーゾは

２００２年のナビスコカップ優勝以降、タイトルを獲れていない。１ステージ制となった２００５年シーズン終了後に鹿島を去り、パウロ・アウトゥオリが監督に就任した２００６年は、ナビスコカップで準優勝したものの、リーグは６位。シーズン終了後、再びの監督交代が決まる。

「試合に出始めてすぐの20歳、21歳、22歳のころは、タイトルが獲れて、そのあとタイトルから遠ざかった。なぜだろうと考えたら、サッカーの勝ち方をあまり知らなかった。チームとしてタイトルは獲れているけれど、僕自身は若さもあったぶん、年上の選手に頼っている部分が多すぎて、ピッチのなかでどうやったら勝てるかを本気で理解してはいなかった。勢いと一生懸命さだけ。サッカーの流れを読んだり、相手の狙いを理解し、どう対応すべきかというところにまでは至っていなかった。

勝てなくなってきて、どうやったら勝てるのかを改めて考えるようになった。一つひとつの試合を重ねて、勝利することで正解と不正解を整理しながら、トライとエラーを繰り返し、うまくいったこと、いかなかったことを知り、チームができていった。それでタイトルを獲って初めて、こうやったら勝てるんだというのを理解した。だから、タイトルを獲ることで強くなっていくのが鹿島なんだと思う」

そう振り返る小笠原は、イタリアで１年を過ごしたあと、２００７年夏に鹿島へ復帰することになる。

第五章

ベンチャー企業

「鹿島アントラーズが好きでも、
サッカーが好きじゃない人もいる。
フットボール・ファンと、
ノンフットボール・ファンを併せて
アントラーズなんです」

——鈴木秀樹

「ネタに困ったときは、アントラーズに来て、『何かありませんか？』という話をすると、必ずネタが出てくる。ほかのクラブがやっていないこと、考えていない、発想していないことをやっているアントラーズに興味を持っていました。鈴木秀樹を中心としたマーケティンググループが行う、多角経営の視点や発想に面白さを感じていました」

日本経済新聞社の運動部記者として、クラブの経営や施策などについて、全国津々浦々にあるクラブ、ＪＦＬや地方リーグまでも取材してきた吉田誠一にとって、鹿島アントラーズはネタの宝庫だった。現在吉田は、その鈴木のもとで鹿島の一員として仕事をしている。

ミクシィやＤｅＮＡなどのＩＴ企業の株式公開を証券会社で担当し、その後ミクシィを経て、メルカリに参画した小泉文明は、多くのベンチャー企業と携わってきた。そんな小泉は、鈴木秀樹や鈴木満のことを「ベンチャー経営者の大先輩」と語る。

ベンチャーとは、英語のventureが語源で、冒険的事業、投機的事業の意味を持つと考えると、小泉の言葉の納得感が増す。（日本で広く使われている新規事業、新興事業という意味の英語は、

スタートアップ〈start-up〉が最適だろう〉

考えてみれば、Jリーグ発足とともに生まれた日本でのプロサッカークラブの経営や運営は新興事業だ。その舞台で冒険的かつ投機的な施策を実施し続けてきた鹿島の姿に、小泉自身シンパシーを感じていた。２０１９年８月に彼自身が社長となったあとも、鹿島とメルカリとの関係に違和感はないと話す。

「この鹿行地域、鹿島の地域は、人口の少ないエリアで、ほかのオリジナル10（１９９３年のJリーグ10クラブ）と比べると圧倒的な違いがあります。でもそれを嘆くだけでなく、いかにプラスにできるのかということを考えて、ビジネスをまわしているというのは、すごくベンチャーっぽいと思います。秀樹さんと話しているとベンチャー企業の経営者と話している感覚になりますし、満さんも感覚としては同じです。その空気はクラブにも感じます。親会社が変わり、僕らが新しいアプローチをしても、受け入れてもらえる。そういう柔軟性があるんです。変化を恐れない鹿島の社風は、メルカリととても近いと思いました」

１９９３年のファーストステージ優勝から始まり、強豪クラブへと成長する過程において、Jリーグ、日本経済のバブル崩壊などがクラブ経営に重くのしかかったことは、すでに述べた通りだ。住友金属がいつまでも大量の赤字を補填してくれるわけではない。自立できるよう「稼げる」クラブにならなければ生存すら危ういことは、１９９８年の横浜フリューゲルス消滅によって証明されている。

鹿島アントラーズのスタッフは、創設来ずっと危機感を抱き続けている。銀行を辞めて鹿島の一員となった高島雄大が１９９３年を振り返る。

「Jリーグの人気が急上昇したとき、僕が抱いたのは危機感でした。日本経済のバブルが弾けた直後に鹿島に来た僕には、『この状態がずっと続くわけじゃない』という想いが漠然とあったんです。まだ始まって足元もおぼつかない状態で、地に足がついているわけでもない。しかも、オリジナル10のほとんどのクラブは、大都市をホームタウンに持っているけれど、鹿島は違うわけだから」

逆に言えば、小さな地方都市だからこそ、クラブがその地に根付くことができたのかもしれない。そのうえでも「ジーコの存在が大きい」と鈴木秀樹は話す。

「プロクラブがどういうものかもわからない僕らにとって、ジーコが示したビジョンがすべてでした。チーム強化、選手育成というだけでなく、ホームタウンとクラブとの関係においても、ジーコはさまざまなアドバイスをしてくれたし、その全部が『すべては勝利のために』というところに結びついていくんです。生き残るためには強いチームでなくちゃいけない。選手の人件費や環境を整備する資金も必要になります。そのために汗をかくのが僕らの仕事でした。なんの実績もない新参者の話なんて、誰も聞いてくれない。現場でそれを痛感するのは、僕らも同じです。クラブの哲学におけるビジョンということだけじゃなく、現実的な感覚として『強くなくちゃいけない』というのが身についたんだと思います」

顧客管理システムを導入してのマーケティング、ファンクラブや年間指定席によるメンバー制などを、他クラブに先駆けていちはやく導入したのも、自らのホームタウンの現状を冷静に捉えて危機感を覚え、それに対する解決策を模索していたからだ。

Jリーグのクラブの収入の主な柱は、試合の入場料収入、スポンサー収入、グッズ販売収入だ。試合の入場料収入、スポンサー収入の増収を行ううえで、新興勢力である鹿島にとって、他クラブとの差別化は必須だったはずだ。そのなかで重要だったのが、自身のブランド価値を認識し、積極的にブランディングを行うことだったのではないだろうか。

ブランドイメージは、企業やメーカーなどが消費者に受け入れられる過程で自然と生まれてくるものでもある。老舗ブランドと呼ばれるためには、長く継承されて積み重なった伝統や歴史が必要だ。それがなければ、老舗の看板は得られない。消費者からの愛着と忠誠心を手にするには時間がかかる。

しかし、Jクラブの場合、時間をかけている余裕はなかった。小さく始めて育てるというわけにもいかなかっただろう。発足時のJリーグは放送権料だけでなく、ユニフォームのサプライヤーやグッズまでリーグが一括管理していた。そこには各クラブの「共存」という意図があったにせよ、それぞれのクラブのオリジナリティが薄れた感も否めない。

そういうなかにあって、アントラーズの個性は強烈だった。

鹿島には「ジーコ」というシンボルがいた。そして、最初のタイトルを獲得したこととあいまって、「勝利にこだわる」「強さ」というイメージを世間に発信ができた。同時に小さな町のクラブのチャレンジという物語も鹿島アントラーズを特徴づけることになる。

1993年12月にリリースされたビデオ作品『プロミスリング～鹿島アントラーズ物語～』のパッケージには「ヒーローは選手だけじゃない」とつづられている。制作は当時数多くのトレンディドラマを作っていた共同テレビだ。

クラブ創設時の地元の人たちの不安や反発といった「きれい事ばかりじゃない」現実を描き、一度は地元を離れた青年が挫折から立ち上がる様子など、アントラーズ周辺の人々の葛藤や苦悩、それと同じくらいのプロクラブに対する熱量が描かれている。純粋なドキュメンタリーではないが、時代を記録したリアルと、役者たちが演じたサッカーやサッカークラブの持つ可能性を示したドラマが織りなすストーリーが、アントラーズのメッセージを伝える有用なコンテンツとなった（プロデューサーの服部嘉和はその後スタッフとして鹿島に加わる）。

小さな町ゆえのしたたかな戦略

他クラブとの違いを示そうというブランディングやマーケティングへの意識の高さは、スポンサー獲得方法からもわかる。

Jリーグをはじめ、クラブの多くはスポンサーとの契約に、広告代理店を間に挟むことが多いが、鹿島は鈴木秀樹が陣頭指揮を執り、クラブ自らが企業へ足を運んだ。

「新参者の話なんて、聞いてくれる人は少なかった。業界トップの企業も同じ。だから、二番手の企業を狙おうと。まあ、田舎者のふりをして、したたかに考えていたわけですよ」

鈴木秀樹は笑う。けれど「御社は二番手だからお願いに来ました」と正直に話す誠実さが、スポンサーとの関係を親密にしたのはいうまでもない。現在でも多くの企業が長く鹿島を支え続けているのは、彼らの信頼を勝ち取った証だろう。

１９９６年12月、カシマスタジアムは、２００２年のワールドカップ日韓大会の開催地に選ばれ、増築、改修され、収容人数も４万人となることが決定する。その改修工事期間中にあたる１９９９年、２０００年、２００１年シーズンのホームゲームを東京の国立競技場で開催したところ、１試合あたりの平均入場者数は２万人を超えた。

「国立で試合を行ったときに、観客のデータを集めてみると鹿嶋市以外、東京の方が相当数存在していることがわかりました。マーケット拡大が急務だったなかで、北へ広げることを検討していたのですが、東京にもマーケットがあると確認できたわけです」

東京という大きな市場への意識を強くしたと鈴木秀樹は話す。

２００２年のワールドカップへ向け、サッカーへの注目度が高まっていた。そのなかでも日本代表や黄金世代たちの人気はうなぎ上りで、当然鹿島にもその波は押し寄せる。

アウェイへの移動時には新幹線の駅にファンが集まり、クラブハウスへも多くの人が訪れ、練習を見学し、選手にサインを求めた。夏休みに実施された選手のサイン会では、クラブハウスの外まで長蛇の列ができた。

これには２０００年に高速バス「かしま号」の停留所がクラブハウス前に設置され、１時間に１本、東京駅からクラブハウスへとファンを運ぶようになったことも大きく関係している。

スタジアムに隣接する鹿島臨海鉄道、鹿島サッカースタジアム駅の新設は１９９３年に行われていたが、公共交通機関で、東京からカシマスタジアムへ行くには、列車を乗り継ぐか、高速バス「かしま号」の終点である鹿島神宮駅から列車で向かうなど、いずれにしても不便であることに変わりはなかった。

東京駅からスタジアムへの直行バスを求める声は多かったものの、当時は通常の路線以外にバスを走らせるには、貸し切り観光バスという手段しかなく、高速バス「かしま号」の路線をカシマスタジアムまで延長することが検討される。通常の路線上にカシマスタジアムがあれば、試合日の増便や直行便などの実施も容易になるからだ。

しかし、なかなか実現には至らない。２００６年3月11日、ようやく東京駅―カシマスタジアムを結ぶ高速バスが開通する。

「１９９３年から直行便への要望があり、悲願が達成した」

開通式典での当時の鹿島社長牛島洋の言葉には、実現までの苦労が滲んでいた。直行バスの恩恵もあってか、前年は約30パーセント余りだった県外からの観戦者数が、２００７年には50パーセントに迫るまで伸びたといわれている。

しかし、鈴木秀樹は改修のためカシマスタジアムを離れたことでのデメリットも痛感していた。国立競技場や富山、金沢、鳥取など、鹿嶋以外で試合を行ったことにより、地元のサッカー熱が冷えていることは確かだった。週末にカシマスタジアムでサッカーを見て、一喜一憂するという生活習慣が失われつつあった。地元に住む人たちにとって、カシマスタジアムというインフラは、サッカーを見るだけの施設でしかないのかもしれない。だがそこで、「サッカースタジアムなのだから仕方ない」と思わないのが鈴木だった。

カシマスタジアムまで高速バスを走らせるのに時間がかかったのも、カシマスタジアムがサッカー開催日以外には利用者がいないことに原因があるのではないか。

欧州に限らず、アジアのスタジアムでも映画館やホテル、ショッピングモールや大型スーパーなどが併設されているケースは少なくない。試合観戦以外での利用目的の有無はスタジアム建設時に、どの国でも課題になっていることがわかる。商業施設でなくとも、地元の人たちが集う公園化、スポーツ施設としての役割を果たすスタジアムはさらに多く、自治体の健康拠点となっている。

特にクラブが所有するスタジアムが多い欧州では、スタジアム経営という意識を早くから持っていたのだろう。スタジアム内の部屋を会議室として貸し出すといった小さなものから、スタジアム内に本格的なレストランやキッチンを作り、ＶＩＰ席を充実させることでチケット収入の増収をはかるなど、さまざまな施策が行われている。

2011年にイタリア・ユヴェントスが移転した新設スタジアムの収容人数は、旧スタジアムの約6万人から4万人と数を減らしている。1990年のワールドカップイタリア大会開催に合わせて建設された旧スタジアムは、老朽化は否めず、空席が目立つスタジアムだった。それをユヴェントスがトリノ市から買い取り、自前でスタジアムの建設や運営を行うことにした。どの試合も満員で充実したホスピタリティが整えば、スタジアム満足度は高まる。清潔で安全なスタジアムであれば、ファミリー層も獲得でき、VIP席からの収益も上がる。その結果、収容人数を減らしてもスタジアム収益は3倍になったという試算もあるほどだ。

2019年にこのスタジアムの記者席に座り感じたのは、照明と音響のすばらしさだった。場内に流れる音楽やアナウンスに合わせて、色とりどりのライトがピッチやスタンドを照らす。まさに劇場かコンサート会場のようだった。これだけの設備が常設されていれば、大きなコンサートを誘致するうえでも絶対的に有利だ。コンサートに必要な設備を用意せずともスタジアムライブが可能なのだから。サッカー場ということにとどまらない、複合的なスタジアムの姿を実感できた。

一方、日本ではどうか?

Jリーグの試合のほとんどは自治体の持つスタジアムを借りて運営されている（ジュビロ磐田と柏レイソルのスタジアムは親会社が所有）。

スタジアムの多くは、都市公園法によってスタジアム内で火を使うことなどができないため、充実したスタジアムグルメはおろか、ＶＩＰをもてなす食事もデリバリーで対応しなくてはならない。ちなみにカシマスタジアムは、都市公園法のもとにはないので、魅力的なメニューをスタジアムで提供可能なのだ。

公共施設ゆえか、自治体の多くはスタジアムからの収益への意識が低く、維持費に数億円をかけながらも収入は数千万円というのが実情だ。長きにわたり、公共施設の管理は、地方自治体か、地方公共団体が出資している法人、公共団体にしか許されていなかったからだ。しかし、２００３年に地方自治体法改正で「指定管理者制度」が、翌２００４年には都市公園法改正によって「管理許可制度」などが制定される、いわゆる規制緩和を経て、民間がスタジアムの管理に参加できるようになった。

億単位だった維持費も管理者へ支払う委託費だけで済むため、自治体にとっては維持費の大幅削減が可能になる。そして、指定管理者はスタジアムという舞台でさまざまな施策を実施し、収益を手にできる。入場料収入、スポンサー収入、グッズ販売収入に次ぐ、収益の新しい柱を模索していた鹿島アントラーズが指定管理者に手を挙げたのは必然だった。

２００６年に県立カシマサッカースタジアムの指定管理権を取得し、スタジアム管理をスタートさせる。それは収益だけの話ではなく、カシマスタジアムがサッカー場だけではないことを地元の人たちに感じてほしいという想いを形にする一歩となった。

「鹿島アントラーズが好きでも、サッカーが好きじゃない人もいる。フットボール・ファンと、ノンフットボール・ファンを併せてアントラーズなんです」

鈴木秀樹の言葉からは、町作りの命《めい》のもと誕生したクラブの信念が伝わってくる。

夏にはビアガーデンを開催し、ピッチを使ったキャンプイベントも実施。併設されたカシマウェルネスプラザでは、マシーンジムやフィットネススタジオ、スタジアムのコンコースに作られたウォーキングコースなど、さまざまなスポーツに触れる機会を作った。

また、クラブのドクターが診察する「アントラーズスポーツクリニック」には、県外から受診のために足を運ぶ人もいるという。サッカークラブとしての実績が活かされた形だ。ほかにも、スキンケアをサポートする施設もある。

カシマスタジアムは進化を続け、地域の人たちの健康促進や生涯スポーツへの意識向上を支えていく。そんな鹿島の施策は、フットボールクラブだからできることの、意外な幅の広さを教えてくれる。

先に触れた「クラブ創設30周年 VISION KA41」のなかで、THE DREAM BOX（新スタジアム）構想も発表された。老朽化なども理由だが、周辺の開発も併せて行い、地域発展のシンボルとして多くの役目を担い、かつ進化し続けるスタジアムを目指す。

第六章

三連覇

「勢いだけで三連覇はできない。
能力の高い選手が揃っていたと思う」

——内田篤人

２００３年、鹿島で長くスカウト部長を務めてきた平野勝哉が定年退職となり、そのあとを椎本邦一が務めることになった。

スカウトが新人獲得の全権を持つ鹿島の体制は、選手を送り出す家族や学校からの信頼を得ることにつながった。それを肌で感じているからこそ、椎本も前任の平野も甘い言葉を口にすることはなかったと話す。

「高校生だって、大学生だって、プロになってすぐに試合に出たいと考えるのは当然のことだと思います。出られないと断言はしませんが、出場を保証することはありません。『すぐに出られる保証はない。でも2、3年経てば、今いる選手とポジション争いができるようになると思い、声をかけさせてもらった』と話します。それによって、鹿島入りを躊躇したり、断る選手もいました。残念ではあるけれど、縁がなかったと思うしかない。

すぐ試合に出られるチームというのは、現在の自分と同じレベルか、低いレベルという見方もできます。そういう環境では、将来伸びない可能性が高い。現状の自分より高いレベルへ行けば、最初は苦労するかもしれませんが、もがくことで確実に成長できると理解した選手が鹿島を選んでくれていると思います。僕は選手を獲るとか、獲得という言葉はあまり好きじゃない。昔から選んでもらうという意識です」

毎年2月の編成会議で、トップチームで必要としているポジションや選手のタイプなどが決まり、1年後の加入へ向けたスカウト活動が始まる。始まるといってもそこから探し始めることは稀だ。すでに有望選手たちのリストは手元にある。ではどのように選手を見極めるのか？

「何試合も追いかけて見るケースもありますが、たいていは最初に見たとき『こいつだな』と感じる選手かどうかを大切にしています。ストロングポイント、特徴を持っていることが僕のなかでは重要なポイントなんです。ポテンシャルはあまり意識していません。プロの世界で伸びるかどうかは難しい判断です。性格も大きく関係してくることだから」

才能を持っていても、プロに不向きな性格もある。

「優しすぎて、『ライバルを蹴落としてでも』という欲や、自分を客観視できる冷静な眼と心がないと、プロの競争のなかで生きてはいけない。チームのために戦っているなとか、試合を見るだけでわかる性格はあります。でも普段の生活はわからない。そこで重要なのは、監督などとの信頼関係なんです。ありがたいことに『あの選手は鹿島には合わないと思うから、推薦できない』と言ってもらえることもありました」

ワールドカップロシア大会では、ＣＢの昌《しょう》子《じ》源《げん》、ＭＦの柴崎岳、ＦＷの大迫勇也と椎本がスカウトした選手が並んだ。「鹿島は選手を育てるクラブ」というイメージが定着している。

「メディアやインターネットなどを通じて、鹿島アントラーズがどういうクラブなのかというのは、高校や大学関係者、ご家族も理解してくれているので、わざわざ説明する必要もなくなってきました。たとえば『選手を育てるクラブ』『鹿島はブレない、真面目なチーム』と言ってもらえる。『鹿島に声をかけてもらえたら自信になる』とも。それはクラブに『スピリット・オブ・ジーコ』という芯があるから。その想いと姿勢を選手が共有し、受け継いでいる。当然、僕もそこは大事にして、今まで仕事をしてきました」

　椎本がスカウトした選手がすべて鹿島でポジションを得て、活躍できるとは限らない。選手自身の力量だけでなく、監督の意向、チーム状況、選手構成、タイミングなどさまざまな要因が存在し、現実となる。選手自身から移籍を希望する場合だけでなく、契約を更新しないとクラブが決定するケースもある。選手には鈴木満から告げられるが、同時に椎本は選手の家族や恩師へ連絡を入れる。それは、息子を預かった責任感の表れだ。

　シーズンの終了時期になると、各クラブから「契約更新を行わない選手」が発表され、「戦力外通告」とメディアで報じられる。しかし、鹿島の場合は少し異なる。多くが「移籍」という形でリリースされる。鹿島での活躍が叶わない選手の次の活躍場所をクラブ自らが見つけてくるのだ。選手が代理人を持つ昨今は、代理人が移籍先を探すこともあるが、最後まで愛情を注ぐ姿勢に誠意を感じる。

「その時間の長さにかかわらず、うちに所属すればアントラーズファミリーのひとりだから」

と鈴木満は、さも当然といったふうに話す。

第六章

三連覇

内田篤人が感じた重圧

2006年、静岡県の清水東高校から内田篤人が加入する。

静岡県の高校から鹿島に加入した選手は少なく、静岡は縁の深い地域とはいえない。加えてU-17日本代表でも活躍する内田の獲得を狙うクラブの数は多く、鹿島を選んでもらうために椎本が足を運び信頼を得ていったことは想像に難くない。

名良橋晃の負傷もあり、内田はクラブ史上初めて高卒での開幕先発出場を果たすと、その座を明け渡すことなく、AFCユース選手権での不在時以外はほとんど先発出場している。

「両親は『同じポジションに名良橋さんみたいな人がいるのはいいね』と言っていた。僕にとってもナラさんに限らず、先輩たちの存在は大きな魅力だった。いろんなクラブからオファーをいただいたけど、鹿島へ行きたいという気持ちは強かった。寮に泊まり、数日間練習に参加したときに感じた、厳しさと優しさが混じり合っている鹿島の空気が好きだった」

鹿島に加入後、免許のない内田は岩政大樹の車に同乗して、毎日、寮から練習場へ通った。

「『2、3年で試合に出られるようになる』と岩政さんに言われたことを覚えています。椎本さんも『すぐに試合に出られる保証はない』と言っていた。でも、鹿島のことを何もわかっていない僕は『最初から試合に出てやる』と内心では思っていたんです」

２０２１年本書の取材に内田が話す。

２００９年に取材したときのコメントを見ると、ルーキーが担った重圧が理解できる。

「開幕戦で試合に出られて、最初は何も考えず伸び伸びやれた。でも試合に出ることよりも、試合に出続けるほうが大変だった。試合が続いていくと、また試合なの？　行きたくない。なんで俺、Ｊリーガーになったのかなぁと思うくらいに。周りのことを気にしすぎて眠れなかった。試合だけじゃなく、ミスをすれば練習が止まる。トラップすら怖かった。チームメイトの眼だけじゃなくて、プロになればサポーターやマスコミの存在もあるから」

２００６年、柳沢敦がメッシーナから鹿島へ戻ると、ワールドカップドイツ大会後、小笠原満男がメッシーナへ移籍した。そんなチームで内田の存在感は大きくなっていく。

０－４で大敗した10月14日の対ジェフ千葉戦のカシマスタジアムのスタンドには、「Ｕ－19優先反対！」、「Ｗe Ｎeed ＡＴＳＵＴＯ」といった横断幕が掲げられ、ＡＦＣユース選手権出場でチームを離れる内田の残留を訴えていた。しかし、内田不在のナビスコカップ決勝戦を落とし、リーグ戦は６位でフィニッシュ。またもタイトルは獲れずにシーズンが終わった。

この年監督に就任したパウロ・アウトゥオリは、ペルー代表監督も務め、２００５年にはサンパウロＦＣを率いて、世界クラブ選手権で優勝をおさめた手腕などが評価されて鹿島へ来た。タイトルこそ獲れなかったものの、チームの再構築には成功していると判断したクラブは、契約更新の交渉を行ったが、更新には至らず11月30日に退団が発表されている。

あとを引き継いだのがオズワルド・オリヴェイラだった。20年近くフィジカルコーチとして、カタール代表やＵＡＥ、カタールのクラブチームで仕事をし、48歳でＳＣコリンチャンスの監督となり、世界クラブ選手権で優勝。その後もブラジルで指揮を執っていた。フラメンゴ・ファンを自認するオリヴェイラにとって、ジーコが特別な存在であることはいうまでもない。

「ジーコが創設にかかわったクラブで仕事ができることを光栄に思うし、彼が作り上げたものに敬意を払い、それを継続させなければならないという覚悟がありました」

就任時の気持ちをそう話したオリヴェイラにとって、鹿島は身近な存在だった。弟のワルデマールは１９９８年夏から1年間、ゼ・マリオ監督のもとでフィジカルコーチを務めているが、それだけではない。彼の周りには数多くのアントラーズファミリーがいた。２００６年12月に契約締結を終えたオリヴェイラは、ジーコをはじめ、かつて監督や選手として鹿島に縁を持つ人間から情報収集をすると、期待に胸を膨らませ、２００７年1月に来日した。

しかし、蓋を開ければ、シーズン開幕2連敗。続く3試合も引き分けで、5試合勝利なしのスタート。開幕前に膝を手術した野沢拓也の欠場も痛かった。第6節対横浜ＦＣ戦でその野沢が途中出場し、初勝利するも、今度はこの試合で決勝ゴールを決め、続く第7節対清水エスパルス戦でも2ゴールをマークした柳沢が左足第5中足骨を骨折、長期離脱することになる。大岩剛や田代有三も負傷を抱え、シーズン当初は戦力にはなれない状況だった。

「開幕5試合勝てなかったけれど、9節からは9試合負けなしで、徐々にチームができあがっているという手応えはありました」と岩政が振り返る。18節終了時点で4位となり、リーグ戦は約1か月間の中断に入った。

そして、7月小笠原満男の復帰が発表される。

欧州で小笠原満男が得たもの

小笠原がイタリア・セリエA、メッシーナへ期限付き移籍したのは２００６年8月29日。２００５年1月にプレミアリーグ、ウェストハムの練習に参加。前年7月にイタリアのレッチェから獲得のオファーもあったが、どちらも移籍には至っていない。しかし、２００６年ワールドカップドイツ大会後の夏の移籍マーケットクローズ直前にメッシーナ入りが決まったのだ。

同年9月、私はメッシーナへ小笠原の取材に出かけた。このとき、荷物の半分は鹿島のチームメイトから小笠原への差し入れで、数々の日本の食材や日用品に愛を感じた。

「(小野)伸二たちがヨーロッパへ行ったときは、俺も行きたいという気持ちはなかった。でも、鹿島で頑張ってタイトルを獲って、代表にも選ばれて、いろんな国へ行って、いろんな国のチームと戦うなかで、『このままでいいのかな』とか、『こういう生活もあるんだな』という、いろんな気持ちが芽生えて、徐々に海外へ出たいと考えるようになったんだよね」

練習後、レストランで話す小笠原は、すがすがしい表情を浮かべていた。

メッシーナはセリエAでもトップチームというわけではない。練習場などの施設も鹿島のほうが上だった。当時、その街に暮らす日本人の数は小笠原一家を含めても10人に満たなかっただろう。アジア人を見下すような視線もなくはなかった。それでもチームメイトにイジラれながら、笑っている小笠原の姿は新鮮に映った。

「もう一度、『ポジションを獲りに行く』という気持ちになりたかった。俺は常に練習から全力でやりたい。いい選手になるために全力でやりたい自分とやりすぎると試合に響くんじゃないか、壊れるんじゃないかと考える自分がいた。そういう気持ちになることがイヤなのに」

レギュラーポジションの選手がコンディションを考えることを責める人間はいないだろう。しかし、小笠原はポジションを守っているような自分を認めたくなかった。環境を変えた意味が伝わってくる。ヨーロッパの選手の多くは、強い上昇志向を露わにし、自己主張も激しい。練習中から試合顔負けの厳しくハードなプレーの応酬で、ラフプレーも辞さない。そのなかで奮い立つ自身の熱が、「全力を尽くすしかない」という彼の日常の支えになっていた。

「自分のプレーやイメージを押し出すことも大事だと思っているけれど、チームの一員として、チームに必要なことをやりたいというのは、鹿島時代と同じ。自分が自分がというんじゃなくて、チームが一生懸命守っているなら守りたいし、攻めているなら攻めたい。ボールを回しているなら回したい。そういうプレーをしていきたい」

メッシーナでは6試合出場1得点の記録しか残せず、チームはセリエBへ降格。

「チームのために働く」という献身的な姿勢や戦術眼よりも、身体能力など選手の個の力に頼ろうとするのは、リーグ下位チームではよくあることだった。

小笠原は欧州での移籍をその後も模索し続けたが、オファーはなかった。

「自分を必要としてくれる場所でプレーしたかった」

メッシーナへ移籍したときに小笠原が語った言葉だ。鹿島は今まさに小笠原を欲していた。

イタリアでのシーズンが終わり、帰国した小笠原は、休暇を取ることなく、鹿島の練習に参加している。欧州でのプレーする希望を持ちながらも鹿島のサブチームに元気が足りないなと感じてもいた。当時、サブ組のひとりだった興梠慎三は、試合さながらのモチベーションで練習する小笠原の姿を覚えている。内田は小笠原の球際での激しさ、守備の強度に驚いた。

「もっと活気がほしい。サブの熱気や気持ちがトップチームに与える影響は大きいから。僕の姿を見て、何か感じてほしいなとも思いました」

当時そう話していた小笠原が試合復帰したのが、7月15日のナビスコカップ準々決勝の第2戦だった。第1戦を0−1で落としていたサンフレッチェ広島相手に、3−1の勝利に貢献。2点目はボランチで出場した小笠原のパスカットが起点となっている。

「試合出場を渇望していた僕は純粋な気持ちで試合を楽しめた。イタリアから戻ってきたということで、注目されるのも理解していたし、ゴールにつながるプレーが必要だと考えることもあった。でも、その気持ちが強くなりすぎて、チームのサッカーや組織力を台無しにすることは、絶対に避けたいとも思っていた。だからチームのサッカーに溶け込むことを一番に考えたのは、シーズン途中で加入した選手なら当然のことだと思います。

ピッチに立って思ったのは、モト（本山雅志）や（野沢）拓也のポジションが低いなということ。もっと高い位置でプレーさせたいと考えた。僕は彼らの後ろで守備はもちろん、パスを供給する仕事に専念し、タイミングを見計らって、ゴール前へ顔を出す。以前だったら、我慢しきれずに前へ行ってしまったかもしれないけど、イタリアで自分が経験したことのないサッカーに触れたことが今のプレーにも生きていると感じます」

試合後の小笠原はこう語っていた。現役を引退して数年が経った今、彼はイタリアでの時間についてどう感じているのだろうか？

「鹿島で試合に出るようになって、代表へ行くと海外でプレーしている選手たちの話を聞く機会も増えた。そのなかで『欧州のほうがもっと激しいし、競争だって厳しい』というのを聞くと、そっちへ行ったほうが成長できるのかなというふうに考えるようになった。

実際イタリアへ行くと『こいつ誰だ』っていうところから始まる。新人からのやり直しだよね。自分を認めてもらいたいという気持ちで、毎日必死でやっているけれど、なかなか試合には出られなかった。でも、行ってよかったと思っている。何が一番かっていったら、オフェンシブ・ハーフとして行ったけど、ボランチになって帰ってきたと。イタリアではボールを奪って、攻撃につなげるという部分を求められたから、そこは自分が得たところ。イタリアへ行かなければ気づかなかったと思う。オフェンシブをやっていたときは、数字を残したい、得点も獲りたい、アシストもしたいという気持ちが強かった。でも、それプラス、相手からボールを奪って、得点機につなげられればより危険な選手、相手にとってもイヤな選手になっていけると思うので、よりレベルアップできたというのはあると思います」

奇跡の大逆転優勝から三連覇へ

8月12日から再開して以降リーグ戦を8勝2敗とした鹿島は、第28節終了時点で3位に浮上。そして迎えた10月10日ナビスコカップ準決勝でガンバ大阪と対戦する。

「チームの完成度に自信はありましたが、好調なレッズやガンバを上回る力があるとも思えずナビスコカップを獲ることが僕らのメインターゲットだったんです。タイトルをひとつ獲り、翌年リーグ優勝を狙うプランを描いていました」と岩政が当時の心境を話す。

アウェイでの第1戦は0－1と敗れている。3日後のホームゲームでの第2戦。3－1としたものの、66分に遠藤保仁のCKからシジクレイにヘディングゴールを決められて3－2。アウェイゴールの差で鹿島の敗退が決まった。シジクレイのマークをしていたのは岩政だった。

「背番号3をつけている選手が、鹿島にタイトルをもたらすことができなかったというのは、致命傷なんです。クビになっても仕方がない。しかも、マークした選手にゴールを決められて、トーナメントを敗退するなんて、最悪の出来事です。自宅へ戻り、嫁の前で泣きました。そのとき、腹の奥のほうで新たな覚悟ができた。タイトルを獲るという覚悟は常にあったつもりでしたが、いつも抱いているものとは違う覚悟です。一段も二段も上というか、本当に強く、タイトルを獲るんだと、その日まですべてをかけるんだと思ったんです」

鹿島は9連勝でリーグ戦を終えるが、ナビスコカップ敗退の意味は小さくなかった。

「メディアは好調だと騒ぐし、対戦相手も鹿島を止めようと戦い方を変えてきました。そういう難しいなかでも勝ち続けられたのは、ナビスコカップ敗退というワンクッションがあったから。とても大きな出来事だったと思います」

岩政はナビスコカップ敗退の意味を振り返る。

ナビスコカップ敗退後のロッカールームでは、オリヴェイラがある宣言をしている。

「ここからすべてに勝って、リーグも天皇杯も獲る」

その時点でリーグ戦は残り6試合。首位浦和との勝ち点は10ポイント離れていた。監督の宣言は無謀にも思えただろう。しかし、指揮官には勝算があった。ガンバはナビスコカップの決勝戦も残しており、浦和はＡＣＬを戦っている。そして何より、その浦和との直接対決がある。直接対決が6ポイントゲームといわれるように、優勝争いをする相手を叩く意味は大きい。

ＡＣＬを制した浦和だったが、リーグ戦では第30節以降3試合連続でドローと足踏み状態に陥っていた。逆に連勝で勝ち点を重ねた鹿島は第32節終了時点で2位に浮上。浦和との勝ち点差４ポイントに迫った。

「恐れる必要はない！」

埼玉スタジアム２００２の映像を見せながら、オリヴェイラはミーティングで熱く訴えた。

11月24日第33節、対浦和戦。スターティングメンバーは、ＧＫ曽ケ端準、ＤＦ内田篤人、岩政大樹、大岩剛、新井場徹、ＭＦ青木剛《たけし》、小笠原満男、本山雅志、野沢拓也、ＦＷマルキーニョス、田代有三。パウロ・アウトゥオリ時代に培ったチームの基盤はオリヴェイラのもとで勝利を重ねて磨かれた。チームの軸は、ゴールデンエイジを中心とした選手たちだった。

試合が動いたのは42分。二度目の警告を受け、新井場が退場。浦和を圧倒していた鹿島はひとり少ないというハンデを背負うが、前半はそのまま０－０で終了する。

ハーフタイムでオリヴェイラは、退場した新井場の代わりのＤＦを投入せず、本山に左サイドバックでのプレーを指示。30分に自身が蹴ったボールがはね返って顔面を直撃し、顔を腫らした状態で本山は初めてのポジションに立つことになる。

引き分けでは優勝の可能性はない。負けないためには失点をゼロにし、勝つためには得点が必要だ。慎重さが求められる試合で、小笠原は「バランスをとることに気を配った」と話す。

66分、田代からのスルーパスを受け、野沢が振りぬいた右足からのダイレクトシュートがゴール右上に刺さる。「ハーフタイムに石井（正忠）コーチから、『キーパーが前に出てくる』と聞いたので上を狙った。下だったら止められていたと思う」と試合後に話す野沢の言葉からは、ピッチに立つ選手だけではない、組織力とその柔軟性が感じられた。

「すべてにおいて自分が正しいとは限りません。多くの情報、考え方、意見を収集し、それを分析し、どう活用すべきか柔軟に判断していくのです。そこでスタッフが情報を出しやすい空気、雰囲気作りに心を配りました。監督にとって選手と同じようにスタッフも重要です。選手の能力を引き出すことも、スタッフの能力を引き出すことも監督の大切な仕事なのです」

そう話すオリヴェイラ自身もフィジカルコーチとして監督を支えた時期が長かった。

終了直前に給水していた船山祐二が、スタンドに唾を吐いたという理由で退場させられるアクシデントもあったが、試合は野沢のゴールを守り切った鹿島の勝利で幕を閉じる。浦和との勝ち点差は１ポイントに迫った。この勝利で鹿島はリーグ最速での３００勝を達成している。

勝ち点1差で迎えた最終節。ホームに清水エスパルスを迎える試合を前にオリヴェイラは選手たちに語りかけた。

「10年後、大岩は白髪が増えているだろうし、岩政はビール腹になっているだろう。田代はヘディングのしすぎで頭がこぶだらけになって、野沢はケガだらけの足を勲章のように誇っているかもしれない。内田は引退試合をやるような選手にきっとなっているだろう。そんな君たちは10年前に自分たちが成し遂げた劇的な優勝をきっと思い出す。まさにその日が今日なんだ。みんなで歴史を作ろう」

この試合、小笠原、本山、マルキーニョスがゴールを決めて、３－０で快勝。この時点で鹿島の勝ち点は72ポイント。選手たちはピッチに座り、スタジアム内の大型映像装置に映し出される横浜ＦＣ対浦和の試合を見守った。０－１とリードされている浦和の勝ち点は70ポイント。このまま試合が終われば、鹿島の優勝が決まる。

そして2分後、横浜での試合が終了すると、カシマスタジアムで歓喜が弾ける。長く獲れなかった十冠目を手にした瞬間だった。

「優勝できたのは、ヤナギさん（柳沢敦）や小澤（英明）さんの存在が大きかった」と小笠原がシーズン終了後に語っている。

小澤は１９９２年水戸短大附属高校を卒業後に鹿島へ加入したＧＫだ。１９９８年以降、複数のクラブに在籍し、２００４年、7年ぶりに鹿島へ復帰している。プロになって15年あまり、試合出場できなかったシーズンのほうが圧倒的に多い。長くベンチに座り続けてきた。ＧＫの椅子はひとつしかない。競争は当然熾烈だ。しかし出番が突然やってくるポジションでもある。だからこそ、ベンチ入りするＧＫには、不測の事態を任せられる信頼が必要だ。それを体現していたのが小澤だった。曽ケ端が2試合の出場停止だった第27節のサンフレッチェ広島戦の前日会見でオリヴェイラは次のように語っている。

「小澤ほどプロ意識の高い選手はいない。ベンチにいてもピッチの選手と同じメンタリティーを持ち、練習での１本１本のセービングに至るまで全力で取り組んでいる」

広島戦、続くヴィッセル神戸戦と小澤は監督の期待に見事応え、勝利に貢献した。

春に手術を終えた柳沢は8月中旬から再開したリーグ戦で復帰したものの、9月15日の名古屋戦以降は先発を外れていた。小笠原が続ける。

「過去に素晴らしい結果を残してきたヤナギさんが、試合に出られない状況でもまったく手を抜くことなく練習に打ち込んでいる姿は、若い選手にも大きな刺激を与えたと思う。だから、競争も激しくなり、誰が試合に出ても戦える状況が生まれた。優勝は試合に先発する11人だけでは手にできないということを改めて感じました」

リーグ優勝から１週間後の12月8日、天皇杯5回戦対ヴァンフォーレ甲府戦。１－１で迎えた延長１０９分に決勝弾を決めたのは、79分に途中出場した柳沢だった。

12月22日の準々決勝対Ｈｏｎｄａ ＦＣ戦も途中出場の柳沢のゴールが１１０分に決まり、１－０と勝利。得点をアシストしたのは同じくベンチスタートの興梠慎三だった。

準決勝で川崎フロンターレを下し、２００８年1月1日、決勝のサンフレッチェ広島戦も8分の内田の先制弾で広島の出鼻をくじき、２－０と完勝。天皇杯も奪い獲る。

この試合でダニーロの2点目をアシストしたのが柳沢だった。右サイドでパスを受けると、ドリブルでペナルティエリアへ向かう。「シュートというイメージよりも、チームが勝つというイメージが強かった」と試合後に話した柳沢は、ダニーロへのパスを選択した。

オリヴェイラの予言通り、鹿島は10月13日のナビスコカップ敗退以降の公式戦すべてに勝利。13連勝で11個目のタイトル獲得を果たす。

試合後、30分以上も、国立競技場のスタンドを埋めたサポーターの「ヤナギサワコール」は鳴り止《や》まない。それに応え、柳沢はマイクを手にしたものの、言葉が出てこない。「感謝の気持ちでいっぱいで話せなかった」のだ。

鹿島でプレーし続ける意味

「柳沢、移籍を志願」

すでに12月20日、スポーツ各紙が報じている。

出場機会が減り、「選手としても、人としてもこの先成長していくために移籍を選択しないといけない」と柳沢本人が語っていたが、天皇杯へ集中する自身とチーム、クラブのため、正式に移籍希望を伝えたのは天皇杯決勝戦後だった。

功労者がまたひとりクラブを去る。

チームの新陳代謝は必要不可欠で、ある意味自然の摂理なのかもしれない。クラブは引き止める想いを伝えるが、だからといって、出場機会は保証しない。ピッチ上での序列を変えられるのは選手自身でしかないからだ。その厳しさがあるからこそ、選手も自分の現状を理解できる。そのうえで、決断した選手の意志をクラブは尊重する。

それは柳沢に限らず、すべての選手に対する誠意なのだろう。

柳沢も十冠という節目だからこそチームを去ることを決意できたのかもしれない。天皇杯決勝から1週間後、柳沢の京都パープルサンガへの移籍が決まった。


２００７年の優勝当時はまだ先発メンバーではなかった興梠が振り返る。

「みんなで喜び合ったことは今でも鮮明に覚えています。あの逆転優勝はチームをすごく上向きにしてくれた印象があります。勢いをつけてくれた。なかなか獲れなかったタイトルをようやく手にした安堵感と、次の年も優勝しないとダメだという王者の宿命というか、覚悟みたいなものをもたらした。僕にとっては初めての優勝だったから、もちろんうれしい気持ちもありました。でも、試合に出る機会があまりなかったという悔しさがあったのも事実なんで、素直に喜べない部分はありました。

ちょうど僕は3年目で、チームにどんどん絡んでいかないといけない時期でした。そのなかで、優勝を味わって、次の年は絶対自分がスタメンで優勝したいという気持ちが強くなったし、その気持ちはずっと忘れなかった」


２００７年に塩釜ＦＣユースから加入した遠藤康にとっても、このタイトルは大きく心に残るものだった。加入後3年間のリーグ戦出場はわずか４試合。２０１０年から途中出場の機会を得て、先発に定着したのは２０１１年と遅咲きの遠藤はどんな想いを抱いていたのか。

「正直、試合に出ていないと、来年クビになるかもしれないし、将来もわからないから、不安は大きい。でも、やるしかない。上の人たちの気持ち以上の気持ちで練習をやらないと評価もされないから。そういう練習を見てくれるのも鹿島だと思います。だから、試合に出ていなくても、ちゃんと練習をやっていれば、評価してもらえる環境だったのはよかった」

鹿島は遠藤との契約を更新し続けたが、出場機会を求めて移籍する選択肢も彼にはあったはずだ。期限付き移籍もしていない。

「それは逃げだから。このチームで必要とされるならここでやりたい。絶対に鹿島で試合に出てやるという頑固な自分もいました。僕は1年目から優勝を目の前で見ているから、試合に出てこの喜びを分かち合いたいというのがずっとありました。優勝というのは、本当に限られた人にしかできないことだから」

２０１８年、すでに鹿島の中心選手となった遠藤が、クラブハウス内のボードルームに並ぶ、歴代のタイトル獲得時の集合写真を見ながら話す。

「どんなに苦しいときでも、もっと頑張らないとあそこ（優勝メンバー）には届かない。そういう気持ちが自分を成長させてくれたと思います」

翌２００８年の鹿島はＡＣＬで初めてグループステージ突破を達成したが、国内リーグでは開幕5連勝のあと7試合勝利なしと苦戦が続くことになる。過密日程によるコンディション不良は否めなかった。

4月27日、第8節の対大宮アルディージャ戦。興梠の先制点を守り切れず、引き分けた試合後のミックスゾーンでの出来事は今も忘れられない。

メディアから、涙を流していた選手について聞かれた青木は、無言で小さく首を振った。「泣いたってしょうがない」「泣いている場合じゃないだろう」とでもいうような厳しさが漂っていた。そこに鹿島の一員としての矜持を見た。

「目指しているのは稲本（潤一）さんです」

２００１年、前橋育英高校から加入。その会見での青木は、「いやそこは中田浩二だろう」とツッコミもできないほど、まっすぐで溌剌としていた。Ｕ－20、Ｕ－23日本代表でも活躍するボランチだったが、鹿島ではＳＢやＣＢなど、さまざまなポジションで起用され続けた。幼さが残る顔がたくましい職人のように変わったのは、いつだっただろうか。大宮でのシーンは、厳しいポジション争いのなかで、身につけた強さと背負ったものの重さを感じさせた。

6月22日、中田浩二が鹿島への復帰会見を行った。

２００５年にフランス・マルセイユに移籍し、２００６年から2シーズン半、ＦＣスイス・バーゼルに在籍。ＣＢとして、スイスカップ二連覇に貢献している。

スイスリーグは欧州のなかでは小さなリーグだが、バーゼルは強豪クラブとして毎シーズン、欧州チャンピオンズリーグやＵＥＦＡカップ（現ヨーロッパリーグ）に出場を果たす名門だ。

ここで活躍し、ブンデスリーガなどへと飛躍する選手も多い。中田は若いチームに飛び込むため、頭を丸刈りにしたこともあった。鼻を骨折したり、折れた肋骨が肺を傷めそうになるなどのアクシデントもあったが、通訳を帯同させず、英語でコミュニケーションをとった。

バーゼルもまた小さな街だったが、街中にスイスとドイツ、フランスの国境が交わり、街の雰囲気はドイツに似ていた。中田によれば、治安は日本並みによいという。

ピッチ上での競争とのどかな街での穏やかな日常。スマートフォンやインターネットのある現在の海外生活とは違う孤独があった。海外で使われる携帯電話からショートメールを送るにもアルファベットしか使えない、そんな時代。「小説なんてほとんど読んだことがない」と話していた中田に読書の習慣が身についたのも当然といえば当然かもしれない。

先に触れた肋骨の骨折が２００８年2月。そこから復帰までに1か月以上も時間を要し、ＵＥＦＡカップ決勝トーナメントでの試合にも出場できず、チームも敗れた。3月中旬に試合復帰。先発出場を続け、4月6日にスイスカップ優勝を果たしている。その後、右膝半月板の手術を行い、シーズン中の復帰は難しいとクラブが発表している。

そして4月下旬、中田の鹿島復帰が報じられる。

スイスから主要リーグへという野心を秘めながらも膝の状態は思わしくないという現実。主力としてプレーし、鹿島へ恩返ししたいという願い。そんな中田の心情をくみ取るようなタイミングで、鈴木満はオファーを出した。

バーゼルからの契約延長の話もあったなか、中田は帰国を決断した。

5月10日、バーゼルのリーグ優勝が決まる。

試合の取材はできなかったが、市内のホテルでテレビ観戦したあと、優勝報告会が行われる市庁舎前の広場へ出かけた。ナイトゲーム終了後、続々と人が集まる。その数は1万人近かったとあとで知った。しかし、警備員やスタッフの姿は見なかった。なんのアナウンスもなく、数時間経ち、だんだん不安になったころ、先導するサポーターが焚く発煙筒の煙のなかから、選手を乗せたオープントップバスが突然姿を見せた。そして、市庁舎のバルコニーから中田が多くのサポーターの歓声に応えて手を振る。報告会は日付が変わるまで続いた。

欧州で中田が培った経験は、ピッチ上だけにとどまらなかった。2015年の引退後、マーケティンググループの一員として仕事をするにあたっての視野をも広げたはずだ。

オリヴェイラの言葉の持つ力

オリヴェイラのミーティングは長かった。戦術的な話ももちろんあるが、その多くの時間は選手のメンタルケアに充てられた。

2003年に鹿島の通訳に就任した高井蘭童は、1995年で柏レイソルで仕事を始め、横浜フリューゲルス、大宮アルディージャでも経験を積んできた。

日本人の両親の間にブラジル・サンパウロで生まれた高井だったが、日本語は挨拶程度しか話せなかった。14歳で父親とともに来日すると、高校へは通わず、働き始めたという。

「バイト先で同僚と話しているうちに日本語を覚えました。文字は、父が買ってきてくれた小学生向けの国語辞典を使って独学で勉強していたら、ひらがな、カタカナ、漢字が読めるようになりました。トム・クルーズが来日したとき、通訳をされていた戸田奈津子さんを真似て遊んでいたこともありました」

高井の世界はアルバイト先と家から自転車で行ける範囲にとどまっていた。

「当時調布に住んでいて、自転車で行ったよみうりランドに『読売サッカークラブ』という看板を見つけ、『日本にもサッカークラブがあるんだ』と。監督のペペをはじめ、僕でも知っているブラジル人がいて驚きました。その後、トヨタカップで初めて試合を見て、サッカーの仕事に少し興味が湧きました」

その後来日したコリンチャンスのサポートの仕事が舞い込み、Jクラブでの仕事につながっていく。2002年末に高井を鹿島へ紹介してくれたのは黒崎久志だった。他クラブからのオファーは断った。その理由について聞くと、「まあ、好きだったから」と静かに笑う。

「年末にクラブハウスへ行くと顔見知りのスタッフが『明日の天皇杯決勝で負けたら（契約は）ないなぁ』と言ってたんですよ。冗談だったのかもしれないけれど。優勝できなかったから、鹿島との縁もなくなったと諦めていたら、1月下旬に契約することができました」

監督通訳は初めての仕事。通訳時の音声を録音し、監督が確認するのも当然のことだと理解していた。自身の日本語が完璧じゃないという自覚は今もあるという。

「鹿島で働き始めたころは、ベテラン選手も多くいたので、結構叱られました。日本語がかなりアバウトだったから、指摘はまっとうで勉強になることがたくさんありました。僕の日本語は片言です。キレイな日本語が使える通訳はほかにもたくさんいるので、そこで勝負したら僕は仕事を失います」

高井が意識するのは、いかに伝わるか、だった。

「監督通訳としての僕の言葉、ようは『蘭童語』を共通言語として信じ、理解してもらえるかが重要だと思っています」

たとえばオリヴェイラが話す言葉をそのまま日本語に訳すだけではない。監督が伝えたい想いを日本人選手が受け止められるように工夫する。それが高井の流儀だった。

「選手が体を動かし、気持ちを動かすのは、最終的に伝えられる言葉によってです。彼らのやる気を引き出せるかどうかは、僕にかかっている。僕に求められているのはそういう仕事です」

ポルトガル語には、対応する日本語がない言葉もある。文化や習慣の違いが障害になるケースもあるだろう。「たとえ話」でも日本とブラジルとでは異なる。それでも、監督の意に沿い、チームに必要な言葉を探す。監督の感情をくみ取り、その雰囲気をまとうことさえある。ホワイトボードに書く文字の大きさや色も変え、選手の心に残るメッセージを送る。ときには監督より長く話すこともあった。選手の性格や出身地などにも気を配るという。

「言葉が耳に届いたとしても、それがきちんと心に引っかからなければ、意味はありません。だから、心に引っかかる方法を探します。選手それぞれに個性があるので、そこを考えなくちゃいけない。強く言えば目を覚ます選手、褒めると伸びる選手など人それぞれ。強い口調で名前を呼ぶだけでも意識が変わる選手もいますから。試合に出たい、勝ちたいという欲は誰もが持っている本能的なもの。その本能のスイッチの入れ方を探すんです」

「オズの魔法使い」といわれたオリヴェイラの手腕の陰に高井の存在は欠かせなかった。

そんな高井はオリヴェイラについて、こんな話をしている。

「オズは、彼自身、下積みが長かったこともあるのか、いわゆる『アリさんたち』にもきちんと目を配っている。アリさんとは、裏方のスタッフのことです。トレーナーやマネージャー、用具係などに対しても非常に敬意を払い、本当に大事にしていた。それをスタッフも感じていた。敬意を払うというオズの姿勢がチームの結果にも表れていたと思います」

2008年シーズン初めて、ACLのノックアウトステージに進んだ鹿島は、準々決勝でアデレード・ユナイテッドと対戦（この年はラウンド16はなし）。9月17日、ホームでの第1戦では24本のシュートを打ちながらも無得点。逆に38分に失点していた。

「なかなかシュートを決められない。そういう試合で勝てないのはよくあること。今日もそういう試合だった」

これは内田がよく口にするコメントだが、この日もそうだった。前半のアディショナルタイムに内田が蹴ったシュートからオウンゴールが生まれ、負けずにはすんだが、9月24日の第2戦を0－1で落とし、ＡＣＬ敗退が決まる。

すでにナビスコカップのタイトルも逃している。6月下旬から勝ち点を重ね、上位争い中のリーグタイトルへのモチベーションが高まった。そんななか、9月20日の試合で相手選手と交錯した小笠原が、左膝前十字靱帯を損傷。10月に入ると中田も右膝軟骨損傷で離脱。ふたりともに今季の復帰はできなくなった。それでも第28節終了後、首位に立つ。

10月26日の第30節はＦＣ東京相手に敗れたが、鹿島は首位を守った。5位浦和との勝ち点差はわずか3ポイントしかなく、混戦が続く。11月9日第31節アルビレックス新潟戦はスコアレスドロー。首位は変わらずだが、勝ち点差3ポイントの間に6位ＦＣ東京も迫ってきた。

11月15日の天皇杯5回戦は延長戦まで戦い、ナビスコカップに続き、清水に屈している。

勝ち切れない状況だったが、オリヴェイラは秘策を練っていた。

11月22日、翌日に控えた大分トリニータ戦前のミーティングで流された映像に選手たちは驚いた。次々と登場するのは彼ら自身の家族。幼い子どもや妻、そして両親たちがエールを送っている。サプライズ映像に選手の心が動いたことは間違いない。

チームに漂う重苦しい空気を一変させるため、指揮官が放った起爆剤だった。鹿嶋在住の家族だけでなく、遠方に住む両親や家族のもとへスタッフを派遣し、選手に内緒で撮影した。

大分の堅守を破ったのは内田。55分、相手クリアボールを拾い、放ったシュートが決勝点となり、1－0で苦境打開に成功する。

大分戦を終えて、残り2試合。優勝するためには負けずにフィニッシュするだけだ。

11月29日の第33節で対戦するジュビロ磐田は残留争いを戦っている。かつてとは違う意味で難しい試合が予想される試合前のミーティングで、オリヴェイラは鹿島の戦績をグラフで示した。そこには夏以降連勝が一度しかないことが可視化されていた。首位には立っているが、決して勢いがあるわけではない。厳しい現実を改めてチームで共有した。

ホーム最終戦のこの日、試合前のロッカールームには、いつもと違う空気が充満していた。普段はそこにいないベンチ外の選手の姿があった。いつもは私服でスタジアムに来る選手たちがみな、ユニフォームを着ている。小笠原がスタッフにベンチ入りしていない選手たちのユニフォームの準備を依頼していたのだ。スタッフも含めて、チーム全員で円陣を組む。

「これでモチベーションが上がらないなんてサッカー選手じゃない」とオリヴェイラ。

「ひとつになるぞ」

小笠原離脱後、キャプテンを務める新井場が叫んだ。

試合は、予想どおり人数を割いて自陣を守る磐田に手を焼いた。オリヴェイラは、60分、中盤の野沢に代わり田代を入れ、興梠、マルキーニョスとの3トップに布陣を変える。しかし、ＦＷを増やしたからといって得点が生まれるわけではない。逆に中盤がひとり減ったことで自然とロングボールが増え、攻撃が単調になる可能性も高まる。巧みなパスワークを構築できないのは、小笠原の不在も大きく影響していただろう。時計の針はすでに90分を迎えようとしていたが、スコアは０－０のまま。アディショナルタイムの4分を迎えようとしていた。

鹿島が左コーナー付近でＦＫのチャンスを得る。ポイントに立った増田誓志の素早いリスタート。ゴール前に運ばれたボールに岩政が飛び込んだ。ヘディングでゴールを決める。

「試合に出られなかった人やいろんな人の気持ちが乗り移った得点」と岩政は試合後に語った。

勝ち続けることの難しさ

優勝が容易ではないとわかってはいるが、なんとか勝ち点を拾い続けたシーズンだった。そして最終節コンサドーレ札幌戦。2位との勝ち点差は2ポイント。勝利するだけでいい。負ければ逆転優勝を許すことになる。監督がいつも口にする「平常心」で試合に臨んだ。

すでにＪ2降格が決まっていた札幌もまた手ごわい相手だった。それでも野沢のゴールを守り切ると、クラブ二度目のリーグ二連覇を達成する。Ｊリーグ史上初の快挙だった。

この試合でアシストをマークしたマルキーニョスは、21得点で２００８年の得点王、ベストイレブン、ＭＶＰの個人三冠を手にした。

マルキーニョスは、２００１年に来日。

Ｊリーグ在籍14シーズンでリーグ戦、ナビスコカップ、天皇杯合わせて出場４１１試合、１８９点をたたき出した。

生粋のストライカーではあるが、2トップの一角としての仕事にも定評がある。守備もいとわない豊富な運動量、周囲を助けるポストプレー、味方からのパスを引き出す質の高い動き出しなど、自身のゴールだけでなく、チームに勝ち点をもたらす献身的なプレーは、かつて所属したマジーニョとともに鹿島のＦＷを象徴するひとりだった。

マルキーニョスと2トップを組み、先発出場を重ねた興梠が当時を振り返る。

「鹿島はずっとブラジル人と日本人という形での2トップ体制でした。そうやって日本人選手を育てるというのがチームコンセプト。そうなると日本人以上にブラジル人選手のほうがゴールに貪欲で、ザ・エースという感じになるケースが多かったと思うんです。日本人選手は自然とブラジル人選手にいかに点を獲らせるかというプレーを考える。

僕がコンビを組んでいたマルキ（マルキーニョス）は、そんなにガツガツしているわけじゃなかった。パスを出すところは出してくれるし、守備も頑張ってくれる。だから、一番大事にしていたのは、ふたりの関係性。お互いが信頼していることが重要だから、僕はマルキがどれだけ気持ちよくプレーできるかを徹底して考えていました。僕がマルキによいパスを出し、マルキがゴールしたら、マルキも次は慎三に獲らせてあげようという気持ちになる。それが一番重要だと思っていました。マルキーニョスから一番学んだのは体の入れ方。とはいっても、真似をしようと思ってもできるものじゃないけど、感覚的に身についたものはあります」

この年から背番号13をつけた興梠。高校時代もつけていた番号だったため愛着があり、クラブからの提案にも即座に応じた。しかし、長く柳沢が背負った番号だ。興梠はその意味を試合に出るなかで痛感し、重圧を覚悟へと変えていく。

「２００８年はまだ、自分のことだけで精いっぱい。チームのためにどうすべきかと考える年齢でも立場でもなかった。ベテランの人に甘えられる環境だった。とにかくスタメンで出続けるために、ミスを少なくして、なおかつ結果を残すことにこだわっていました」

この年、先発に定着した興梠以外に中後雅喜や伊野波雅彦（２００８年にＦＣ東京から加入）らも出場機会を得ている。小笠原が残りシーズン絶望という診断をくだされたとき、オリヴェイラは「中後がいるだろう」と答えている。

ブラジルでカカやロビーニョ、ペルナンブカーノなどのブラジル代表やスペイン代表のマルコス・セナを指導した経験も持つオリヴェイラは、鹿島でも若手育成に積極的だった。

「選手はフルーツと同じ。種をまき、水を与え、芽が出て、実になる。そして、『今が一番おいしい』というときに食べます。選手の『旬』を見逃さないのは、監督の重要な仕事のひとつ」と言い、シーズン中であっても、若手に対しては午前・午後の2部練習を実施していた。

苦境に立ったチームでは控え選手にチャンスが生まれる。チームの不遇を望みはしないが、準備を怠らず、虎視眈々と出番を待ち、それをモノにするのが一員としての務めなのだ。

２００９年3月7日、カシマスタジアムで浦和を迎えた開幕戦は、３万７千人を超える観客が見守るなかで勝利。

この試合の控えメンバーにはリハビリ明けの小笠原、鹿児島城西高校から加入した大迫勇也の名前もある。小笠原の不在を埋めた中後はジェフ千葉へ期限付き移籍をしていた。

大迫は早くから「高校ナンバーワンストライカー」として注目を集めた逸材で、高校選手権では、大会史上初の4試合連続2得点を挙げ、10ゴール10アシストで大会得点王に輝いた。複数のＪクラブからオファーを受けるなか、２００８年7月、鹿島への加入を決断した。

浦和戦を終えたチームは、すぐ韓国へ飛ぶ。

3月11日、ＡＣＬグループステージ第1戦水原三星ブルーウイングス戦。カウンター攻撃の相手に手を焼き、ミスも目立った。失点を重ね、終了間際にマルキーニョスがゴールするも、1-4と大敗している。続くリーグ戦でもアルビレックス新潟戦に敗れ、公式戦を連敗する。

3月18日にはホームに上海申花を迎えてＡＣＬグループステージ第2戦が行われる。

先発リストには小笠原と大迫が名を連ねた。前半終了間際、ＤＦを背負いながら青木のフィードを受けた大迫が、左スペースへパスを送る。そこへ飛び出した野沢が先制ゴールを決めた。

80分にはマルキーニョスのパスから大迫が公式戦初ゴールを決め２－０と勝利。
巧みなポストプレーでのアシスト、質の高い動き直しが光る得点。その後ドイツや日本代表でも見せる大迫らしいプレーが早くも発揮された。

リーグ戦は第3節から第19節まで17試合連続負けなし（12勝5分）を記録し、第5節以降は首位に立つ。ＡＣＬではグループステージを４勝１分１敗で首位通過したものの、6月24日ラウンド16をＦＣソウル相手に戦い、延長ＰＫ戦の末、敗退が決まった。

小笠原は、リーグ戦、ナビスコカップ、天皇杯の国内三冠にＡＣＬを加えた「四冠達成」への意欲を隠さない。２００７年浦和が、２００８年ガンバ大阪が達成したアジア制覇だが、鹿島はＡＣＬで苦労し続ける。過密日程、アウェイでの劣悪な環境、そして、レフェリー……。ＡＣＬを戦い抜くための障害は数々ある。たとえターンオーバーできる2チーム分の選手を保有したとしても、ＡＣＬが獲れるとは限らない。

どうすればアジアで勝てるのか？

鹿島は決して短くはない時間、この課題に取り組むことになる。

前人未踏の三連覇を達成

17戦負けなしで好調に見えたリーグ戦にも変調の兆しはあった。

ナビスコカップ準々決勝は川崎フロンターレとの対戦。

7月15日ホームでの第1戦は1－0と勝利するが、同月29日第2戦、スコアレスドローで終わるかに見えたアディショナルタイムで失点し、突入した延長戦で2失点を重ねての敗退。

この試合の間に行われた第18節、第19節もともに引き分けており、内容的に芳しいものではなかった。負けなかったという考え方もあるが、その後の結果を見れば悪い予兆となった。第20節に敗れ、第21節を勝利。第22節は落としている。第23節は勝ったが、8月29日の第24節から5連敗を喫した。

オリヴェイラは連敗中も先発を大きく変えることはしていない。結果が出ていないのに控え選手にチャンスが訪れないというのでは、チーム内の空気が悪くなるのはやむを得ない。指揮官への反感やチームメイトへの不信感も芽生えやすくなるだろう。

鹿島が継承してきた「一体感」や「チーム一丸」という旗を掲げ直すときだった。

9月下旬、中田と本山が選手全員参加の食事会を開いた。負傷もあり、先発から遠ざかっていた中田やベテランの大岩剛が厳しい言葉を発したとしても不思議ではない。先発としてピッチに立つなら、試合に出られない選手たちの想いを背負う責任がある。それを示すのは勝利という結果しかない。

試合に出られない者も境遇を嘆いてばかりではいけない。当然、監督から篤い信頼を得ている選手を上回るのは容易ではないだろう。しかし、そこで諦めてしまえば先はない。日々のトレーニングで、控えの選手がスタメンを脅かすほどの何かを示そうとすれば、その闘争心はスタメンに重圧や危機感を与え、勝利につながるはずだ。

第29節、スコアレスドローで連敗を止めると、指揮官は第30節で中田をボランチへ起用する。2か月ぶりの勝利を飾ると、その後は無敗で12月5日、最終節の埼玉スタジアムへ。第32節に川崎が敗れたため、鹿島は首位に返り咲いたが、2位川崎との勝ち点差はわずか2ポイント。得失点差は川崎が3点リードしている。

浦和戦を前に、「俺らが勝てばいいだけ」と内田が話した通り、過去2シーズン同様にただ勝つことに集中した。ホームの浦和が攻勢をしかける展開も、鹿島は落ち着いてそれをはね返し、カウンターを狙うタイミングを見計らう。

タイトルがかかったリーグ最終戦。

相手をねじ伏せてしまいたいと考えるのは選手なら当然だろう。しかし、相手が積極的に来るのなら、それを受け止める我慢のサッカーを選択するのもひとつの手段だ。ことごとくチャンスをつぶされれば、相手も焦る。ここで重要なのは「今は我慢しよう」という意識を11人全員で共有することだ。

鹿島は阿吽の呼吸で何をするべきかを共有できる組織だった。それは臨機応変さや選手の自主性を強調するオリヴェイラという監督のもとで培った3年間の成果であり、連覇という結果がもたらした自信も大きい。何よりそれは「鹿島アントラーズらしさ」の体現だった。一人ひとりが持つ能力がお互いの武器を引き出し、相乗効果を生み出した結果でもあった。

埼玉スタジアムの試合は後半になっても動かない。それでも鹿島が慌てることはない。中盤でボールを得た小笠原はすかさず、右の内田へパスを送る。内田はゴール前の様子を確認すると、低くて速いクロスを入れる。バウンドした先に飛び込んだのは興梠だ。ダイビングヘッドで66分先制点を奪うと、攻撃にアクセルを踏む浦和を一枚岩となって守り切る。

試合終了の笛が鳴ったとき、スタジアムに響いたのは2千人の鹿島サポーターの声だった。5万3千人を超える観客のほとんどは当然浦和のサポーター。そんな敵地で小笠原がシャーレを掲げる。史上初、前人未踏のリーグ三連覇の瞬間だった。


小笠原は当時のチームについて次のように語っている。

「『こうやったらタイトルが獲れる』というセオリーがないのと同じように、相手との力関係やチーム状態も違うから、勝ち方もいろいろあると思う。大切なのは、目の前の相手にどうやったら勝てるのか、選手が考え、アイディアを出し合い、まとまれる集団であること。そういう思考力やアイディアを持った選手が各ポジションにひとりずついるとか、そういう選手が多いほうが勝つ確率は高かった。ピッチ上で少し会話するだけで、方向性を決められる。三連覇したときのチームは自立したチームだった。選手自身で修正や調整ができた。どうすれば勝ちに持っていけるのか、勝ち方を知っている選手が多かった」

２０２１年、内田は懐かしそうに振り返った。

「勢いだけで三連覇はできない。能力の高い選手が揃っていたと思う。自分たちの型にこだわらず、状況に応じて、相手によって、選手たちの考えで試合中にサッカーを変えられた。その中心になるのが満男さんなんだけど、選手それぞれが個々に考えて、それがチームになっていた。みんな大人だった。僕はのびのびやらせてもらっていただけです」

２００８年に続き、２００９年も2位に終わった川崎。中村憲剛は当時の鹿島について次のように話した。

「鹿島はずるいんですよ(笑)。したたかなんです。彼らは得意技がひとつじゃないから、パターンがない。ボールを握ろうと思えば握れるし、逆に守ってカウンターだってできる。相手を見て、全部変えられる。選手一人ひとりに状況を変える能力や技術があるんですよね。いろんな手を使って、こっちが準備してきたものの上を行こうとする。そうするとこっちは、『そう来るのか』って、瞬時に武装し直さないといけない。たとえば、僕らは『攻撃的なサッカーで勝つ』というフィロソフィーにこだわっているけれど、彼らがこだわるのは『最終的には勝てばいい』というところ。だから、押されている時間があっても気にしない。僕は圧倒して勝ちたいという人間だったから、『勝てばいいでしょう』という鹿島はずるいなと思っていました。鹿島は本当にとどめを刺さないと生き返ってくるイメージがいつもあるんです。あの手、この手を使って点を獲ってくるから。ホッとできなかった。鹿島との試合では、お互いが得意分野をぶつけ合って、本当に斬った斬られたみたいなゾクゾク感がすごくありました。文字通りの真剣勝負です。だから僕らも強くなれたと感じます」

しかし、鹿島は２００５年以降、川崎とのリーグ戦を7勝8分19敗と大きく負け越し、失点も65に達している。川崎はなぜ鹿島に強いのか。中村は言う。

「監督が鹿島出身の関塚（隆）さんや相馬（直樹）さん、鬼木（達《とおる》）さんたちが続いたというのも大きいと思います。鹿島戦へ向けた準備は時間も長かったし、気合も違っていた。監督が放つ『鹿島には負けたくない』という熱量が選手にも伝わってきました」

それでも、川崎のタイトル獲得を阻み続けたのは鹿島アントラーズだった。

第七章

公平と平等

「当然、揉めごとはありますが、
しっかりとコミュニケーションをとって、問題を解決する。
それが鹿島の伝統だと思います」

——長石博之

２００８年１月、イビチャ・オシムに代わり岡田武史が監督に就任したばかりの日本代表に19歳で選ばれた内田篤人は、その年、北京五輪も含め年間50試合を超える試合に出場している。２００９年も同様でその数は60試合に迫るものだった。

春先からは原因不明の嘔吐にも悩まされている。プロになって数年の選手の心と体は、実力がどうであれ、「若手」であったことは否めない。オーバートレーニング症候群を危惧したクラブは、代表招集回避を日本サッカー協会へ依頼することも検討していた。

「僕は『招集されたなら参加します』と話していました。代表経験者は『俺もそうだったよ』と言っていたし、ここで休んだり、やめてしまったら、『俺の負けだ』と勝手に思ってましたから。でも（大岩）剛さんや心配してくれるチームメイトもいました。今、考えると、無理をしていた部分もあったと思うので、そういう選手が今後出ないことを願います」

２０２１年、33歳になった内田は、自身の経験を踏まえて語った。

２００９年シーズン終盤、取材のときの内田が右膝にアイシングしていたことを覚えている。

「ケガをしたのは、チームが勝っていないときだった。練習中に痛いと倒れて、練習を止めたくなかったし、自分のプレーがよくないことを体調の悪さや足を理由にするのもイヤだった。普通にダメなのかもしれないのに、『ケガで万全の状態じゃなかった』と報道されれば、僕自身もそういうことかと思ってしまうかもしれない。痛みはあったけれど、治療しながら、試合に勝つまで我慢しようと続けていたら、勝つようになったら痛みも治まった」

メンタル面でのプレッシャーも小さくなかったが、感情を表に出すことはなかった。感情の揺れを悟られることを嫌うのも厳しいプロ生活を生き抜くための術だったのだろう。数か月前のインタビューでの内田の言葉が思い出された。

「人前に出るときは、意地を張っている。それがなかったらとっくにサッカーをやめているよ。意地っ張り。疲れたとか、痛いとか人前では言わないよ」

21歳の内田の言葉は続く。

「プレーがよくないと、自分が逃げているんじゃないかと思うこともある。1年目なんてもっとガンガンやっていたなぁとか。サッカーは考えてやらなくちゃいけないけど、考えすぎなのかもしれない。思えば、『うまくいかない』とモヤモヤする気持ちはいつもある。でも、気がついたら抜けていた。きっかけはわからないけど。試合に出て、まだ21だよ。全部うまくなんていかなくていいからね。まあ、うまくいかないとストレスは溜まりますけど（笑）」

チームという組織を構成するのは、一人ひとりの人間だ。

若い内田が抱えた不安や苦悩を感じとった監督のオズワルド・オリヴェイラは、内田に「若いお前にチームの勝敗を背負うプレッシャーをかけすぎていた。すまない」と謝ったという。選手それぞれの機微に触れながらマネージメントするのも、監督の大きな仕事なのだ。

「選手は機械ではない。いい準備をして選手をピッチへ送り出すが、機械のように操作できるものではない。人間がやっている以上浮き沈みもある。その波を小さくできたチームが優勝に近づくし、シーズンを通して、安定した力を発揮したチームが優勝できる」

オリヴェイラは、何度となくそう話した。選手の状態は練習で見極められる部分もあれば、そこでは見えないものもあるだろう。マネージメントするうえで、情報の収集が鍵になる。

「コーチやトレーナー、ドクターだけでなく、ホペイロ（用具係）や掃除や洗濯担当の人もみな、何かしら選手から感じとっている。逆にそういう人からの話のほうが、普段見えない選手のことがわかるものだ」とジーコから聞いたというのは通訳の高井蘭童だ。

マネージメントのための気遣い

通常、情報収集はスタッフたちの高い意識のもとで行われている。監督やスタッフ、選手にもたらす情報に偏りがあってはならない。それは高井の言葉が如実に物語っている。

「来日した直後のブラジル人選手やスタッフとは、車に同乗したり、食事をともにするなど一緒の時間を過ごすことが多くなりますが、基本的にチーム関係者とプライベートで付き合うことはありません。誕生日プレゼントすら断わるので、『どうしてそんなに冷たいんだ』と責められたこともありました。でも、僕はクラブ側の言葉を監督やスタッフ、選手へ伝える立場でもあります。ときには解任を告げることだってある。当然、監督通訳として、選手に厳しいことを言わなくちゃいけないときもある。誰かとの距離が近くなれば、不公平感が生まれるだろうし、僕自身が感情移入してしまうのは、通訳として失格だと考えているので。（個人的な付き合いをしないのは）仕事をするうえでは当然のことだと思います」

　鹿島加入直後から、選手や関係者との距離感について意識はしていた。

「最初、トニーニョ・セレーゾの監督通訳になったわけですが、監督は『選手との距離感』を大事にしていて、僕自身にもそれを求めました。僕と選手との距離が近すぎれば、監督も疑心暗鬼になります。だから選手とは必要最低限のことしか話さない。自然と僕は無口になるし、現場では表情も崩さず、自分を出すこともない。選手にしたら、付き合いづらい相手に見えたかもしれませんが、それも仕事なので」

　ただ、訊ねられれば、監督の気持ちや想いを伝える準備はしている。

「自分から選手に話しかけることはしません。こちらから話せば、長く話をすることになり、余計なことまで話してしまう可能性もある。ブラジル人スタッフに対しても同じです。選手に関する質問や意見を求められても、極力答えない。日本人コーチやマンさん（鈴木満）から話してもらいます。僕は選手について語る立場にはないし、話すのはアンフェアだから」

　監督通訳として長く現場に立てば、サッカーの知識も当然増える。さまざまな監督の思考を自分のものとして、日本語で発信してきたのだから当然だ。しかし、高井は指導者にはならないという。その理由から彼の仕事に対する矜持がうかがえる。

「確かに監督をはじめ、いろんな人から吸収したものはあります。でも、僕が深くサッカーを勉強しすぎたら、監督の言葉を伝えるときに、僕の考えが混じってしまう可能性もある。自分ならこうするのにという邪念が入ったら、僕が通訳をやる意味はないと思っています」

クラブ創設来、２０１６年まで主務として働いた長石博之も高井と同じだった。

「強化部の人間が特定の選手と食事に行くことはないですね。不公平感が生まれると問題の火種になるので、行くなら選手全員が対象です。僕は強化の一員として、マネージャー兼チーム管理という仕事をしていたので、トレーナーやマネージャー、通訳などスタッフとの契約も行っていました。彼らに対しても、常に公平な言動を心がけていました。監督の方針にのっとり、チームをひとつの方向へ持っていくのも僕らの仕事です。チームにかかわる人間にはそれぞれ役割があり、お互いが尊重し、援護し合ってチームになる。選手とスタッフ、フロントとのつなぎ役というのが僕の一番の役割だと考えていました」

長石のもとにはさまざまな情報が集まった。内部だけでなく、ときには外部から選手に関する情報がもたらされることもあっただろう。

「たとえば、それがチームに悪影響を及ぼしそうだとか、選手のプレーに関係する場合はすぐさま対処する必要があります。危機察知能力が問われる場面です。危険を回避するためにどういうタイミングで、誰が前に出ていくべきか、そのコントロールが大切になります」

選手の可能性をつぶさないよう配慮し、いかに対応するか。情報を集約し、鈴木満を中心としたフットボールグループのプロチーム、そしてクラブ内での連携がポイントになる。

長石が語るように、強化の人間は選手と個人的な付き合いはしない。それはもちろん鈴木満も同様だ。そして、監督が選手の情報を集めるのと同じか、またはそれ以上に鈴木もまた選手を観察している。立場上、選手の変化には敏感にならざるを得ない。時間が許す限り、トレーニングにも立ち会う。多くの時間を監督のサポートに割く鈴木だからこそ、監督と同じ目線で選手やチームを見ることが必要なのだろう。

長く記者として鈴木を取材してきた吉田誠一は鈴木の人柄について、次のように話す。

「繊細な人です。細かいというより相手の身になって考える人。言葉遣いにしても、行動にしても、常に気配りを怠らない。それは普通に『あの人、気が利くよね』と言われる人の数十倍、数百倍くらい細かいところに目を配る。だから、組織を構成する一人ひとりが力を発揮できる環境が作れるんだと思います。鹿島で一緒に仕事をし、改めて感じるのは、マンさんがいると安心できるということ。たとえば、厳しい意見交換が行われ、少し空気が悪くなっても、マンさんがそこに入ってくるだけで、雰囲気が変わる。和むというかホンワカするんです」

細心の気配りができる男が司る組織では、「すべては勝利のために」というミッションを達成するための意識がスタッフそれぞれの細部にまで宿っている。

クラブ内には選手を見る多くの目が存在し、それぞれの立場で選手にかかわる。かつ立場を超えることなく、規律が保たれる。椎本邦一の目もそのひとつだ。

「選手が鹿島に加入したら、僕の仕事が終わるとは思っていない。たとえば高卒選手はまだ18歳、未成年です。社会人として必要なことができているか、いろいろなことを注意しますね。寮とはいえ、ひとり暮らしを始めて、かつプロということでちやほやされる場面もある。お金や車も手にできる。浮ついた様子を感じたら、ガツンと言います。『髪を染めたくなる気持ちもわかるけど、レギュラーになってプレーで目立つことをまず考えろ!』って。でも、サッカーのことは言いません。それは監督やコーチなど、スタッフの仕事ですから」

アントラーズファミリーという言葉のもと、チームやクラブの一体感が武器といわれる鹿島だが、問題がまったくないというのは不自然だろう。しかし、「スピリット・オブ・ジーコ」の「献身・誠実・尊重」が息づくチームには、問題を解決する自浄作用があると長石は話す。

「問題があるとわかれば、自分たちで話し合うカルチャーがあります。それは選手もスタッフも同じ。当然、揉めごとはありますが、しっかりとコミュニケーションをとって、問題を解決する。それが鹿島の伝統だと思います。相手を尊重する姿勢を全員が共有しているから、人や物事を批判する前に、自らが行動し、証明すべきだという空気があるんです。それもせず他人に責任転嫁したり、批判することは許されないという意識が強い集団だと思います」

つまり、選手の自主性であり、自律した個の集団ということなのだろう。そこで思い出すのは、遠征時の服装だ。90年代終盤になると、公式スーツなど揃いの移動着を着用するクラブも増えたが、鹿島は長らく私服だった記憶がある。長石にその理由を聞いた。

「鹿島は、ほかのクラブに比べて緩いところもあるんですよ。厳しさと緩さ。そのバランスを若い選手は、ベテラン選手の姿から学んだと思います。プロとしてふさわしい服装でというルールのなかで、自分で選んだ服を着る。何を着るかは個人に任せるが、責任を取るのも個人ということです。当時破れたジーパンが流行っていました。確かにオシャレだったと思うけれど、プロ選手が移動する場所ではふさわしくない。だから、そういう選手がいると、監督やベテラン選手が言うんです。『みんなカンパしてやれよ。お金がないから破れたジーパンをはいているんだろう』って。みんな毒舌だったので、派手すぎたり、色が強すぎたり、変な服装だと、『それはおかしいだろう』と選手同士でジャブを打つんです。それがひとつの教育の場になりました。もちろん、ツッコミを入れる選手は言うだけの服装をしなければならない。服装だけでなく、プレーも同じです。チームメイトに厳しく要求するなら、自分にも厳しくなければならない。これも鹿島らしさだと思います」

東日本大震災の影響は大きく

オリヴェイラ体制4年目の２０１０年シーズンがスタートする。

ワールドカップ南アフリカ大会終了後に内田篤人がドイツ・シャルケ04へ移籍し、加入したばかりの韓国代表のＣＢイ・ジョンスもカタールのアルサドＳＣへ移籍した。すでにＡＣＬもラウンド16で敗れている。グループステージを1位突破しながら、ホームでのノックアウトステージでの敗退が2年続いている。

ワールドカップで中断していたリーグ戦が再開し、7月17日第13節対川崎フロンターレ戦に勝利すると首位に立ったが、その後は首位を走る名古屋グランパスを2位で追うものの、勝ち点は10ポイントまで開いた。そして迎えた最終節をモンテディオ山形に引き分けてしまい、4位まで順位を下げてシーズンが終わる。

ＡＣＬの出場権を得たい鹿島は、天皇杯を勝ち進み、決勝で清水を２－１で下し優勝するとＡＣＬ出場権を手にした。表彰式では、この試合での引退が決まっていた大岩剛が小笠原満男から渡された天皇杯を掲げた。

十四冠目を報じる新聞各紙では、翌シーズンに向けた「大幅刷新」という言葉が目を引いた。大岩のほかに、若手選手の期限付き移籍やマルキーニョスなど10名ほどがチームを離れると報じられる一方、すでに２０１０年1月に加入が内定していた青森山田高校の柴崎岳に続き、関西大学第一高校の梅鉢貴秀、米子北高校の昌子源、鹿島ユースの土居聖真など高卒選手の加入や、モンテディオ山形へ期限付き移籍していた田代有三や増田誓志の復帰などが発表され、清水の本田拓也やコンサドーレ札幌の西大伍の加入も報じられていた。

第七章

公平と平等

三連覇以降、膠着していたチーム内に新たな競争を促そうと各ポジションに新しい選手を加えて、「大幅刷新」を断行した２０１１年は、想像を超える困難と直面する。

2月26日、ゼロックススーパーカップ三連覇を目指し、名古屋と対戦するも敗戦。

3月2日、ＡＣＬグループステージ初戦、対上海申花戦をアウェイで戦いスコアレスドロー。

3月6日のリーグ開幕戦は、93分のオウンゴールで追いつき、3－3の引き分け。

3月9日、紅白戦のAチームには本田拓也が入っている。1月、日本代表としてＡＦＣアジアカップ２０１１カタール大会に参加するも体調を崩し、チーム合流が遅れていた。

3月11日、午前練習後、チームは翌日の試合に向けて、静岡市の清水へ移動する。チームバスが東関東道自動車道を走っていたときだった。バスが大きく、長く揺れた。のちに東日本大震災と呼ばれる地震のため東関道は通行止めとなり、バスは約2時間半、足止めされる。

地震直後、東北地方が津波に呑み込まれる生々しい映像がテレビニュースに流れた。携帯電話でも見ることが可能だった。車内の選手たちの心情を想うと胸が痛む。小笠原や遠藤康、土居聖真をはじめ東北出身の選手は多い。鈴木満や鈴木秀樹も東北出身者だ。

Jリーグは予定されていた試合の延期を発表する。

ベガルタ仙台などの東北圏内だけでなく、鹿島をはじめ被災したクラブは少なくなかった。鹿嶋市内のクラブハウスでも天井の一部が落下し、敷地内には地割れも発生。カシマスタジアムではスタンド階段部分が壊れ落ち、一部の座席が破損。天井からの落下物やコンクリートの亀裂なども見られ、復旧のメドが立たない状態に陥った。

鹿嶋へ戻ったあとも余震は続き、眠れない夜を過ごした選手も多い。チームは3月15日から12日間、活動を休止した。電力不足のため、ナイターゲーム開催も難しい。かつて鹿島の社長を務め、当時のＪリーグチェアマンだった大東和美は第6節までの試合延期を決定する。

リーグ戦の再開は4月23日となったが、ＡＣＬの日程に関しては鹿島の要望は通らなかった。3月16日の第2節シドニーＦＣ戦は延期されたが、4月6日の第3節、水原三星戦の実施が決まり、チームは韓国へ飛んだ。さらに4月13日にはシドニーへ向かい、シドニーＦＣと対戦。4月19日の水原三星とのホームゲームは国立競技場で行われている。再開したリーグ第7節、対横浜Ｆ・マリノス戦も国立競技場で開催されたが0－3と敗れた。

「東北人魂」

小笠原はスパイクにその文字を記し、出場している。

震災後のチーム活動休止期間に自ら車を運転して帰郷。地元の避難所へと足を運び支援活動を行っていた。居ても立ってもいられないという彼の心境は察して余りある。


ＡＣＬは順調に勝ち点を重ね、2位でグループステージ突破を果たしたが、ラウンド16でＦＣソウルに0－3と敗れてしまう。またもラウンド16の壁を越えられなかった。

リーグ戦も17試合を戦い、消化試合が1試合少ないものの、一時は14位まで沈んだ。その後持ち直し、10戦負けなしを経て、13勝11分10敗、6位でシーズンを終えた。

第七章

公平と平等

それでもナビスコカップ決勝の対浦和レッズ戦では延長戦の末、大迫勇也の決勝点でクラブ創設20周年を飾る十五冠目を手にしている。大迫は大会ＭＶＰにも選ばれた。

震災後にスケジュールが見直され、決勝トーナメントはすべてシングルマッチでの開催となった同大会。決勝トーナメントから参加した鹿島は、３戦すべてを延長戦の得点で勝ち上がった。そのチームの中央に小笠原と並んだのがルーキーの柴崎岳だった。

６月18日のジュビロ磐田戦で先発出場を果たした柴崎は、６月22日の対ヴィッセル神戸戦で、途中出場するものの負傷。右第４中足骨の骨折が判明し、全治２か月と診断される。８月下旬には復帰したが、ベンチが続いていた。

ナビスコカップ初戦となった準々決勝、10月５日の横浜Ｆ・マリノス戦。開始１分にオウンゴールで失点し、11分にはＰＫを献上するなど、早々に２点をリードされる苦しい展開だった。49分に大迫のパスを受けた興梠慎三が見事なトラップから反転し、相手ＤＦをかわしてシュートし、１点を返す。73分には、曽ケ端準からのパスを受けた大迫のミドルシュートで同点に追いついた。１１１分、中央でボールを奪った小笠原から始まった攻撃は、右サイドの新井場徹からのクロスボールに田代有三が反応してのヘディング弾となり、見事に逆転した。

10月９日準決勝、名古屋グランパス戦。

10分に大迫のゴールで先制。鹿島は敵将のストイコビッチが試合後「７点入れられてもおかしくなかった」と言うほどの猛攻を見せたが、追加点が奪えない。80分に失点すると、試合は延長戦へ。１０７分、鹿島の決勝点が決まる。本山雅志からのスルーパスに反応した柴崎が絶妙のタイミングでオフサイドラインを突破してパスを受けると、右サイドの角度のない位置から打ったシュートは相手ＧＫの頭上を抜き、ゴールネットを揺らした。

シュートチャンスが多く、どちらかといえば、チームが前がかりになっていた試合で、柴崎はほとんどの時間を自分のポジションに立ち、周囲とのバランスをとりながらプレーしていた。彼が攻撃参加したのは数回だけで、その1回で得点を決めたことに強いインパクトを覚えた。

とかく豊富な運動量が評価される守備的ＭＦ、ボランチだが、ただ動きまわっていればいいわけではない。動きすぎれば、相手にスペースを使われてしまうリスクも増す。的確なタイミングで必要なポジショニングをとり、ゲームをコントロールすることが「ハンドル」の意味を持つボランチの役割のひとつ。そう考えると、若い柴崎の冷静さには驚くものがあった。

10月29日の決勝戦でも柴崎のクレバーさが光った。

50分に浦和の山田直輝が退場。鹿島は田代を投入して、興梠、大迫とともに3トップ気味の布陣で敵陣へ圧力をかける。76分には左ＳＢのアレックスに代わり、ＭＦのフェリペ・ガブリエルを投入するも、得点は奪えない。80分、今度はＣＢで出場していた青木剛が退場処分に。ここでオリヴェイラは、新井場をＣＢで起用する。右ＳＢには柴崎が立ち、左ＳＢフェリペ・ガブリエル、ＣＢは新井場と中田浩二。中田以外はすべてが緊急コンバートだった。

託された仕事の意図を掴み、プレーする柴崎が放つオーラはまるでベテランのようだった。

１０５分の決勝点は田代、興梠とつないだボールを大迫が決めた。

震災後、練習を再開すると、指揮官と選手の意見がぶつかることもあったという。ライフラインが止まり、余震が続くなかで「サッカーどころではない」という恐怖と戦ったのは、選手だけでなく、監督もまた同様だったろう。

平時ではないからこそ、それぞれの立場、考え方、気持ちが錯綜する。

シーズン序盤の苦戦、低迷する順位。

被災地を想う気持ちを「ピッチで証明したい」と思えば思うほど、結果につながらない。ジレンマ、焦り、自身の力不足を責める日々。ナビスコカップにかける熱は自然と高まった。

目の前の困難の打開に必要な絆は、さまざまな想いとともに複雑に絡み合い、強くなった。

誰かに依存するのではなく、自らの足で歩こうと立ち上がる人がいる。

その意志を敬い、求める人に手を差し伸べる。

自分ができることに全力を尽くす。

「スピリット・オブ・ジーコ」がもがき続ける鹿島に力を与えてくれた。

そして、２０１１年リーグ戦が終了した12月5日、オリヴェイラの退任が発表される。チームは続投のオファーを出していたが、震災後にブラジルへ帰国した家族の強い要望や、ブラジルのクラブからのオファーもあっての退任だと伝えられた。

苦しいシーズンだったが、タイトルも獲得できた。

興梠、田代、大迫という３人の日本人ＦＷがポジションを競う状況は、望ましい展開でもあった。新加入の西も先発に定着し、柴崎だけでなく、遠藤康もレギュラー陣を脅かす存在に成長している。思惑通りではなかったが、被災を乗り越えた先が見えたシーズンでもあった。

第八章

鹿島のＦＷ

「鹿島は誰かひとりが得点を量産するというより、
誰もが得点を決められるクラブだと思うんです」

——土居聖真

「高校のときに三連覇を達成したんですけど、寮で、みんなで応援していました。ゴールが決まると『ウォ〜！』って、廊下を走り回ったりして」

　山形県出身の土居聖真は中学進学とともに鹿島のジュニアユースに加入した。コーチから声をかけられ参加したセレクションに合格し、母親とふたり、鹿嶋で暮らし始める。「レベルの高い関東のクラブでサッカーをしたい」という決意からだったが、中学時代は「苦しかった」という。２００８年にユースへ昇格するとU－17日本代表にも選ばれている。

「宇佐美（貴史／ガンバ大阪）は別格でしたが、ほかの選手と自分の差が大きいとは感じなかった。その後、彼らが二種登録され、トップチームで練習していると聞くと焦りましたね」

　二種登録とは、18歳以下のチームに所属しながら、Jリーグに出場できる選手登録だ。

「僕は子どものころから、いつも上の年齢の人たちとサッカーをすることで、成長してきた。敵わない相手とやれば、引っ張られてうまくなれる。だから、すごいメンツが揃うトップチームで練習したかった。でも、トップチームは優勝を争っている状況だったので、ユースの選手を練習参加させたり、ましてや試合に起用するのは難しいと理解はしていました。それでも、

第八章

鹿島のFW

代表合宿から鹿島のユースへ戻ると、レベルの違いを感じてしまう。ユースチームに追うものがなくなったような気がしていたんです。なのに、高3の夏にトップへの昇格が決まると喜びと同じくらい不安が生まれました。トップチームは近くて遠い存在。同じ敷地内でトレーニングはしているけれど、僕とは別次元だということがわかっていたから」

　加入した２０１１年シーズン、キャンプで負傷し離脱。何度も再発を繰り返した。

「トップで練習するのは本当に夢だった。『大丈夫です』と嘘をついてでも復帰したかったけど、練習しては悪化させてしまうという悪循環でした」

　念願のトップチームの練習で感じたことは、ミスが許されないという鹿島の空気だった。

「当時は、レギュラー組とサブ組の力の差が開いていた時期でした。ポゼッションゲームをやっても、スタメン組にボールを持たれて、サブ組はなかなかボールを奪えない。だから、ボールを奪ったあとにミスをすると、めちゃくちゃ怒られた。とにかくミスを許してくれない。でも、それが鹿島だと感じた。試合に出ていない先輩たちの必死さが伝わってくるんです。

　サブ組に限らず、ほかの選手も指導者も誰もがミスに厳しい。あらゆるミスを指摘されるので、ボールを触るのが怖かった。でもボールを獲りにいかなかったら、また怒られる。ボールを持っても、すぐに奪われてしまう。苦しさと楽しさが入り交じっていました。

　モトさん（本山雅志）や野沢（拓也）さんのプレーを間近で見ていると、驚きの連続でした。崩し方、トラップ、ヘディング、シュート、体の使い方……とにかく、僕の想像を上回るプレーを目の当たりにできて楽しかったですね」

憧れの存在は自身の前に立ちはだかる壁でもあった。攻撃的MFには、本山や野沢だけでなく、遠藤康もいた。ブラジル人選手が補強されることも多い。土居が続ける。

「紅白戦のBチームにも入れないところから始まっているので、紅白戦のメンバーに入ることが目標でした。段階を踏まなくちゃいけない。そういう意味で毎日がセレクションのようでした。でも、練習でできたことが、試合ではできない。控え選手のための練習試合で、もがいて答えを探すような時間が続きました」

すでに述べたように遠藤は5年近い時間の「下積み」を経験している。

「我慢し続けたという感覚はなかったですね。今思うとすごく楽しかったから。紅白戦ではBチームの僕らは、どうにかしてAチームに勝ちたいというのをモチベーションにしていました。試合に出るにはAチームよりもいい試合をしなくちゃいけない。そのBチームの中心的な存在にならないと、Aチームに入ってもボールは絶対にまわってこないから」

試合に出てもうまくいかないことが多いのは、遠藤もまた土居と同じだった。

「自分に腹を立てながらも、なんとかしなければという気持ちは強かった。たくさんの先輩に相談しました。聞いてまわるんです。周りにいい先輩がたくさんいる非常に恵まれた環境だから。監督の求めていることだけをやっていても勝てないし、うまくいかない。だから、いろんな対処法を知っている先輩の話は貴重なんです。学生時代は監督やコーチが教えてくれます。叱ってもくれた。でも、プロになったら、手を差し伸べてくれる人はいない。そんなに甘い世界じゃないので、選手自身が考えるしかない」

遠藤は、熟成したワインのような味わいを醸し出すには、時間が必要だということを示すかのような成長を遂げていく。２０１５年には日本代表合宿に初招集された。

土居も同じように力をつけると、２０１５年シーズンからは小笠原満男や野沢がつけた背番号8を担う選手となった。２０１７年12月には日本代表にも選出され、ＥＡＦＦ Ｅ－１フットボールチャンピオンシップ（以下Ｅ－１選手権）対中国戦で先発出場を果たす。鹿島ユース出身の選手がＡ代表で先発したのは、フィールドプレーヤーでは初めてのことだった。

「（鈴木）満さんからそれを聞いて、歴史を作っているんだと感じました。しかも僕は茨城県出身ではなく、山形から来た選手。全国の子どもたちから、『土居選手みたいに、鹿島のユースへ行ってプロになる』と言われるようになれたらなって、最近密かに考えています」

新たな新陳代謝の時期を迎えて

２０１１年シーズン終了後、野沢、田代有三のヴィッセル神戸への移籍が決まる。

Jリーグ発足以降、国内移籍の理由の大半は「出場機会を求めた」や「上のクラブ、強豪チームでプレーする」だった。鹿島の場合、後者が理由になることは少なかったし、ふたりは主力選手だ。彼らの国内移籍の衝撃は大きかった。

２０１０年、「契約満了時には移籍金が発生しない」とルールが変わり、移籍が活発化する。

待遇面だけでなく、チームの方向性や監督が志向するサッカーのスタイルなど、選手が移籍を考える理由は多岐にわたるようになった。

翌２０１２年のシーズン終了後には、新井場徹と興梠慎三も移籍することになる。

２０１２年に鹿島の指揮を執ったのは、現役時代クラブの土台作りに大きく貢献したジョルジーニョだった。鹿島の歴史の理解者であることが就任の決め手となった。しかしリーグ戦は12勝10分12敗と低迷し、11位と二桁順位でフィニッシュ。ナビスコカップで連覇し、天皇杯はベスト4まで勝ち進んだが、ジョルジーニョは1年で鹿島を去っている。長期政権も想定されていたなか、家族を理由にブラジルへの帰国が報じられたのは11月下旬のことだった。

11月3日のナビスコカップ優勝翌日、浦和レッズが興梠の獲得に乗りだすと報じられる。チーム内最多の9得点を挙げるストライカーの移籍。報道では「先発機会が減っている」ことが理由とされたが、興梠が移籍を考えたのは、先発試合数ではなく、どう使われているかという部分にあった。ジョルジーニョは2トップではなく、1トップに布陣を変更し、興梠をアウトサイドのMFで起用した。しかし、興梠はストライカーとして勝負できるチームを望んだ。

「浦和でミシャ（ミハイロ・ペトロヴィッチ）とサッカーをしたいという気持ちも強かった」

浦和への移籍からすでに9シーズン目を迎えた興梠が、２０２１年本書の取材で、移籍の決断について振り返る。

当時浦和の指揮を執っていたペトロヴィッチは、１トップの選手として、興梠を高く評価していた。その期待に応えるように興梠は、移籍後、毎シーズン二桁得点を挙げる。環境を変え、新たなサッカーに挑戦したことで、ゴールへの執着心にも変化があったのだろうか。浦和の興梠はよりポストプレーでの強さを見せているように思える。

「レッズへ来てからは、最前線には１トップの自分しかいない。自分が決めないと勝てない試合がたくさんあるから。俺が決めるしかないなという気持ちが強くなっていると思う。鹿島時代はスペースで勝負するタイプだったけど、浦和では『あまり動きすぎず、真んなかにいてくれ』という指示だったので、相手のＣＢとマンツーマン気味になりながら、前線でキープするポストプレーは、浦和に来てうまくなったかもしれない」

そんな興梠も２０１５年当時は、いかにも鹿島のＦＷらしい話をしていた。

「自分ではエースストライカーとは思っていない。僕は一番前にいるだけだから（笑）。どちらかといえば、ゲームを作るという意識のほうが強い。楔《くさび》のボールを受けて、おさめて、周りを使って、あとはペナルティエリア内での勝負。そこには、徹底的にこだわっていきたい」

現在の興梠本人は、「今の僕のプレースタイルは、レッズへ来たからこそ生まれた形。浦和で自分のスタイルはどんどん変わっていった」と話す。

しかし、ディフェンスラインとの駆け引きに長けた動き直し、ポストプレー、パスを引き出す動き出し、周囲の選手を活かすパスセンスや視野の広さ、前線からの守備……そんなベースは鹿島時代に身につけた気がしてならない。なぜなら、そこには「鹿島のＦＷ」らしさが漂っているからだ。

鹿島らしいＦＷとは何か

鹿島は伝統的に４－４－２という布陣で戦ってきた。日本人ストライカーを育てるという意味合いで、２トップをブラジル人と日本人とで組ませるシーズンが長く続いた。

１９９３年以降２０２０年までのリーグ戦で鹿島は１６４０点のゴールを挙げているが、リーグ得点王は２００８年のマルキーニョス（21得点）だけだ。ハットトリックが少ないことはすでに述べたが、多くの選手が得点を挙げている証拠だろう。

鈴木満は、以前鹿島のＦＷの特徴を「技術的なことではなく、献身性だ」と話している。興梠の言葉からもそれが理解できる。

「相手に合わせるのが得意だったヤナさん（柳沢敦）は、優しいんだと思います。まあ、僕も多分、優しいほうじゃないかな（笑）。選手それぞれにタイプが違うのは当然だけど、ふたりのＦＷが同じタイプだったら、チームとしてはあまりうまくいかないと思います」

柳沢敦に聞いた。

「上の人たちを見て学びました。クロさん（黒崎久志）やハセさん（長谷川祥之）、マジーニョがいて、なかなか試合には出られなかったけど、そういうときは、『先輩の動きをよく見ろ』

第八章

鹿島のFW

と言われました。監督や先輩からは何度もハセさんの守備での献身性の話が出る。だから、自然とそういうプレーに目が行くし、大事だと学びました。それができて、初めてピッチに立てた。僕が興梠にポジションを奪われたのも、彼がそういう部分で上回っていたから。そうやって鹿島で引き継がれてきたんだと感じています。監督によって考え方もいろいろあり、ＦＷに求めるものが変わるかもしれないけれど、アントラーズは、監督が代わってもクラブのスタイル、哲学が変わらないというのは大事な部分だと思います」

ジーコは「選手の評価は獲得したタイトルの数だ」と語り、「得点を獲りたいとか、アシストしたい」という個人の活躍よりも、チームの勝利を優先すべきだと常々話している。点を獲るだけがＦＷの仕事ではないと。それは柳沢が高校時代から培ってきた哲学でもあった。

「自分のプレースタイルとクラブの考え方、ジーコの考え方が一致していた。それによって僕は救われた。アントラーズに入れたことは本当に幸せなこと。もし、違うクラブだったら、自分のスタイルが受け入れられなかった可能性もありますから」

鹿島のストライカーに求められるのは得点だけでなく、さまざまな仕事がある。中盤でシンプルにパスをさばくこともあれば、フィードをキープするポストプレー、サイドや裏へ流れる動きなど、チームの攻撃を形作る役割は多い。また守備のスイッチを入れるのもＦＷだ。彼らはチームをまわすエンジンになる。ショートケーキの仕上げに飾られるいちごのように、最後にゴールを決めるだけが仕事ではない。

「鹿島のＦＷ」が日本代表で活躍できるのも、身体能力に劣る日本人が世界と互角に戦うために、ＦＷにさまざまなタスクを求めるからなのだろう。


ゴールやアシストなど「数字」への評価が高く、献身性や運動量は二の次、というクラブが少なくない欧州のクラブでは苦戦を強いられる。昨今では組織的な戦略を掲げる指揮官も増えたが、20年前のイタリアではそうではなかっただろう。２００３年から3シーズン、サンプドリア、メッシーナに所属した柳沢は無得点に終わっている。

「得点だけではなかったと思いますが、それが強調される現実がありました。ＦＷとしてイタリアで求められるものと自分が持っているものとが少し違って、なかなか出場機会に恵まれなかった」と柳沢。だが「ゴールだけがＦＷの仕事ではない」という姿勢は今も変わらない。


土居が語る。

「柳沢さんにいつも言われるのは『ゴールを獲るだけがＦＷじゃない』ということ。点を獲る以外のプレーの質をすごく要求されます。そこは、僕のプレースタイルにも合うので、感謝しています。鹿島は誰かひとりが得点を量産するというより、誰もが得点を決められるクラブだと思うんです。得点も狙いますけど、それ以外のクオリティも追求し続けたい」

欧州と日本、異なる価値観のなかで

2014年1月、ドイツ2部の1860ミュンヘンへ移籍した大迫勇也は、デビュー戦で得点を決め、その後6試合4ゴールと華々しいスタートを切った。同4月14日、ディナモ・ドレスデン戦を見た。1トップの大迫が、とにかく窮屈そうにプレーしているのが気になった。

後日練習場でそのことについて聞くと、「僕が動きすぎるとパスを出す選手が見失うこともあって、『動くな』と言われている」と答えた。大迫の能力は当時のチームメイトのなかでは抜きんでていたが、それを活かせる選手がいないのだろうと感じた。

「パスを出してと言っても、出せない選手も多い。だけど、僕は諦めずに言い続けますよ」

その後、大迫はトップ下で起用され、得点を重ねたが、チームは3部に降格。大迫は1部に昇格したばかりの1.FCケルンに移籍する。2016-2017シーズン、アントニー・モデストと2トップを組み、シーズン7得点をマーク。10月1日のバイエルン・ミュンヘン戦では1-1と健闘したケルンの中心に大迫がいた。シュート数はミュンヘン26本に対し、ケルンは5本だけだったが、3本を大迫が記録する。ボールを持ったケルンの選手はまず大迫を探す。信頼度の高さが伝わってきた。しかしその後、1トップの布陣になるとアウトサイドでの起用が増えていく。2018-2019シーズンにヴェルダー・ブレーメンに移籍すると、翌シーズンは8得点を挙げたが、FWとしての起用機会は減少していった。

そして、２０２１年夏、大迫はヴィッセル神戸に加入し、Ｊリーグへ復帰している。

２０１５年、鹿島ユースから昇格し、２０１９年にベルギー１部のシント＝トロイデンＶＶへ移籍した鈴木優磨は２０２０-２０２１シーズンに17得点を挙げる活躍を見せている。

「鹿島は戦術的なところで、ＦＷは裏を獲る動きやいろんなことを求められた。それによって、キープ力がつくなど、いい面もたくさんありました。でも、本来僕はペナルティエリア内で勝負したいＦＷなので、ベルギーではそこに特化してプレーできることが大きい」

自身の得点増加をそう分析する鈴木だが、移籍当初は苦しい時間が続いた。

「こっちの選手は『自分がゴールを決めたい』という気持ちが普通なので、パスを出しても基本戻ってこない。そういうエゴも大事です。でも『チームのための仕事』をしないのはイヤだった。だからふたつの気持ちの間で悩みました。そんな僕を理解してくれるベテラン選手が加入してから、ようやく点を獲れるようになった」

欧州で日本人ＦＷが成功する難しさがある一方で、２０１５年にポルトガルのポルティモネンセＳＣから鹿島に加入し、ＦＷとして活躍した金崎夢生《かなざきむう》の例もある。

高い技術力は高卒ルーキーとして大分トリニータに加入した当初から注目を集め、名古屋グランパスを経て、２０１３年にドイツ・１.ＦＣニュルンベルクへ渡ると、翌シーズンには当時２部だったポルティモネンセへ。鹿島は早くから金崎に注目し、二度目のオファーとなった

第八章

鹿島のFW

２０１５年2月、期限付き移籍という形で獲得が叶った。当初はＭＦとして起用されていたが、石井正忠が監督に就任したのを機にＦＷに抜擢される。技術力に支えられた強引さや対人の強さなどが、ゴールへの執着心、すなわち勝利へのこだわりとして表現された。守備への貢献度も高く、献身的な鹿島のＦＷとなる。金崎は２０１５年のナビスコカップ、２０１６年のＪリーグ年間優勝、そして天皇杯とタイトルを獲得するチームを牽引した。

「目標はムウさんのようなチームを勝たせるＦＷ」と鈴木優磨は語る。

２０１７年12月のＥ－１選手権には、鹿島から7名の選手が選ばれた。そのメンバー発表時、監督のヴァイッド・ハリルホジッチは次のように語り、金崎に大きな期待を寄せた。

「ほかの選手と比較すると珍しくパワーがあり、アグレッシブにプレーする。代表では中央でプレーすることを求めています。フィニッシュのクオリティをさらに上げてもらいたい。前線でたくさん動くので、最後のシュートのところで少し疲れていると思うこともあります」

ハリルホジッチは1トップでのチーム編成を行っていた。過去の代表の1トップとは異なり、鈴木優磨が語るペナルティエリア中央で勝負するストライカーだ。ハリルホジッチは、動きまわることで、体力を浪費するのを懸念しながら金崎を評したのだろう。

しかし、当時の鹿島のＦＷに運動量は欠かせない。鹿島在籍時の鈴木優磨が語っている。

「鹿島のＦＷは走らないとダメなんです。そうやってチームのためにプレーしていると、（ボールが）こぼれてくる。本当にポンッと。それでゴールを決められたら、乗れるから」

ベルギーで2シーズンを過ごしたのちにこんな話をしている。自身が倒されて得たＰＫをチームメイトに譲ったことは地元メディアでも驚きとともに報じられた。

「PKを譲ったのはチームメイトとしては当然のこと。俺のパートナーが苦しんでいるのを見ていたら、普通譲るでしょう。実際それによって残留へ向けていい流れが生まれたので、よかったんです。自分のステップアップのためだけにプレーするのは、俺には難しいとも思いました。アントラーズにいたせいかもしれないけど、自分がゴールを決めてもチームが勝たないと納得できないし、うれしくない。チームを勝たせるゴールじゃないと」

受け継がれる伝統のスタイル

２０２１年5月15日対横浜F・マリノス戦でハットトリックを達成した土居に対して興梠は「ハットトリックして、気持ちよくなって、得点することに目覚めたんじゃないか?」と思ったと話す。それは自身にも同じ経験があったからだ。

「俺もMFだったからわかるんですけど、聖真もMFだから、アシストが気持ちいい選手だったはず。でも、得点を決めたら、倍以上に気持ちがいいと知ったんじゃないかな。最近、『アドバイスしてください』と連絡をもらったんです。お互い小柄で、激しくくる相手DFをかいくぐったり、ポストプレーをしたり、背後を狙ったり、いろいろ頭を使わなくちゃいけないから。話をしていると聖真も聖真なりに頑張っていると感じて、うれしかった」

奮闘する後輩の姿に目を細める興梠。しかし同時にこうも思う。

「もしずっと鹿島でＦＷをやっていたら、こんなに長くはプレーできなかったかもしれない」と。それだけ、「鹿島のＦＷは運動量が求められる」と話してくれた。

近年、鹿島のＦＷは純粋な横並びの2トップより、縦の関係になるケースが増えた。トップ下にＦＷを起用する４－２－３－１に近い形だ。土居がトップ下に立つ試合も多い。２トップとふたりの攻撃的ＭＦのポジションチェンジが頻繁なのも鹿島の特徴である。人を使い、人に使われ、連動性が高まっていく。土居はボールに触る機会が少なくとも、オフ・ザ・ボールの動きなど、攻撃の流動性を生み出す推進力に長けている。

しかし、２０１９年終盤、10、11、12月と続くリーグ戦7試合で、鹿島はチームとして5得点しか挙げられずに失速していく。当時2トップはできるだけ近い距離で、ゴール前に立つことが求められたが、それでは土居の強みを活かせず、結果、チームの流動性は失われ、膠着した攻撃から得点も生まれなかった。

２０１９年の夏、法政大学から加入したのが上田綺世《あやせ》だ。

鹿島ジュニアユースから鹿島学園高校へ進学し、大学時代から東京五輪代表候補の一員として注目を集め、鹿島加入前にはコパアメリカにも出場している。卒業する２０２１年時の加入が内定していたが、卒業を待たず、前倒しでの加入となった。

２年目の２０２０年には早くも10得点をマーク。東京五輪では得点こそなかったもののフランス戦では3得点に絡むなど、「鹿島のFW」らしい一面を発揮した。しかし、上田本人は大会を通して満足感も納得も得られなかったに違いない。

点が獲れないFWより、得点で、勝利に導く選手が正しいのは、勝負の世界では当然のこと。しかし、得点だけがFWの仕事ではないという哲学のもと、組織の一員としての使命を果たすストライカーによって、勝ち点を積み重ねてきた歴史が鹿島にはある。

FWに限らず、「鹿島らしい」と形容されるポジションが存在する。背番号も同様だ。

「うちは伝統的に4－4－2という形で戦い、チームにどういう選手が必要なのかもわかっている。それはスカウトするうえでも大きなポイントになる」と椎本邦一が話していた。

引き継がれてきたチームの哲学は、選手の獲得や育成面にも活かされている。

鹿島で必要とされる選手になるため、柳沢や興梠、遠藤、そして土居は、先輩たちから生き抜く術を学び、競争のなかで自身を磨いた。ほかの選手も同じだろう。そうやって「鹿島らしい」選手は生まれた。先人たちのポジションや背番号を意識することで、結果的に伝統が受け継がれる。それはプレースタイルにとどまらない精神性も含めてのことだと感じる。

しかし、国内外ともに移籍が活発化し、長くチームに在籍する選手は減少傾向にある。選手を育てる時間が限られるようになった今、選手に「鹿島らしさ」を求めるのは難しくなっていくのか？　継続は可能なのか。そもそも「らしさ」は必要なのか？

第九章
アカデミー

「小さいころから、
アントラーズを見て育ってきた子どもたちを
カシマスタジアムのピッチに立たせてあげたい、
立ってほしいなという希望や理想があるんです」

——小笠原満男

「こんにちは！」

溌剌とした大きな声が練習場に響き渡る。

鹿島アントラーズのクラブハウスでは、トップチームだけでなく、ユースチームなど、アカデミーもトレーニングしている。トップチームの取材に訪れた取材陣に、練習前のユースの選手たちが欠かさず挨拶をしてくれる様子はすがすがしく、心地よいものだ。

２０１４年、ユースの監督に就任した熊谷浩二は、チームに厳しい規律をもたらした。２００５年にベガルタ仙台で現役を引退すると、翌年からは鹿島のスカウトとして、遠藤康、大迫勇也、柴崎岳、昌子源、植田直通《なおみち》などの加入に尽力してきた。

「小笠原（満男）や本山（雅志）、中田浩二といった１９９８年加入組の選手が僕のベースになっている。あれくらいのレベルの選手が集まらないとチームは強くならない」と話すチーフスカウトの椎本邦一同様、熊谷のなかでも、自らがかかわった選手たちの存在はユース監督をするうえでも基準になっていると、２０１８年のインタビューで語っている。

「（遠藤）康や大迫、（柴崎）岳、昌子や植田を見たときの衝撃というか、彼らのレベルを知っていることで、トップチームに入る選手の基準を肌で感じることができた。ユースの選手たちに、どれだけの資質や可能性が必要なのかを判断するベースになっています」

もちろん、ユースの選手すべてがトップチームへ昇格できるわけではない。高校世代ナンバーワンといわれる選手が加入してくる鹿島ではなおさら、そのハードルは高い。

「トップチームへつながる選手を育てることが最大の目的ですが、昇格しない選手たちをどう育てるかも重要です。選手が鹿島への想い、帰属意識を持てるようにするのは、育成が最低限やるべきこと。鹿島アントラーズへの愛着を持ち、その後の人生を生きてもらえたらと考えています。鹿島アントラーズが好きだという人間を増やすことが大事だなと。地元に愛され、自分のチームを愛してという選手がアカデミーで育ち、巣立っていく。そして、戻っても来る。それが鹿島アントラーズというクラブの存在価値、あり方だと。僕が今、任されている仕事は、そういう基盤作りとクラブへの帰属意識や愛着を育むことだと思っています」

育成現場でも「スピリット・オブ・ジーコ」の「献身・誠実・尊重」は重要な指針となる。

「ユースの選手たちに伝えるときには、嘘をつかないこと、一生懸命やること、感謝の気持ちと置き換えて説明します。これは人生でも大事なことですが、難しいことでもあります。ただ、難しいことを理想に掲げて、やってきたのが鹿島です。サッカーを通して、人間としてあるべき姿、向かわなくちゃいけないところへ、クラブとしてまとまって向かう。そこが鹿島の魅力だし、それが人を惹きつけている。だからこそ、ブレずに継続することが大切なんです」

理想は戻るべき場所にもなる。

「心のなかに戻れる場所があるのは強みです。愛着や帰属意識もそうですが、そういう『スピリット・オブ・ジーコ』を選手たちに残せるような指導をしていきたいと考えています」

鈴木優磨は熊谷と過ごした時間を次のように語っている。

「サッカー以外の生活面での影響が大きかった。規律を守ること。謙虚に素直に、裏表なく生きろと言われました。やましいことはするな、やましさを持ってグラウンドへ来るなと。何を見られてもいいというくらいの気持ちで来いと。純粋にサッカーと向き合える状態で練習に来なさいと。ごまかしたり、嘘をついたりしてもクマさん（熊谷）にはすぐにバレる。正直、当時は、理解できない部分もあったけれど、プロになってその重要性を痛感しています。やっぱり私生活がプレーに出る。僕は（クリスチアーノ・）ロナウドやメッシとはまったく違う選手だから、ちょっとしたことで運を手繰り寄せるというか、幸運を集めなくちゃいけない」

いわゆる徳を積むことで、ゴール前でボールが目の前にこぼれてくると鈴木は話す。

寮で生活するユースの選手たちは、部屋の掃除、洗濯やシューズのケアなどを、自ら行わなければならない。日常をコントロールするのは選手自身だ。

「基本的なこと、最低限やるべきことについては、きっちりとみんなで合わせる。それ以外は、自分で決断して、進めるということは常に話していました。自分で考えて、自分で工夫し、自分で行動し、自分で決断する力を身につけてほしい」と熊谷は話す。

彼のチームは、２０１４年第22回Ｊリーグユース選手権大会で優勝。２０１５年には高円宮杯Ｕ－18サッカーリーグチャンピオンシップ（現高円宮杯 ＪＦＡ Ｕ－18サッカープレミア

第九章

アカデミー

リーグファイナル）で日本一となり、アジア・チャンピオンズ・トロフィーU-18 ２０１５でも優勝している。前出のプレミアリーグファイナルで準優勝となった２０１８年を最後に監督職を離れた熊谷だが、鈴木以外にも町田浩樹《こうき》、沖悠哉《ゆうや》などトップチームの主力を育てた。

ここまで何度も鹿島アントラーズのホームタウンは小さな地方都市だと繰り返してきた。それは入場者収入といった経営面での、デメリットに留まらない。

Jリーグではトップチームだけでなく、下部組織、アカデミーを持つことが定められている。アカデミーは、トップチームに選手を供給する場として認知され、高い能力を持った選手がJリーグのアカデミーで順調に成長し、トップチームに昇格する流れが生まれている。

アカデミーに所属する選手の大半は、ホームタウン在住者だ。そう考えると、ホームタウンの子どもの数がトップチームのアカデミー出身者と比例する可能性は高い。小さな町にあるクラブは、選手を育成するうえでもハンディキャップがあると考えるのは自然だろう。

１９９５年にGKの市川友也が初めてトップへ昇格して以降、鹿島ユースからおよそ30名の選手が昇格している。曽ケ端準もそのひとりだ。鹿島町（現鹿嶋市）出身でカシマスタジアムの近所に生まれ育った曽ケ端は、鹿島中学サッカー部に所属し、１９９５年鹿島ユースの一員になった。

「サッカーを始めた小学生時代の夢は、まだJリーグがなかったので、高校選手権に出て、国立競技場でプレーしたいというもの。中学のチームメイトは鹿島高校へ進学しましたが、僕は

GKコーチがいる鹿島ユースを選びました。高校1年生のときに鹿島高校が初めて選手権に出場したんです。兄が出場した試合は応援に行きましたけど、複雑な気持ちでしたね」

1998年にトップチームへ昇格した曽ケ端の同期は、高体連のスターたちだった。メディアで同期6人が紹介されるとき、名前すら呼ばれず「ら」と省略されることも多かった。

「当然『なにくそ』という気持ちが芽生えましたね。デビュー戦（1999年5月アビスパ福岡戦）では勝ったけど、3連敗してポジションを失った。その後1年以上リーグ戦での先発出場がなく、自分の力のなさを痛感しました。試合に出られないのはある意味納得はできたけど、三冠を達成したチームを見て、結果と勝利に対するこだわりが自然と強くなりました」

曽ケ端は2001年から守護神として数々のタイトルを手にした。その活躍は鹿島アカデミーに所属する選手たちの目指すべき姿となっている。彼に続いて野沢拓也や土居聖真も活躍。最近では、一旦高校や大学へ進んだあと鹿島とプロ契約を結んだ上田綺世や染《そめ》野《の》唯月《いつき》の例もあり、彼らは昇格できなかった選手たちが目指すモデルになるだろう。

未来に向けて戦略を立てる

2011年に発表された「VISION KA41」には、「トップチームのレギュラーのうち5、6名の選手が育成組織出身であること」と記されている。それに先駆けて2010年12月、ユースチームの監督にブラジル人のキッカが就任した。

第九章

アカデミー

「トップチームはブラジル人監督が指揮を執っている。ユース年代からそのやり方に慣れる意味で、ブラジル人指導者に来てもらった」と起用理由を語ったのは、育成責任者の高島雄大だ。

高体連の部活動では、長く同じ世代の育成にあたる名将がいるように、アカデミーの指導者も専門職という考え方ができる。ドイツのシャルケ04のU－19監督のノルベルト・エルガートは20年以上も同じ職に就き、クラブ要職として、力を発揮している。日本でもサンフレッチェ広島で森山佳郎が２００２年から10シーズン監督を務め、八度の日本一に輝いている。

10年あまり、育成責任者を務める高島のポジションは、監督でこそないものの、長期的な視野のもとでアカデミーを運営することは、子どもたちを育てるうえで重要だとクラブが考えていることが伝わってくる。

前述したように高島は、クラブ創設メンバーとして、試合運営などの仕事に就く一方で、ジュニアユースやスクールなどの育成部門にもかかわってきた。そのひとつが１９９８年より続く「日伯友好カップ」だ。毎年、U－15のカテゴリーの日本とブラジルのチームが参加する大会で、20年にわたり行われている。

「１９９５年から旅行会社主催で、ブラジルのジーコサッカーセンターに短期間滞在するキャンプがあり、僕も帯同したんです。このキャンプには伊野波《いのは》雅彦や増田誓志も参加しています。そのとき、ブラジルのトップクラブのアカデミーチームと練習試合をしたんですよ。純粋にうらやましいのと、頼めば試合ができることに驚いた。だったら、うちのアカデミーのチームにも経験させてやりたいと。当時、海外遠征をしているのは、高校生以上のチームが多く、中学生で海外の大会を経験する機会は、ほとんどなかったんです。

U－15、中学生で、海外での刺激を受ければ、その後が変わっていくだろうし、プロへ行くうえでも貴重な経験になると思いました。ジーコも『(当時の)ブラジルでは15歳以下のチームが州を越えて大会に出る機会がないから、ブラジルのチームにもメリットが大きい』と話していたので、複数のチームが参加する大会を目指したんです」

約20年間の大会に参加したブラジル人中学生のなかには、のちにブラジル代表やJリーグでプレーする選手もいた。日本でも鹿島アカデミー出身者はもちろん、数多くのJリーガーを輩出。2019年にはU－15日本選抜も参加している。

7日間でリーグ戦3試合、準々決勝、準決勝、決勝と最大6試合を戦うが、運営は大変だ。

「日本の大会のようなスケジュールを組むんですが、ブラジルなので、時間通りに実施するのがひと苦労なんです。ジーコが事前に『日本では時間厳守が当たり前』と言ってくれますが、運営担当の僕についたあだ名は『時間くん』。15分前になるとやってくるからって(笑)」

ブラジルで刺激を得ていたのは選手だけではなかった。高島も現地の指導者と会話を重ねることで、アカデミーの未来について考える機会が増えた。ブラジルでの出会いがキッカの就任につながり、そのキッカのもとでコーチを務めたのが熊谷である。

アカデミーの発展とアントラーズの未来

現在鹿島のアカデミーを形成するピラミッドは茨城県内に拡がり根付いている。スクールは県内17か所に千葉県の銚子スクールを加えた計18校があり、主に幼稚園児から小学生が参加。選抜チームとしてのジュニア（小学4年生以上）は鹿嶋とつくばに、ジュニアユース（15歳未満）は鹿嶋、つくば、ノルテの3チームがあり、鹿嶋に拠点を置くユースチーム（18歳未満）へとつながっていく。それらを統括するのが高島の職務だ。

「僕自身もスクールやジュニアユースの子どもたちとボールを蹴る機会がありますが、同時にコーチたちが仕事をしやすい環境作りの大切さを強く感じています」

高島にとって、心強いパートナーとなったのが、２０１８年に現役を引退した小笠原満男だ。

「現役時代よりもサッカーやっている時間が長いよ」

２０１９年にカシマスタジアムで会った小笠原は、そう漏らしながらも充実感を漂わせていた。同年3月、アカデミー・アドバイザーに就任している。

「1年目はアカデミーのすべてのグループをまわり、子どもたちとサッカーをしながら、指導者たちとコミュニケーションをとり、アカデミーがどういうものかを勉強しました。2年目以降はユースチームであと一歩でプロになれるかどうかという子どもたちに、サッカーだけでなく、自分がプロとして経験したこと、Jリーグやワールドカップ、クラブワールドカップやアジアチャンピオンズリーグなどの話や鹿島がどういうクラブなのかを話したりしています」

さらに２０１９年、柳沢敦がユースのコーチとして合流し、２０２１年からは監督に就任。小笠原もテクニカルアドバイザーとして、柳沢を支えている。２０１８年にトップチームのテクニカルディレクターに就いたジーコは、アカデミーの活動拠点の改善などの提言をしている。

Jリーグも２０１９年に「２０３０フットボールビジョン」を発表。世界水準の選手、レフェリー、指導者を育成するための環境作りを提言。各クラブのアカデミーに「ヘッドオブコーチング」を置き、彼らを通して、指導者を育成していくという。鹿島ではフィジカルコーチとして、長く鹿島や日本代表などで活躍した里内猛がヘッドオブコーチングに、サブヘッドオブコーチングには中村幸聖が就いた。中村は２０００年に大津高校から鹿島へ加入。２００６年にアルビレックス新潟で現役を引退すると、翌年から鹿島のアカデミーで仕事を始め、ジュニア、ジュニアユース、ユースでのコーチ、監督としての実績を持つ。

２０１９年には選手寮であるアカデミーハウスが新設された。クラブハウス徒歩圏内に完成した52部屋の個室のある寮で、ユースすべての選手が暮らす。１階の共有スペースには、食堂やラウンジ、ミーティングルーム、トレーニングルームや浴室がある。

第九章

アカデミー

「サッカーと普段の生活を切り離して、切り替えられる空間を意識して作られています」と話すのは、２０１７年に主務の仕事を離れて、クラブの総務（当時）となった長石博之だ。

練習着などの洗濯物や、シューズを個室へ持ち込まなくてもすむように、大量の洗濯物が干せる広いランドリールーム、メンテナンス後の靴を最大５００足乾かせるフックも壁一面に完備された。合宿に対応できる多目的ルームもあり、ユースだけでなく各年代のチームの利用が可能だ。指導者も当番制で寮に宿泊するが、就寝前の点呼や連絡伝達、消灯が主な仕事で、自由時間の過ごし方は選手に任されている。

２０２１年９月。「アントラーズの未来をみんなで」と題したアントラーズアカデミー専用グラウンド建設へ向けたクラウドファンディングが始まった。同年12月の完成を目指して着工された同施設の建設資金をクラウドファンディングで募ったのは、そこでトレーニングする選手たちが「多くの人に応援されている」と感じつつ、切磋琢磨してほしいという想いもあったという。もちろんグラウンドは地域の子どもたちにも開放される。クラウドファンディングに参加した人たちはアントラーズだけでなく、地域の未来にも貢献できる施策だ。

「今日も宿直でした（笑）」

監督となった柳沢は真っ黒に日焼けした顔で笑う。

鹿島ユースの選手は、２００４年から提携している鹿島学園高校に通っているため、授業が終わる夕方からがトレーニングの時間になる。

「通う学校が違うと練習時間が始まるときに選手が揃わないこともありますが、うちはそういうこともありません。寮が近くにあるので練習後すぐに食事を摂ることもできる。環境面では非常に恵まれていると思います」

柳沢は２０１５年から2年半、トップチームのコーチも務めた。トップとアカデミーとでコーチの仕事は違うのだろうか？

「子どもたちは、僕らが思う以上に悩んでいることが多い。いろいろな話をすることで見えてくるものもあるので、子どもたちと向き合う時間はとても大事だと実感しています」

ではコーチと監督の仕事の違いは？

「監督の仕事は決断することだと思います。スケジュール、練習メニュー、メンバーなど、多岐にわたります。僕はまだ経験も浅いので、コーチやスタッフと相談しながらという感じです」

現役時代から、柳沢は決して話が得意というわけではない。感情面でも温厚な印象が強い。それは彼自身も理解している。

「成長期にある子どもたちと向き合ううえで、何をどうやって話すのか、言葉をしっかり選びながら話さなくちゃいけないと常に意識しています。感情的になることも大事だろうし、怒鳴ったり、叱ったりということも必要だと思いますが、それだけではダメだと思っています。子どもは褒められたほうが、自信をつけてすごく伸びる。褒められてうれしくない人間はいない。でも、褒めればそれでよいわけでもない。よくないのに褒めるのは間違ってますよね。だからしっかりとした基準を持つべきだと思います。そして、スタッフ間でもその基準を共有することが大事だと。プロでも高校生でも同じですが、指導者は一定の基準のなかで、公平に選手を評価し、良し悪しや、足りないことを指摘しなければ、選手は納得できないので」

柳沢が志向するのは、攻撃的なサッカーだ。そこには積極的にボールを奪いに行くことも含まれる。「守備でも攻撃でも攻撃的なサッカーを目指したい」と柳沢は話す。

「選手たちが勝ちたいという欲を持つことが最も重要なので、それを引き出すような問いかけを意識しています。育成年代とはいっても、ユースの選手はプロ一歩手前の世代。勝つために必要なゲームコントロールを全員に求めています。そういう意味でも、数多くのタイトルを獲得し、勝ち方を熟知している小笠原満男の存在は大きい。ボールの獲りどころ、守備のタイミングなどをゲームや練習のなかで、リアルに伝えられるのは彼しかいない」

小笠原満男が語るアカデミー

では小笠原は現在の育成年代をどんなふうに見ているのだろうか？

「育成に入り、最初に感じたのは、相手にやられないような守備をするチームが多いということ。引いて守る、ボールホルダーから距離をとりながら守り、決して飛び込もうとしない。

でも僕は、『失敗してもいいから積極的にボールを獲りにいこう』と話しています。どうやってボールを奪うか、どのタイミングでといった感覚的なものは、プレーで示します。チャレンジすることでボールを奪える感覚を身につけてほしいから、『とにかく奪いに行け』と要求していますね。大事なのは、怖がらずにボールを受ける、ミスを恐れずにプレーすること。その重要性を伝えたい。ミスをすることは悪いことじゃない。たとえミスをしても、積極的にトライし、自分で獲り返すというのが大事な姿勢だと、僕はプロで世界を見てきて感じました。

プロや世界で通用する選手になりたいなら、1対1でいかに勝てるかが重要なポイントになる。もちろんグループで守る守備も必要ですが、個人で奪える選手は魅力的です。そうやって人との違いを生み出せるくらいじゃないと、上にはつながっていかないから。

育成なので、勝利だけじゃなく、選手個々を伸ばす必要性も感じています。でも勝つことを諦めるわけじゃない。選手だって勝ちたい。負けた悔しさより勝利のほうが得られるものは大きい。だけど、内容を度外視して、ただ勝てばいいというのでは、プロにつながる選手は生まれてはこない。育てながら勝つことがユースの理想。僕は両立できると思っています」

鹿島というクラブが、大事にしているのは選手の「自立」や「自主性」だ。

「鹿島だけでなく、代表でも数多くの監督のもとでプレーしてきました。監督が代わればサッカーも変わります。それに対応できなければ試合に起用してもらえない。鹿島では『臨機応変』という言葉をよく使う。ひとつのスタイルだけでなく、あらゆる戦術のなかでプレーできることが大事なんです。鹿島の選手が一番多くワールドカップに出場しているのも、どんなサッカーにも適応し、勝てる選手という意味で、評価、信頼されているからだと思います。

だから、ユースの選手にも『どんなサッカーでもできますよ』という選手になってほしい。

監督が絶対というチームを否定はしないけれど、うちは違う。柳沢監督が求めているのは、指導者が押しつけるのではなく、選手たちがアイディアを出し合って勝っていける集団。選手たち自らが考えられるようになることが重要で、目の前の相手にどうやって勝つのかを考える力を育むことを大事にしています。それはプロサッカー選手になれなくても、いろんな環境で生きていくうえでも役に立つ。指示を待っているだけの人間はどこかで息が詰まってしまうだろうし、どういう人生を送るにせよ、自分で考えて行動できるのは、すごく重要なことなので。

選手それぞれに適した形でヒントを与え、方向性は示すけれど、そこからは自分たちで思考し、プレーできる自立した集団として、試合に勝てるようになることを理想としています」

ひとつのスタイルには適していても、ほかのスタイルでは力を発揮できなければ、選手生命を維持することは難しい。鹿島にはレベルの高い選手が集まってきた歴史があり、彼らが日本代表で活躍するのも当然のように思えるが、小笠原が言うように適応力の高さを武器だと評価されたのだとすれば、ここに鹿島アントラーズのDNAがあるのだろう。

指揮官の戦略、戦術で縛ることなく、ピッチ上で選手たちが主導するプレーヤーズ・ファーストは、小笠原が語る鹿島アントラーズの特殊性の側面かもしれない。

「鹿島はすごく特殊なチーム。練習中の空気や勝敗に対するプレッシャーなど、いろいろあるけれど、2、3か月プレーしただけでは、鹿島のサッカーを完全に理解するのは難しいと思う。だから、小中高の年代からアカデミーで鹿島のメンタリティーや戦い方を教えていければ、18

歳になったとき、より完成された選手になれる。鈴木優磨が早くチームにフィットできたのも、町田浩樹や沖悠哉がチームの主軸になっていったのも、小学生のころから、ボールパーソンをやったりして、アントラーズをずっと見てきているから。どういうときにどういうプレーをすべきかをわかっていたんだと思います。そういう選手を次々送り出すようなサイクルを作りたい。トップの選手が海外へ挑戦するというときに、アカデミーから『次の選手のスタンバイはできています』というふうにしたいんです」

自身は現役時代、チームメイトに率先して教えることはしなかったという小笠原。

「教えるのは好きじゃないタイプでしたね。僕は人に言われたことじゃないことをやろうとする選手が好きなので。教え込まれた選手は、ある意味プレーも教科書通りのところがあるから、予想もつくのでボールが獲れる。でも、中村俊輔や小野伸二、本山雅志みたいに何をしてくるかわからない選手、基本通り、教科書通りじゃない選手のほうが面白かった。特に攻撃は破天荒くらいのほうが面白い。久保竜彦みたいに。僕も『アイコンコンタクトしましょう』と言われたとき、『見ないふりして出すからいいのに』って、一切、言うことを聞かなかった」

今はアカデミーの子どもたちに伝えたいことがたくさんある。

「Jリーグが始まったのは中学2年くらいのとき。子どものころはプロもなかった。ただサッカーが好きでずっとやりたくて、『ブラジルへ行けばプロになれるかな』くらいの知識しかなかった。僕らの世代はプロになりたいから頑張るんじゃなく、本当にサッカーが好きで、あいつに負けたくないとか、試合に勝ちたいから、必死になってサッカーをしていただけだった。

でも今はプロが身近にある。だったらもっと頑張れと。プロはそんなに甘くはないけれど、ユースの選手なら、あと一歩なのだから。『もっと本気で取り組もう。姿勢や気持ちは100パーセントなのか？』といつも問い続けています。『お前の100パーセントと大迫勇也、柴崎岳、鈴木優磨の100パーセントは全然違うぞ！』と話すだけでもメッセージは浸透していく。問答無用で、言い返せないでしょう？ そういう成功した選手の話をしてあげられるのも僕のメリットだと思うので。後輩たちの名前を使ってうまくやってます（笑）。

夢見ている子どもたちは、可愛いんですよ。目がキラキラしていて。

そんな子どもたちには、プロになってから、プロを感じるのではなく、より早くプロを知ってもらいたい。だから僕が『こうしておけばよかったなぁ』と思ったことを伝えたいんです。何をするかは人それぞれ違うけど、ひとつ言えるのは、『たくさん練習をして、努力しないとダメだ』ということ。『どうしたらキックがうまくなりますか？』と質問されても、回数を蹴るとしか答えられない。ただ、キックの質や種類も大事なので、同じインサイドキックを5時間やるんだったら、アウトサイドを使ったり、高さを変えたボールを蹴ったり、球種を磨くことも必要だとか、そういうことを伝えてあげられたらなと思います。

僕みたいに『悔しい、悔しい』と思って育つことのないように、少しでもよいプレーができるようアドバイスをしたいんですよ。でも結局は、彼ら自身がどう気づき変わっていけるか。他人の話を聞いて、いかに自分のものにしていけるかで、人生は変わっていく。柴崎岳や三竿《みさお》健斗はすごく吸収力があって、ひと言言っただけで、彼ら自身で整理できる選手だったし、人を見て盗む力もありました。結局そういう選手が伸びていくんです」

現在のところ、小笠原は「指導者も型にはまる必要はない」という気持ちもあり、指導者ライセンスは取得していない。

「今は、とにかくアカデミーの選手を上へつなげたい。トップチームにいる三竿健斗や遠藤康、永木亮太たちには、これまでいろんなものを伝えてきた。だから、今はプロを夢見ている子どもたちに、自分の経験を伝えて、トップのピッチに立たせてあげたいという想いが強いし、その仕事にやりがいを感じています。

リュックにアントラーズのキーホルダーをつけていたり、リストバンドしてボールパーソンをやっていたり。小さいころから、アントラーズを見て育ってきた子どもたちをカシマスタジアムのピッチに立たせてあげたい、立ってほしいなという希望や理想があるんです」

「小笠原は現役時代もそうでしたけど、行動力がすごい」と高島は言う。

「２０１１年のＫＡ41以降、つくばに練習拠点を作ったり、アカデミーは大きな組織になりました。現役時代のキャリアがないコーチも非常に勉強熱心で、彼らには彼らの武器やよさがありますが、鹿島のサッカーを伝えるうえで、『トップチームはこうだった』という小笠原や柳沢のような人間が必要です。今では（里内）猛さんのようにワールドカップや五輪で仕事をしたスタッフも加わりました（里内は２０２１年夏にトップチームフィジカルコーチ就任）。彼らにはほかの指導者にはない説得力があり、そのアプローチは、さすがだなと感じてます」

アカデミーの育成方針を可視化し、共有するために「アカデミーＤＮＡ」を２０２０年に作成。鈴木満も「目には見えない感覚的なものを文章化するのは、大変な作業だった」と話す。

そのなかで提示されたのが、「トップチームの主役を作ろう」ということ。トップ昇格選手を増やすだけでなく、主力、主役になれる選手を育成する。そしてもうひとつ柱があると高島。

「アカデミーにかかわる子どもたちの生活のなかで鹿島の存在を大きくするということ。食卓で『今日アントラーズの練習があった』『コーチがこんな話をしていた』と話題にのぼるようにしたい。みんながプロを目指しているけれど、その夢を叶えるのは１割以下。９割以上の子どもたちはプロにはなれない。ただ鹿島で必死にやってきたという時間は、人生のなかで、絶対にプラスになります。とにかく目標へ向かいがむしゃらに邁進した、鹿島のアカデミーにいた時間が有意義だったと思える活動をしてほしいという想いがあります」

トップチームの戦力、プロ選手を育てるだけでなく、地域の子どもたちを育むという役割もアカデミーにはある。各カテゴリーで海外遠征を実施しているのは、競技者の育成だけが理由ではなかった。高島が続ける。

「成長段階、大人になる前に海外を体験すること、世界を見る機会は非常に大きな刺激になります。日本のほうが恵まれていると実感するかもしれないし、その逆かもしれません。国内の生活だけでは、知り得なかったこと、見聞を広める機会です。今はコロナ禍で難しいですが、これからもこういう活動は意識的にやっていきたいと思っています」

柳沢は2シーズン、中村のもとでユースのコーチを務めた。そのときに感じたのは、トップに上がれない選手の存在だったという。

「中村監督がいつも言っていたのが、『子どもたちは10年近くアントラーズのエンブレムをつけてプレーしてきたとしても、ほとんどがプロになれずチームを離れざるを得ない。でも、そういう子どもたちがアントラーズ愛とともに社会に出て、応援してくれる存在になる』ということ。だから僕もそれを考えながら、今も選手たちに問いかけるようにしています。

そして、アカデミー出身の選手がトップチームの主役になれば、アントラーズはもっともっと地域の人に応援してもらえる存在になれるから」

柳沢は静かに微笑む。

トップチームの主役をアカデミーから輩出するという目標は、トップチーム昇格のハードルを下げることではない。ましてやトップチーム内でのポジション争いにはアカデミーや高体連、移籍組という出自は関係はない。そういう厳しさを失ってしまったら、鹿島アントラーズは鹿島アントラーズではいられなくなるだろう。

高体連ナンバーワンレベルの同期選手や日本代表選手と競い、勝たなければ主役にはなれない。チームや指揮官にはそういう環境を維持する決意が求められているのだ。

第十章

世界へ、そして

「大会の歴史としては
優勝したレアル・マドリードの名前が残るだけ。
そこに自分たちの名前を刻みたかった」

――柴崎 岳

「セレーゾ監督のもと、13～14年は若い選手を鍛えるというプランを立てた。13年の前半はベテランを使いながら、若手を鍛える。14年は若手のチャンスを増やし、少しずつ主力メンバーを替えていく。そして、15年にJリーグを制するという中期計画だった」

鈴木満は自著『血を繋げる。』でそう語っている。

長期政権も想定していたジョルジーニョが１シーズンで鹿島を去り、２０１３年はトニーニョ・セレーゾが再び指揮官に就いた。成績は２０１３年５位だったが、２０１４年には３位と上位につけ、ＡＣＬ出場権も獲得し、鈴木の想定通りの流れが生み出されていた。

２０１２年に加入した山村和也は、流通経済大学在籍時からロンドン五輪を戦う代表チームの中心選手として活躍し、数多くのクラブのオファーから、鹿島を選んだ。背番号４を託したことからも即戦力としての期待がわかる。ルーキーイヤーでは負傷もあり、先発定着には至らなかったが、監督が代わった２０１３年には、青木剛とＣＢでコンビを組み、主力に定着した。シーズン終了後に岩政大樹の契約を更新しないことも発表され（のちに、タイ・プレミアリーグのＢＥＣテロ・サーサナＦＣへ移籍）、山村が次のディフェンスリーダーになるかと思われた。しかし、翌２０１４年、ＣＢのレギュラー争いは一変する。

２０１４年の開幕戦、ＣＢとして先発したのは２０１１年に加入した昌子源だった。

「鹿島へ来て、自信は簡単にへし折られました。とにかくスピードが別モノ。スピードには自信があったのに、（興梠）慎三くんに簡単に置き去りにされてしまって。次元が違いましたね。そんな慎三くんを簡単にスライディングで止めていたのがイノさん（伊野波雅彦）でした」

昌子はある言葉をきっかけに、向上心をたぎらせる。それは、クラブ創設来、オフィシャルカメラマンを務めている櫻井由美の言葉だった。

「由美さんはずっと試合を撮っているので、選手のプレースタイルや特徴がよくわかる。たとえば（赤﨑）秀平とヤナギさん（柳沢敦）が似ているとか。僕のことはイノさんや（大岩）剛さんに似ていると言ってくれたんです。その言葉をきっかけに、イノさんのプレースタイルを盗んで、イノさんに近づこうとしました。ほかにも岩政さん、（中田）浩二さんや青木さんといい手本がアントラーズにはたくさんいた。なかでもコーチ１年目の剛さんには本当にいろんな話を聞きました。僕の専属コーチみたいな状態だったので、本当に運がよかった」

当時、中盤の選手に比べると、ＣＢの選手が少なかったことで、紅白戦の出場機会も多かった。伊野波とコンビを組み、興梠や大迫（勇也）というトップレベルのＦＷと対戦できるのも「贅沢」だったと昌子は２０１８年の取材で振り返っている。

「Jリーグの対戦相手でもこの2トップのような選手が揃うことはそう多くない。そういう相手とやれば、課題ばかりが出てくる。試合に出たいという気持ち以前に、自分に足りないところに気づかされ、それを補う時間を過ごしていました。『試合に出たい』ということだけを考えていたら、逆に出られなかったと思います。試合に出るようになっても、当然選手として未熟です。未熟なまま試合に出て、完成形へ向かっている最中です。試合での経験を積みながら成長していけるのも、出られなかった時間があったからこそだと思います」

トニーニョ・セレーゾは、２０１３年途中から昌子をCBで起用したいと考えていたが、6月、昌子は練習中に右膝外側半月板を損傷して手術することに。秋には練習へ復帰したものの、指揮官は再発を危惧し、昌子の起用を見送っていた。加入から4シーズン目になる２０１４年は、昌子にとっても、トニーニョ・セレーゾにとっても満を持してのタイミングだった。

そしてこの年、もうひとりのCBが台頭してくる。植田直通だ。２０１３年に大津高校から加入した植田は、U-17ワールドカップにも出場。各年代の日本代表で欠かせない選手だ。

「5チームくらいの練習に参加させてもらったんですが、そのなかで一番、試合に出るのが難しいのが鹿島だと感じたんです。CBだけでも、(岩政)大樹さん、青木さん、ヤマさん(山村和也)、(昌子)源くんがいて、(中田)浩二さんもいた。だから、迷わず鹿島を選びました」

1年目はナビスコカップでの出場はあったものの、リーグ戦の出場はない。

「普段の練習から相当必死だった。そういうときこそ、自分の考えを変えないほうがいいと学びました。自分がやってきたことをやり続ければ、必ず結果に結びつく。試合に出られないから何かを大きく変えるのではなく、必要なことを積み上げていく。そうすれば結果が必ず出ると信じられるのは、鹿島で辛い経験を重ねてきたから」

２０１４年はリーグ戦20試合に出場した植田だったが、２０１５年は12試合と出場数が激減。韓国人ＤＦ、ファン・ソッコが同年加入したことが大きかった。1月にはアジアカップを戦う日本代表にも追加招集ながら参加したが、クラブでの立場は確立できなかった。

「前日練習ではスタメン組だったのに、試合はベンチ外ということもありました。当時はまだ僕も若かったから、かなりイラついたこともありました。それが態度に出てしまったことも」

２０１５年のナビスコカップ決勝ガンバ大阪戦でもベンチ外となっている。

「３－０で勝利し優勝するのを僕はスタンドで見ていました。遠征メンバーには入っていたけれど、ベンチ外。だから、優勝してもうれしい気持ちにはなれなかった。セレモニーのときは、少し気持ちが荒れていました。ピッチでみんなが喜んでいるのに喜べなくて。コーチだったヤナさん（柳沢敦）に言われたんです。『お前が悔しいのはわかるけど、今は我慢して、こういう場所にふさわしく振舞え。次タイトルを獲るときは、必ずピッチに立っていろ』と。その言葉は刺さりましたね。選手としてだけでなく、ひとりの人間として大切なことです。それ以降は、自分の立場に関係なく、チームが勝てば自分が出ていたかのように喜べるようになりました。『こいつはチームのために戦っている。チームとともに戦っている』と監督やチームメイトに伝わり、信頼につながると思います。ヤナさんに言ってもらえて、本当によかった」

声をかけたのは、柳沢がコーチだからだ。通常、チームメイト、先輩が世話を焼くようなことは少ないと植田は話す。

「鹿島は、先輩が後輩にアドバイスをするようなチームじゃないと思います。でもそれは『自分で乗り越えろ』という、最大の優しさだと僕は思っています。そっと見守るというか、そういう感じで。ただ何かを質問すれば、必ず答えてくれます。そのときも、すべてを教えるわけじゃない。自分で気づくことが一番大事だと思わせてくれたのも鹿島の先輩なんです」

背番号にかかる重圧

昌子は2015年シーズンから背番号3をつけた。しかし、ファーストステージ8位で終わったという現実は、レギュラーとして2シーズン目の若いDFを苦しめる。

「（岩政）大樹さんから、『お前がつけろ』と言われた背番号。『つけさせてもらえるなら、つけたい』と。秋田（豊）さん、金古（聖司）さん、大樹さんと歴代の方の名前を見て、重責であることはわかっていたけど、まだ本当の意味はわかっていなかったかもしれません」

重責によるプレッシャーからなのか、慎重さがプレーを小さくする。

「きつかったですね。ただがむしゃらにプレーしていたころと違い、試合に出始めて2年目の2015年はミスも増え、周囲の眼も厳しくなりました。『秋田さんや大樹さんのようにヘディングで点が獲れない』など、過去の3番と比較されることも多かった。サポーターから直接『その背番号をつける資格はない。ほかの選手に譲ってくれ』と言われたこともありました」

同じ背番号で同じポジションに立ったとしても、選手のプレースタイルは違う。サッカーも日々進化していく。ボールの奪い方やビルドアップ、パスなど、CBが求められるものも変わって当然だ。「自分の強みを磨く」という想いを支えたのは、岩政の言葉だった。

「大樹さんの『お前は秋田さんや俺と同じじゃないから、俺らの真似はしなくていい。だけど、ディフェンスリーダーという魂は受け継いでくれ』という言葉に救われたというか、『俺はプレースタイルじゃなくて、魂を受け継いだ3番だ』と考えられるようになりました。ディフェンスリーダーとして、しっかりチームを締めるとか、守り切る……それが僕の継承する『背番号3』なんだと。厳しい声があるなか、俺がミスしても『鹿島を背負って闘ってくれると信じています』と励ましてくれるファンの方もいて、『応援してくれるみんなのために、鹿島の3番のユニフォームを着てくれている人たちのために』と思えた。信頼の声は力になりました」

失点はすなわち敗因に直結する。CBはサポーターからの攻撃の的になりやすいポジションだ。だからこそ、強い心と冷静さが求められる。それを培うのは現場に立った経験しかない。

「厳しい声を非難と受け取れば、ただただ苦しいだけ。でも、その声も僕が結果を残せば、称賛に変えられる。『今に見ていろ』と思えば、厳しい指摘も力に変えられた。当時は自信も経験もないから、周囲の声を気にしすぎて惑わされてしまったけれど、徐々にそういう声は気にならなくなった。厳しい声のなかで試合に出て、『鹿島の背番号3』になれたと思います。とにかくメンタルが鍛えられた。『僕は僕のやり方で闘うだけだ』と開き直れたんです」

植田もまた「鹿島のＣＢ」というプレッシャーが自身を育てたと話す。

「鹿島の歴代ＣＢというのは、誰が見ても本当にすごい方たちばかり。そういう方々と比べられることも多い。だから鹿島のＣＢということに誇りを持っていたし、鹿島のエンブレムを背負うというのは日本を背負うこと。僕は鹿島に入ったときからずっとそういう想いでやってきました。試合に出られないときの悔しさが、今の僕を作っていると思うし、悔しさを忘れないことが、今の僕の教訓です。これから先、そういう壁にぶち当たったとしても、鹿島での経験があるから、これからもやっていけると思っているので、忘れずに大事にしていきたい」

２０１８年にベルギー１部のセルクル・ブルージュへ渡り、その後は２０２１年にフランス、ニーム・オリンピックへと移籍した植田。日本代表でもベンチ起用が続いたが、彼の心には今も鹿島での日々が生き続けているのだろう。


２０１５年の鹿島は前述通りファーストステージ８位のリーグ戦だけでなく、ＡＣＬもグループステージで敗退。鈴木満は当時、次のように話している。

「（トニーニョ・）セレーゾは若手を鍛えるうえで、適任者だった。鹿島のことをよくわかっているし、クラブの歴史を伝えることもできる。ただ、ある程度選手が成長し、自分たちで考えてプレーしなければいけない段階になっても、事細かく指示を出すので、それが選手を縛ってしまう。セレーゾとは『自分が育てた選手をもっと信用してもいいんじゃないか』と話し合いを重ねたが、変わることはなかった」

鈴木はセカンドステージ第3節、対松本山雅ＦＣ戦に敗れたことで、監督交代を決断する。後任の石井正忠は、１９９２年から１９９７年まで在籍。１９９８年に現役を引退すると、鹿島で２００２年から２０１１年までフィジカルコーチ、２０１２年からはコーチとして長きにわたって仕事を続けてきた。実は２０１５年はコーチとして最後のシーズンと約束していた。監督ができる場所へ送り出したいという想いが鈴木にはあったのだ。

監督交代は大きな変化をチームにもたらした。石井の就任後、チームは6連勝を飾り、首位に立つ。その後ナビスコカップで優勝し、セカンドステージは最終2位に。

「監督を代えたのがセカンドステージ第4節。『ファーストステージ終了後に監督を代えていればセカンドステージで優勝できたのでは？』と言われるけれど、石井が成功したのは、あのタイミングでの監督交代だったから」

鈴木満はそう話す。監督が代わることでチーム内の空気は一変する。カンフル剤としての効果は大きい。第5節終了後には代表ウィークによる中断期が2週間あり、負傷離脱していた柴崎岳の復帰に加えて、石井がチームを整えるための準備期間を得ることができた。

石井によってチャンスを与えられた選手のひとりが鈴木優磨だった。２０１５年にユースから昇格したものの、ファーストステージはベンチ入りすらできずにいたが、9月12日のガンバ大阪戦に途中出場でプロデビューを飾ると、終了間際に初ゴールを決めてみせた。

「デビュー戦でのゴールだけにスポットライトが当たりますが、そこまでの時間は本当に苦しかった。トップに昇格してもＦＷの序列では一番下。紅白戦でもなかなか使ってもらえなかった。ＡＣＬがあり過密日程なのに、ベンチ入りもできなかった。監督が代わったので、変化に期待したけど、紅白戦での立場はあまり変わらなかった」

しかし、その紅白戦で、途中出場ながらもよいプレーを見せた鈴木は、石井の初采配となった7月25日のＦＣ東京戦で初のベンチ入りを果たす。

「紅白戦に出られたら、ベンチに入りたい。ベンチに入れたら、試合に出たい、先発出場したいというふうに、ギラギラとしたやる気が満ち溢れた。段階を踏みながら、欲が芽生えてきた」

２０１８年の取材で鈴木はそう語っている。

トニーニョ・セレーゾが耕した土で芽吹き、石井によって大きく花開いていくこの時期、２０１５年のナビスコカップ優勝がチームにもたらした影響は大きかった。

新戦力の台頭でタイトル奪取へ

２０１４年に加入したＳＢの山本脩斗は、早稲田大学卒業後、ジュビロ磐田に6シーズン在籍するも、出場時間が１５００分を超えたのは2シーズンのみ。２０１３年の出場は４１７分にとどまっていた。しかし、東北出身者の山本は東日本大震災復興支援マッチにトニーニョ・セレーゾのもとでプレーする機会を得たことで、鹿島への移籍のチャンスを掴む。加入初年度で開幕スタメンを飾ると32試合に出場。指揮官からの厚い信頼に応えた。

第十章

世界へ、そして

「開幕3連勝できたことで、うまくチームに入っていけた。試合に出て、勝つことによって、いろんな自信が少しずつ積み重なり、身についたと実感できました。ＳＢはＣＢ、ボランチを中心に、サイドハーフ、ＦＷなどそれぞれのポジション、選手との関係性が大事だと感じました。連携、つながりがあるからＳＢは活きると。リスク管理、攻守にわたり連動することで威力が増す。鹿島でＳＢとして育ててもらったと思っています」

28歳で飛び込んだ新天地で、山本は手応えを得ていた。そして、翌年のナビスコカップ決勝で、タイトルを手に入れるために勝ち切ることがどういうことかを知る。

「（小笠原）満男さんが、開始10～20分間で、『勝ち切るために90分間どう戦わなければならないのか』を示してくれました。その姿やオーラ、雰囲気は今でも覚えています。それこそ強い気持ちとはどういうものなのかを教えてくれました。これは試合に出なければ感じられないし、決勝の舞台に立ったからこそ味わえたもの。優勝できたことで、『また優勝したい』と思えるようにもなった。下の世代にそれを見せるためには、クラブとしてその舞台に立つ機会を作らなくちゃいけない。言葉で伝えるより、そういう経験をともに味わえるように」

２０１８年秋に話を聞いた山本は、爽やかな空気を醸し出しながらも、「これから先も勝ち続けなければいけない」と高い熱量を込めた言葉を発していた。

２０１６年には、東京ヴェルディから三竿健斗、清水エスパルスからブエノ、櫛引政敏《くしびきまさとし》（期限付き）、といったリオ五輪世代の若手が加入。ブエノと千葉国際高校（現翔凜高等学校）で同級生だったカイオ（２０１４年加入）も同世代。加えて、東京五輪世代となる町田浩樹をはじめ４人の選手がユースから昇格。即戦力として永木亮太が湘南ベルマーレから加入した。

ファーストステージ開幕戦の先発は以下の通り。

ＧＫ曽ケ端準、ＤＦ西大伍、植田直通、昌子源、山本脩斗、ＭＦ柴崎岳、小笠原満男、遠藤康、中村充孝《あつたか》、ＦＷ赤﨑秀平、金崎夢生。

スタメンの座を手にした植田は昌子とコンビを組み、主力に定着する。ディフェンスライン、そしてボランチはこのメンバーで固まったが、攻撃的ＭＦやＦＷは金崎を軸に中村、赤﨑、土居聖真、カイオ、そして杉本太郎、鈴木優磨らが競う。

ファーストステージ第10節を終えて、６勝２分２敗で３位につけると、第16節で首位に立つ。終盤６連勝で逆転優勝を飾り、チャンピオンシップへの出場権を手にした。

昌子、植田の若いＣＢコンビは17試合失点10と奮闘。４月14日、16日と故郷熊本が地震に見舞われた植田にとっては、特別なシーズンだった。失点が少ないのは前線からのハイプレスの影響も大きい。高い位置でボールを奪えれば、得点機も増え、勝機につながるからだ。

「ステージ優勝したけれど、それだけではリーグを獲ったことにはならない。ユニフォームに星はつけられない」と鈴木満は選手に訴えた。

Ｊリーグでは２０１５年、２０１６年シーズンを２ステージ制にし、上位チームで年間王者を決めるチャンピオンシップ（トーナメント）を戦うことになっていた。

しかし、一転、セカンドステージの鹿島は低迷する。

リオ五輪出場のため植田の不在が響いたのか、第7節時点で失点12とファーストステージを上回り、堅守を武器に飛躍したチームは、混迷の闇へ引きずられたかのように不安定だった。もちろん、勝利した試合もあるため、敗因はひと言で片づけられない。

そのうえ8月27日、第10節対横浜F・マリノス戦は、石井監督が体調不良で帯同できず、コーチの大岩剛が代行で指揮を執る事態に。

鈴木満は先に紹介した『血を繋げる。』で次のように語っている。

「16年の夏、石井監督はチームがまとまりを欠き、一丸となっていない責任を感じた。『すべては自分のせいだ』と思い悩んだ。8月27日の横浜F・マリノス戦の前日、『もうこれ以上、監督はできません』と涙ながらに訴え、その日の指導はできなかった」

鈴木は石井に代わる監督人事に着手したが、その後、石井からの続投希望を受け入れた。

ファーストステージ優勝によって、選手たちはある種の自信を手にし、チーム内でも活発なコミュニケーションが行われるようになっていた。鹿島では当たり前の風景で、「かつての空気が戻ってきた」という声もあったが、セカンドステージの勝てない現実が、選手たちの迷い、不安を招き、疑心暗鬼を生じさせたのかもしれなかった。コミュニケーションの質が変わった可能性もある。もしそうならばチームメイトからの要求はエゴと映り、選手それぞれの目線の違いは、チームから一貫性や団結力を奪っただろう。

しかし、監督が辞意を漏らすほど思い悩んだという事実は、チーム状態を見直す機会にもなったはずだ。復帰した石井も強くメッセージを発信することで、チームの方向性を明確に示そうと努めた。だが、終盤に4連敗。セカンドステージは11位という順位で終わった。

しかし、チャンピオンシップがある。

チャンピオンシップ、再び

年間勝ち点1位の浦和レッズ（74ポイント）、2位の川崎フロンターレ（72ポイント）と3位の鹿島（59ポイント）と、勝ち点差が大きく開いていることもあり、戦前の予想では、浦和の待つ決勝へ向かうのは川崎との見方が大半を占めていた。しかも鹿島は川崎や準決勝が行われる等々力陸上競技場との相性がよくないことは過去のデータが示している。

11月23日、チャンピオンシップ準決勝。

拮抗した展開で前半を0－0で終えた鹿島だが、このままでは決勝には進めない。勝利しかない。後半に入り、試合が動く。

50分、山本から放たれたクロスボールを金崎がヘディングでゴールへ叩き込む。セカンドステージでは2得点だったエースが、チームを鼓舞するように吠えた。

以降、川崎の猛攻を文字通りチームはひとつになって、守り、逃げ切った。

第十章

世界へ、そして

11月29日、カシマスタジアムでの決勝第1戦。対する浦和との相性も決してよくはなかった。ミハイロ・ペトロヴィッチ体制になった２０１２年以降、リーグ戦は1勝2分7敗と大きく負け越している。

前半、鹿島のシュート数はゼロだったが、浦和の攻撃を食い止めることには成功した。しかし57分にＰＫを与えて浦和が先制。その後、鹿島はハイプレスからの反撃に転じると11本のシュートを放つもゴールは遠く、0－1で第1戦を落とした（浦和のシュートは90分通して5本）。しかし、選手たちの落胆の色は薄い。どこか吹っ切れた様子にも見えた。

12月3日、埼玉スタジアムでの決勝第2戦。

チャンピオンシップは2試合の勝利数が多いチームが優勝となるレギュレーションだが、勝利数が並んだ場合は、次のような順番で決定される。

①2試合の得失点差。②2試合におけるアウェイゴールの数。③年間勝ち点1位チーム。

浦和は引き分け以上で優勝が決まる。対する鹿島は、1－0の勝利では、タイトルを手にできない。優勝するには、2点以上を決めて勝つしかなかった。

開始7分。興梠慎三のゴールに埼玉スタジアムが揺れる。しかし、鹿島が慌てることはなかった。先制点を許しても、「2点以上決めて勝つ」という条件は変わらないからだ。

もちろん、失点をこれ以上許すわけにはいかない。この日先発に復帰した柴崎を2列目で起用したのも高い位置からのボール奪取というチームの方向性を示していた。

浦和は低い位置でブロックを形成し、自陣を守り、カウンターで鹿島ゴールを脅かす。チャンスが生まれない展開にも焦れることなく、鹿島の選手それぞれがやるべきことを遂行する。40分、ディフェンスラインからのロングパスに遠藤が競り勝つと、スペースへ抜け出し、クロスボールをゴール前へ送った。「岳がマーカーをひきつけてくれたので、夢生がフリーになっていた。正確なクロスを上げるだけだった」という遠藤のイメージ通り、金崎が体ごと飛び込む。ダイビングヘッドでのシュートはＧＫの手を弾き、ゴールへ吸い込まれた。

前半終了間際の得点で、流れをつかんだ鹿島が後半も主導権を握るが、2点目が遠い。

金崎のパスを受けたのは、58分遠藤に代わり出場した鈴木優磨だった。ペナルティエリアへ進入するとファウルで倒され、ＰＫを得る。それを金崎が蹴り、鹿島が２－１でリードしたのが79分。攻勢を強める浦和をはね返し、鹿島のゴールは堅く守られた。

第2戦は２－１で鹿島が勝利。勝利数、得失点差では並んだが、アウェイゴール数で上回った鹿島が２００９年以来のリーグ王者に立った。

かつて三連覇を成し遂げた時代の選手は、小笠原満男や曽ケ端準だけで、大半の選手は若く、鹿島というチームもまだ未成熟だった。選手たちはチームを構築する手がかりをつかもうと試行錯誤を繰り返していた。一つひとつのプレーを精査することが自分たちを磨く時間になったと、チャンピオンシップで証明できた。

彼らが得た自信の大きさは、続くＣＷＣの舞台で力強く輝く。

第十章

世界へ、そして

初のクラブワールドカップ挑戦

12月8日、横浜。第1ラウンド対オークランド・シティーＦＣ戦（ニュージーランド／オセアニア代表）では終了間際に途中出場の金崎が決勝ゴールを決めて2－1と勝利。

12月11日、大阪吹田。第2ラウンド対マメロディ・サンダウンズ戦（南アフリカ／アフリカ代表）でも、遠藤、金崎のゴールで2－0と快勝。植田が公式戦6試合ぶりに先発出場した。

12月14日、再び大阪、吹田。準決勝は南米王者であるコロンビアのアトレティコ・ナシオナルとの対戦。過去、同大会に出場したアジアのチームは、南米やヨーロッパの王者に勝てず、最高順位は3位だった。

開始から30分近く南米代表の猛攻をしのぎ続けてきた鹿島にチャンスが訪れる。数分前に西大伍が倒されたシーンをＶＡＲ（ビデオアシスタントレフェリー）がファウルと判定し、得たＰＫを33分に土居が決めて先制。後半も相手の攻撃の勢いは落ちない。それでも失点しなければ勝てる。割り切った戦い方ができた。シュート24本を打たれながらの完封勝利。チームとしての守備が得点につながり、3－0と完勝する。

そして、アジアのクラブで初めて、世界大会の決勝舞台へと駒を進める。

12月18日、横浜国際競技場。決勝の相手はヨーロッパ代表、スペインのレアル・マドリード

ＣＦ。当時公式戦36試合無敗記録を持つ相手でも、鹿島の選手たちはタイトル獲得を目指す。苦しい展開でも粘り強く戦い勝利してきた3週間あまりの激動の経験と手応えが、疲労よりも闘志をもたらしていた。

ＧＫ曽ケ端準、ＤＦ西大伍、植田直通、昌子源、山本脩斗、ＭＦ小笠原満男、永木亮太、遠藤康、柴崎岳、ＦＷ金崎夢生、土居聖真というラインアップで白い巨人の前に立つ。

レアル・マドリードが日本のクラブを脅威に思うわけもない。鹿島はキックオフ直後から激しさをみなぎらせる。試合のペースを相手に握らせないという意志の表れだ。9分に曽ケ端が弾いたシュートのこぼれ球をつめられて先制を許すが、動じることはなかった。

前半終了間際の44分、トラップで相手のマークを外した柴崎が放ったシュートがレアルのゴールを割る。前半のうちに追いつけたのは大きい。しかも、52分にも柴崎のミドルシュートで追加点。2－1とリードする展開に、欧州王者のギアが上がるのがわかった。

２０００年から始まったＣＷＣ決勝で、ヨーロッパ代表が2点を失ったのは、２００７年のＡＣミラン対ボカ・ジュニアーズ（4－2）しかない。南米各国の代表選手の多くが欧州でプレーするようになり、世界のサッカーの中心はヨーロッパに移っている。にもかかわらず、日本の、しかも日本人だけで構成されたチームに2失点を許した。この展開に世界中のサッカーファンの目はくぎ付けになっただろう。

ＰＫを得たレアルが、これを60分にクリスチアーノ・ロナウドが決めて2－2としたところで残り時間はおよそ30分。レアルの得点機を曽ケ端が阻み、選手一人ひとりが連動した守備で失点を許さない。そして、試合は延長戦へ。98分、１０４分とクリスチアーノ・ロナウドのゴールで２－４とされたところで、試合終了の笛が鳴った。

レアル・マドリード相手によくやった。よく頑張った。誰もきっとそう思ったはずだ。しかし、そんな言葉は鹿島への労いにはならなかった。シュート数はレアル30本、鹿島11本。それでも選手たちは「勝てる可能性」を感じていた。悔しさしか残らない。柴崎は試合後に語っている。

「前日会見でも言いましたけど、２位も最下位も一緒なんです。大会の歴史としては優勝したレアル・マドリードの名前が残るだけ。そこに自分たちの名前を刻みたかった。２ゴールしたとはいえ、チームを勝利に導けなかったことは悔しいです。最後の最後、相手のクオリティのほうが高いなと思ったので、そこがまだまだ課題だと思います」

「ＡＣＬを勝ち抜いてまたここに戻って、チャンピオンになりたいという気持ちになった」と語った小笠原は、２日後の12月20日のＪリーグアウォーズのステージで次のように語っている。

「１年を通じて安定した戦いをし、勝ち点を積み重ねたのは浦和レッズです。敬意を表したい」

優勝を手にしたのは鹿島だったが、強かったのは浦和だという想いがあったのだろう。

休む間もなく、天皇杯の戦いが控えていた。12月24日の準々決勝、12月29日の準決勝に勝利し、２０１７年１月１日、決勝戦では延長の末に川崎を2－1と下して、十九冠を達成する。

18分のシーンが印象的だった。川崎のファウルでプレーが止まる。そのとき川崎の選手が蹴ったボールが倒された小笠原に当たった。小笠原は川崎の選手に詰め寄り、両チームの選手が一瞬エキサイトする。試合後このシーンについて聞かれた小笠原は言った。

「怒っていたわけじゃなくて、パフォーマンスのひとつ。そういう細かいところにこだわって、（試合の）流れを引き寄せるじゃないけど、闘うんだぞって示したかった。早いリスタートだとか、そういう駆け引きはこのチームで学んできたものだから」

先発出場した赤崎秀平は、「満男さんは決勝になると凄みが増すんですよ」と笑う。

「満男さんやソガさん（曽ケ端）は、疲れや痛みがあっても、練習で手を抜かない。そんな姿勢や背中が僕らに示してくれるものがある。それが最後の最後にチームの差として出た。円陣を組んだときに満男さんが『11人だけじゃなくて、それ以外のメンバーやベンチ外のメンバーがしっかりやってくれるから、あそこまで行けたし、今日もここまでこれた』と言ってくれた。あの一言で試合に絡んでいないメンバーも救われた部分がある。今日もチーム全員で戦えた。このいい雰囲気はこれからも引き継いでいかなくちゃいけない」

約1か月の間で三度の決勝を戦い、ふたつのタイトルを手にしたが小笠原に笑顔はない。

「自分もタイトルを獲って成長してきたけど、今いる選手ももっともっと成長して、そういう伝統をつないでいきたい。大事なのは本当にこれからだから。来シーズン勝てなかったら、意味がない。勝って勝ち続ける。来シーズンはACLもあるし、1シーズン制に戻り、安定した力が必要になる。過密日程でも勝ち方というのを覚えていかなくちゃいけない。タフにならなくちゃ、勝ち抜けない」

ファーストステージで優勝したものの、セカンドステージでは失速。その悔しさは彼の心に深く刻まれているのだろう。だからこそ、「もっと強く」と願い、その言葉を繰り返す。

チャンピオンシップに続き、天皇杯も鹿島に奪われた中村憲剛は、「鹿島には積み重ねてきた、『常勝』という歴史がある」と当時を振り返る。２０１６年には歴史を作った選手はわずかになっていたが、チームとして勝ち方を知っているということなのだろう。

そして、中村は２０１７年にリーグタイトルを手にする。川崎の初タイトルは鹿島から奪ったものだった。

２０１７年、鹿島は再びシーズン途中での監督交代を行うことになる。

２０１７年の誤算

２０１７年１月、柴崎がスペイン2部のＣＤテネリフェへ移籍。アルビレックス新潟からレオ・シルバ、ヴィッセル神戸からペドロ・ジュニオールが加わり、全北現代モータースからはクォン・スンテが加入した。Ｋリーグで3年連続ベストイレブンに選ばれ、韓国代表でもあったＧＫを曽ケ端はどう受け止めたのだろうか？
「特別何かを思うことはありませんでした。過去に櫛引（政敏）もそうですし、若くていい選手が加入してきました。もちろんスンテのように現役の代表というのはなかったけれど。移籍してくる誰もが『ベンチでいい』という気持ちでいるわけじゃない。僕は常にそういう選手との競争だと自覚し、覚悟している。厳しい競争がある環境のほうが僕には合っている」

開幕戦は落としたもののその後４連勝もあり、第10節終了時点で７勝３敗ながら鹿島は首位に立つ。ＡＣＬもグループステージで４勝２敗、勝ち点12の首位でラウンド16進出を決める。しかし、リーグ第11節で神戸に敗れると、続く第12節川崎戦と連敗した。

ホーム・アンド・アウェイで戦うＡＣＬラウンド16、第１戦を中国で広州恒大と戦う。気温28度、湿度83パーセントという蒸し暑さと４万人近いサポーターの熱気のなかで行われた試合は、西、植田、町田、レオ・シルバ、遠藤が負傷欠場。本来ボランチの三竿健斗をＣＢで起用。

広州の出足は緩やかだったが、鹿島は攻勢に出られなかった。ボールの失い方が悪く、カウンターでピンチを招く。後半は広州の攻撃の勢いが増し、０－１で落とした。
「攻められてはいたけれど、『やられている』という感じはなかった。でも、失点したＣＫの場面は足が止まってしまった。疲れが見える選手もいたけれど、集中が切れないように、俺や（三竿）健斗がずっと声を出し続けてはいました。ＡＣＬはＪリーグと違い、相手は挑発したり、イヤらしいプレーもしてくる。そのなかで、最後は意地でもマイボールにする気持ちの差が出た。得点のチャンスはあったのに、みすみすそれを逃してしまった」と昌子。

「ホームでの試合が残っている」と誰もが口にしたが、公式戦3連敗となり空気は重いままだ。


1週間後の5月30日、カシマスタジアムでの第2戦。

ＣＢに植田が戻り、西も復帰。開始から攻撃的な姿勢を示し、28分に先制するが、鹿島の突破条件は2点差以上の勝利。広州が有利なのは変わらない。後半に入ると第1戦同様に広州の圧力が増していく。55分、相手のロングスローがゴール前に転がる。素早く反応した広州のパウリーニョに押し込まれ、同点弾を許す。鹿島はあと2点が必要になるが、2点目を途中出場の金崎が決めたのは91分。またもラウンド16の壁に阻まれた。

試合後は多くの選手が「切り替える」ことを主張していたが、それは可能なのかという思いに囚われた。チームに漂う停滞感がぬぐえない。２０１６年終盤のチャンピオンシップ、ＣＷＣ、天皇杯とトーナメントを勝ち上がったときの勢いはない。勝てないのだから当然だが、トニーニョ・セレーゾから石井に代わったときのような、起爆剤としての監督交代があるのではとも思った。結果を知っている今となっては説得力もないのだが、そんな予感がわずかにせよあった。それほどイヤな空気だったのだ。

5月31日鈴木満は監督交代の決断を下す。後任はコーチの大岩剛だった。

初采配は6月4日アウェイでのサンフレッチェ広島戦。スターティングメンバーにはそれまでリーグ戦で先発機会のなかった中村充孝やレアンドロ、三竿健斗の名前が並んでいた。土居と鈴木優磨の2トップは、土居が少し下がりながら中村、レアンドロと流動的にポジションを変える。前半だけで中村とレアンドロ（2得点）が得点し、3－1の勝利。以降9試合負けなし（8勝1分）という好成績を残す。大岩体制で先発を続けたのが三竿だった。

東京ヴェルディのアカデミーで小学生から育った三竿は、高校卒業後トップチームに昇格し、２０１５年にはJ2で39試合に出場。複数のオファーのなかから、鹿島入りを決断する。

「ファンだった鹿島への移籍が決まってうれしかった。鹿島はレベルの高いチームですが、試合に出られないとは思っていませんでした。そういうなかで、成長のきっかけがつかめると」

しかし、移籍初年度の２０１６年は4試合しか出場していない。

「プレッシャーの速さがまったく違いました。パスコースが空いていると思ってパスを出しても、すぐに奪われる。パスを誘われていたんです（笑）。自分が強みだと思っていた守備も、誰もが普通にやっていた。本当にレベルが高くて、力不足を感じることばかりでした。（小笠原）満男さん、（永木）亮太くん、（柴崎）岳くんを見て、学ぶことも多かった。いろんなタイプの選手がいるので、サッカーノートに書くことがたくさんありました」

20歳という若い選手だからこそ、伸びしろも大きい。

「試合に出られないから、練習するしかなかった。そうすると、できなかったことができるようになったり、失敗が成功へ変わるときの達成感がありました。誘われてパスを奪われることもなくなり、逆に僕が相手を油断させて、ボールを奪ったときには小さな喜びを感じることも。当時の鹿島では、試合に出られない選手がめちゃくちゃ努力していたので、相乗効果で、『自分も負けられない』となれた。２０１６年は、紅白戦で控えのチームが勝つことも多かったですね。控えチームが強いときはチーム自体が本当に強い。優磨はベンチ入りし、途中出場で点も決めていましたけど、あいつの『やってやろう』という感じは、当時の僕にはまだ足りないものでした。だから、『試合に出たい』という気持ちを表現しようとギラギラした姿勢で練習するようになったし、それが試合出場につながったと思います」

大岩はコーチとして、三竿の言うところの控え組の熱量に触れてきた。だからこそ、起用された選手たちは溜めてきたものを吐き出し、それが結果につながったのだろう。

8月9日第21節、対神戸戦を前に、金崎の神戸移籍が取り沙汰された。好条件のオファーだったが鹿島残留を決意し、金崎はそれを示すかのごとく逆転の2発を決めてみせた。

監督交代前の第12節は6位だったが、この日の勝利で鹿島は首位に立つ。

続く第22節、4位の川崎と対戦し敗れたものの、その後5連勝で首位を堅守。第27節終了時点で2位川崎との勝ち点差は8ポイント。鹿島が第28節、第30節を落とすなか、川崎は第20節以降11試合負けなし（8勝3分）と追いすがってきた。第31節鹿島が勝利し、川崎が引き分けたことで、勝ち点差は4ポイントに。第32節は両者が勝利し、残り2試合となった第33節、鹿島が勝ち点3を積み上げれば、優勝が決まる。舞台は整った。

11月26日。カシマスタジアムに柏レイソルを迎えた一戦は決勝戦という意気込みで挑んだはずだったが、結果はスコアレスドロー。優勝を飾ることはできなかった。

浦和のACL決勝戦の関係で、川崎の第33節は11月29日に開催された。ここで川崎が敗れれば、鹿島の優勝が決まるわけだが、浦和は川崎を止めることはできなかった。

優勝の行方は最終節に持ち越される。

2017年12月2日、鹿島はヤマハスタジアムでジュビロ磐田、川崎はホームで大宮アルディージャと戦う。川崎は開始1分に先制点を決めると、その後も順調に得点を重ねていく。

一方鹿島は、苦戦していた。14分に西の負傷交代というアクシデント。43分には植田のヘディングシュートがゴールネットを揺らしたが、相手と交錯した昌子にファウルの判定でノーゴール。このシーズン堅守速攻を武器に成績を上げていた磐田は、鹿島が攻勢を見せた後半も粘り強く守り、両者のスコアは動かないまま試合が終了した。

川崎は勝ち点3を積み上げたが、鹿島は1ポイントどまり、勝ち点72ポイントで並ぶ。得失点差で川崎が逆転。鹿島はタイトルを獲得することなく、シーズンが終わった。

掴み損ねたものの大きさ

2007年シーズンには終盤の9連勝で、鹿島は浦和を抑えて逆転優勝。このとき浦和は勝利すれば優勝が決まる鹿島戦に敗れ、続く最終節でも横浜FC相手に勝利できなかった。

2008年に川崎の優勝を阻み、勝ち点2差で逆転優勝したのも鹿島だった。

リーグ終盤で勝ち切れず、タイトルを逃したチームが味わった想いは心に深く刻まれる。

「最後に三竿（健斗）くんが倒れているのを見て、自分の川崎戦のことを思い出した」

磐田の一員としてプレーした中村俊輔は、鹿島との最終戦のあとそう話している。

彼が言う川崎戦とは、横浜F・マリノス時代の2013年の最終節のことだ。横浜FMは勝てば優勝が決まるホームの新潟戦を落とし、川崎戦でも勝利できず、タイトルを掴み損ねた。

「優勝の瞬間を見ようとたくさんの人でスタジアムが埋まり、ホームなのにいつもと違う雰囲気のなか、僕らは新潟に負けた。次の試合（最終節）までの1週間もおかしな空気があった。ポジティブに振舞っているのに、無理をしているような雰囲気だった。鹿島は経験豊富な人が多いから、そうはならないだろうと思っていた。今日も常勝軍団らしくくるだろうと。でも、優勝がかかっていたからなのか、いつも通りではなかったように感じた」

過去、幾多のチームを追い詰めてきた鹿島が追われる者の苦しさを味わった。追ってくる相手を黙らせるように易々と逃げ切ってきた鹿島が、だ。

柏戦でも、磐田戦でも小笠原はベンチに座ったまま戦況を見守った。過去16個のタイトル獲得した男をピッチへ送り出さなかった指揮官の意図はわからない。「小笠原がいたら勝てた」という想いを抱いた人間は少なくないはずだ。たとえそれが「たられば」であったとしても。

逆転優勝を飾った川崎はその年、鹿島出身の鬼木達《とおる》が監督に就任していた。

鬼木は２００６年に川崎で引退後、育成・普及コーチを務め、２０１０年からはトップチームのコーチに。２０１２年、監督に就任した風間八宏のもとで攻撃的なパスサッカーを構築。上位進出を果たすが、タイトル獲得には至らず、２０１７年に風間からバトンを受け継いだ。

「鬼木さんが監督に就任して、まず着手したのが守備の球際のところと攻守の切り替えです」

中村憲剛が振り返る。中村自身も足りないと感じていたポイントが改善された。

「僕たちはボールを保持し、相手の守備を壊すということをやってきたけれど、守備に転じると壊されてしまうことも少なくなかった。鬼木さんは、相手を壊しても、自分たちは壊されない。隙を作るなと徹底的に訴えました。練習中もミーティングでも、ホワイトボードにも書かれていた。そのメッセージは言霊みたいに浸透していきました。日常の空気感が変わりましたね。最初からうまくいくわけではないけれど、鬼木さんが求めることを選手が表現できるようになると、失点が減り、勝てるようになれば、自分たちの取り組みがいい方向へ行っているという自信が生まれます。そして２０１７年にタイトルが獲れたことで、確信となり日々取り組めるようになった。鹿島はにっくき相手ですけど、すごくリスペクトもしているチーム。鹿島と競ってタイトルを獲れたのは、川崎にとって非常に大きかった」

鹿島の勝負強さ、タイトルへの執念を知っていたからこそ、残り2試合で勝ち点3を獲れば優勝が決まる状況で、鹿島が崩れてしまったことのインパクトは大きかった。

「こういう流れは絶対に逃さないはずのクラブが逃したというのを見たことで、ほかのクラブも鹿島に対する見方を変えたんじゃないかな」

２０２１年初夏。中村の言葉が重い。あの試合が歴史の分水嶺となってしまうのだろうか。

川崎は２０１８年もリーグを制覇するが、２０１９年には横浜ＦＭにその座を譲った。しかし、２０２０年に圧倒的な強さで優勝すると、２０２１年も第2節以降、首位に立ち続けている。リーグ最多得点、最小失点を誇り、勝利に対する執着心を見せる。「監督がどのクラブの出身か知っているでしょう?」とでもいうように話す中村の言葉を聞きながら、「今の川崎は鹿島とのハイブリッドなのでしょうか?」という言葉が思わず口をついた。

「そうだと思います。関塚（隆）さんもそうだし、相馬（直樹）さんもそう。鬼木さんがいて……まさにハイブリッド」と中村の声が弾んだ。

中村は２０１９年に左膝前十字靱帯損傷の重傷を負った。２０２０年の40歳の誕生日にバースデーゴールを決めると、翌11月１日、同シーズンでの引退を発表した。そんな中村が11月14日、カシマスタジアムでの試合後、鹿島のサポーターの前で挨拶をしている。途中交代でピッチを去る際にも、両チームのサポーターから温かい拍手が送られていたが、鹿島サポーターはさらに熱のこもった拍手で中村を称えた。

「試合前には考えてもいなかったけれど、自然と足が向かったんです。試合が１－１だったから行きやすかったというのもあったのかもしれませんが、何よりも鹿島に対するリスペクトの想いがあって、それはほかのクラブとは違う。１９９３年のファーストステージ優勝を見ていた少年として、カシマスタジアムでプレーするのは目標でした。プロになり、本当に毎試合、楽しい試合をさせてもらえた。もちろん勝ったり、負けたり、悔しい想いもしました。鹿島というチームに、僕もフロンターレもかなり鍛えられて、成長させてもらった。試合が終わったとき、『もうここには来ないのか、選手として足を運ぶことは最後なのか』と思ったら、ひとりでに足が動きました。いちサッカー人として、最後に挨拶したかった。そうしたら、鹿島のサポーターも拍手をしてくれた。今思い出しても鳥肌が立つくらいうれしかったです。自分がやってきたことが鹿島のサポーターに認められたと思える瞬間でした。鹿島という長い歴史を持つクラブのサポーター、目の肥えた方々に拍手をもらえたことに改めてお礼を言いたい」

中村が抱く鹿島アントラーズへの想いに、心を打たれる。

さまざまな葛藤を経て、プロ選手となり、日本を代表する司令塔に成長した男は、ライバルチームのエースとして鹿島の前に立ちはだかった。

しかし、彼のサッカー人生のなかにも鹿島の30年は息づいていたのである。

第十一章
2018

「試合前に満男さんと『うちのチームには
ヒーローはいらない』という話をした。
チームの勝利のために
自己犠牲を払ったプレーが大事だと」

――鈴木優磨

「非常にイヤな思い出です。思い出したくもない。試合後は言葉にするのは非常に難しく、悔しさや寂しさ、悲しさ、いろんな感情が混じった状態でした。その気持ちを忘れず、エネルギーに変えて、同じ過ちを犯さないよう、今度は喜びを爆発させ、よい感情を味わいたい。とにかくイヤな思い出なので、『やってはいけない』という大きなモチベーションになっています」
目の前のレオ・シルバは、苦虫をかみつぶしたような表情で、２０１７年最終節を振り返る。

２００４年8月のSBSカップ国際ユースで初来日した際は、負傷で試合には出場していない。ちなみに、この大会には増田誓志や西川周作のいたU-19日本代表も参加している。
「人生のなかで一番の暑さを日本で経験しました。そんな日本で暮らすようになるとは不思議な縁を感じています」

２０１３年にアルビレックス新潟に加入。攻守におけるハードワークで、シーズン最多のボール奪取数を記録。J１残留に貢献すると、２０１４年はリーグのベストイレブンにも選出された。そして、２０１７年鹿島へ移籍を果たす。

「ジーコが住友金属でプレーしていたことはブラジルでは誰もが知っています。『鹿島アントラーズ？　ジーコがプレーしたクラブだろう？』という感じです。私は常に高い目標を持ちプレーしてきたので、日本の大きなクラブでタイトルに挑戦したいという気持ちはありました。鹿島の一員になり、その目標を達成できた自分を誇りに思っています。もちろん新潟への敬意や愛情は今も変わりません。特別なクラブである新潟を離れるのは心が痛みましたが、新たな目標のために、気持ちを整理せざるを得ませんでした」

　新潟時代にも鹿島とは何度も対戦している。

「とにかく強かった。難しい試合がほとんどで、勝った記憶がありません（１勝１分６敗／２０１３～２０１６年）。でもその経験があるので、チームにもスムーズに溶け込めたと思っています。一人ひとりのスタッフや選手の発言に触れるだけでも、非常にブラジルっぽいクラブだと感じました。ブラジル人はどんなことでも負けたくないという性格を持っていますが、鹿島の人々からも『すべての大会でタイトルを獲る』という気持ちがひしひしと伝わってきました。そこがまさにブラジルっぽい（笑）」

　ジーコがそうだったように、鹿島には日本人選手の手本となる数多くのブラジル人が在籍した。彼らは助っ人外国人として、一定の地位を手にしてきたが、２０１６年のチームが日本人選手中心だったように、外国人の立場にも変化が訪れる。それはレオ・シルバも同様だった。

「競争は成長するうえで、大事なファクターです。それを求めて鹿島へ来ました。競争があるからこそ、常に全力で戦わなければいけない。自然とそういう状況に追い込まれる環境ですから、一瞬も慢心することはできません。新潟時代から、成長するために自分を追い込み続けてきましたが、それは鹿島に来て、さらに強くなりました。ほかの人を真似して、自分にできないことをやろうとしても、失敗してしまうので、自分の武器、特徴を最大限に発揮し、力を出し切ることが大事だと思っています。そうやって自分の強みを発揮してこそ、チームの手助けができます。レギュラーを勝ち取ったとしても、それで終わりじゃない。そこで油断してしまうと後退し、成長はなくなってしまいます。常に最大のパフォーマンスを発揮できるように尽くすことが重要だと考えています」

そう語るレオ・シルバに小笠原満男について聞くと、柔らかい笑みを浮かべた。

「彼は私にとって、素晴らしいお手本です。私自身が彼の年齢になっても、あれほどのやる気で日々戦えるのか？　と思うこともあります。彼はめったに練習を休まない、あの年齢で毎日ずっと練習に出続けるだけでも、本当にすごいこと。体に痛みがあったり、多少やる気がなくなって、練習を休みたいと思ってもおかしくない。でもそういう姿勢を一切見せることがありません。私自身、歳をとったなと感じることもありますが、上には上がいると痛感させられます。慢心すれば成長が止まってしまう。彼にはそれがない。私もそういう選手になりたいと思うし、鹿島の若い選手たちにも慢心しない心を受け継いでほしい」

慢心のないベテランは小笠原だけではない。曽ケ端準も然り。2020年シーズンで現役を引退した曽ケ端は引退会見で次のように話している。

「僕が37（歳）の２０１７年シーズンに（クォン・）スンテが来てから、もう一度レギュラーを取り返そう、負けたくないという気持ちを強く持ちました。自分自身の成長を感じられる日々になったので、ライバルというか、そういった選手と30代後半で出会えたことは幸せですし、出会えなければここまでやれなかったと思います」

クォン・スンテも曽ケ端との出会いによって、自身の成長を確信することができた。

「僕も韓国ではひとつのクラブに約10年間在籍してきました。でも、ソガさん（曽ケ端）は20年も鹿島に在籍している。それは本当にすごいことだと思います。僕がいい加減なプレーをすることは、ソガさんが積み重ねてきたものに対して失礼だと思うので、日々頑張らなくちゃいけない。ソガさんと競争することで成長できると考えて、鹿島へ来ました」

スンテは体育の教師になろうと大学へ進学している。当時の韓国では高校卒業時にプロになるサッカー選手はそれほど多くはいなかった。兵役や学歴社会の影響かもしれないが、大学進学後にプロチームへ加入するケースが大半だった。スンテも大学２年のころから、プロ入りを考え、２００６年に全北現代モータースへ加入した。

そのころの全北は今のような強豪クラブではなかったが、プロ１年目にＡＣＬ優勝を果たしている。このとき初めて、スンテはJリーグを意識したという。対戦したのはガンバ大阪。

「ＡＣＬで対戦したことでJリーグへ行ってみたいと思うようになりました。韓国ではタフな勝負が主流でしたが、日本のように細かくパスをつなぐスタイルにも挑戦してみたい。韓国と日本とを合わせたようなサッカーにチャレンジしてみたいと考えたんです」

しかし、このとき海を渡ることはなかった。２０１１年から兵役でチームを離れると、除隊後に復帰してもポジションはなく、１年半も試合から遠ざかった。それでも守護神の座を取り戻して、２００９年に続き、２０１４年、２０１５年とＫリーグを制覇。２０１６年には二度目のアジア王者に輝き、韓国代表にも選ばれている。そんなスンテのもとへ鹿島からオファーが届いた。

「正直、鹿島へ行くことについては、すごく悩みました。韓国でトップクラスのチームに在籍していて、契約もまだ残っているのに、自分から新しい環境に飛び込む必要はあるのか？と移籍を疑問視する声もありました。ただ、このまま全北に残ると引退が早まるように感じたんです。環境に満足し、成長できなくなるんじゃないかと。そこに鹿島からのオファーです。ほかのクラブなら、移籍はしなかった。鹿島だから移籍を決意したんです」

鹿島とは２０１０年にＡＣＬで対戦している。

「いい意味で衝撃を受けました。とてもいいサッカースタイルを持ったチームだし、チームとして土台がしっかりしているという印象を受けました。その鹿島へ行くのだから、初心に戻ってチャレンジしようという気持ちでした。もう30代だったし、僕自身にも経験や自信があったので、今までやってきたことをやり続けて、結果を残せば、認めてもらえると考えていました」

２０１７年公式戦初戦のゼロックススーパーカップからゴールマウスを守ったが、７月、左母指ＭＰ関節脱臼で離脱すると、復帰後はサブとしてベンチに座ることになった。

「言葉や文化の違いを克服するのは難しいから、鹿島に慣れるのは大変だろうと思っていました。でも、若手の選手が英語で話しかけてくれるなど、チームメイトがコミュニケーションをとってくれたので、問題はなかった。外国人選手でなく、ひとりの人間として接してくれた。ただ、ケガもし、代表にも選ばれなくなったり、精神的には難しい1年でした。僕自身パフォーマンスにがっかりしていたし、獲得してくれたクラブに対して申し訳ない気持ちが大きかった。だからこそ『２０１８年は必ず結果を見せよう』と決意し、よい準備ができました」

負傷後の苦しい時期、鹿島のチームメイトたちの振る舞いに助けられた。

「悔しさは僕本人が一番強い。それをチームメイトみんなが理解してくれていることが伝わってきました。言葉を交わさなくてもわかり合えている、心がつながっているんだと。だから、自分からほかの選手にも近づいていこうと思えました」

そして、２０１８年、スンテは自身三度目のＡＣＬ制覇を成し遂げる。

鹿島でもう一度。内田篤人の決心

２０１８年の1月3日、鹿島は内田篤人の移籍加入を発表している。

内田は２０１０年夏にドイツ1部シャルケ04へ移籍を果たし、ＵＥＦＡチャンピオンズリーグ（以下ＣＬ）ベスト4、ドイツカップ優勝。その後も毎年のようにＣＬやＵＥＦＡヨーロッパリーグ（以下ＥＬ）を戦ってきた。２０１４年ワールドカップブラジル大会にも出場したが、大会前から痛めていた右膝の負傷が完治せず、２０１５年に手術を行う。しかしそれ以降２年近くをリハビリに費やした。２０１６年冬に試合復帰はしたものの、２０１７年夏にはドイツ２部のウニオン・ベルリンへ移籍。しかし10月中旬、練習中に肉離れを起こす。その後練習には復帰したが、試合で起用されることはなかった。

すでに２０１７年12月初めには、鹿島への復帰が囁かれるようになっていた。12月15日、ウニオンの年内最後の試合もベンチ外。現地の記者が、ベンチ外になった内田が試合後にミックスゾーンに来るのは珍しいと話していたが、彼はロッカールームから姿を見せた。「ウィンドウが開いたら、移籍は誰でもできるからね」と移籍の可能性を匂わせる内田の手には、チームメイトのユニフォームがあったことを覚えている。

移籍発表後に会った際、内田は（２０１７年の）秋には帰国を決断していたと語った。

「肉離れをやったとき、日本へ帰ると決めた。『ここ（ウニオン）じゃない』と筋肉が言っていると思った。流れがここじゃないんだなって。だったら、体が動けるうちに僕の好きなところへ帰りたいと。拾ってくれるなら、鹿島でやりたい。もしも、シャルケから直接、鹿島へ戻っていたら、『ヨーロッパでもうちょっと頑張れたんじゃないか』という心残りがあったかもしれない。でも、ベルリンへ行かせてもらい、自分は頑張ったという気持ちがあるから」

自分には「鹿島でやるべき仕事がある」と決意したのだろう。鹿島にとって内田の復帰は、戦力としてだけでなく、伝統の継承という意味でも大きなものだった。

内田をはじめ、新加入選手が並んだ会見には、鹿島ユースから昇格した沖悠哉の姿もあった。毎年行われる新加入選手を紹介する会見の出席者の大半は記者となるのだが、鹿島では選手の家族が、スカウトの椎本邦一に案内されて姿を見せることも多い。ユニフォームをまとった沖は家族と記念撮影をしていた。家族の絆が放つ空気は柔らかく、心が安らぐ光景だ。

ワールドカップロシア大会開催のため、２０１８年シーズンのスタートは早かった。2月14日カシマスタジアム、ＡＣＬグループステージ第1節、対上海申花戦。先発には内田、東京ヴェルディから新加入の安西幸輝《こうき》、２０１７年加入の安部裕葵《ひろき》の名前もある。

安部は、子どものころからプロになることを強く意識していた。しかし中学時代はＪクラブの下部組織や選抜も無縁の存在。まずは全国大会が目標で、青森山田などのオファーから、広島県の瀬戸内高校へ進学した。このとき安部には覚悟があった。

「高卒でプロになれなかったら、プロを目指すのはやめようと考えていました。子どものころから両親に『18歳でその後の人生が決まる。その間に何をするかで人生が変わってくる』と言われてきたので、この3年間で人生が決まると思いながら、高校生活を送ってきました。

プロになる方法もサッカーが巧くなるために必要なものもわからない。でも、方法論は人それぞれ。一日一日できることを整理し、淡々とやり続けることで行けるところまで行こうと。

それでプロになれたという自信があります。今も考え方は変わりませんし、それが自分の成長につながると思っています。僕の特徴は、試合ごとに変わっていく。そのうえで、まだ僕にないものを身につけなくちゃいけないし、持っているものはもっと伸ばさないといけない。やはり一日一日を柔軟にやっていくことが大事だと思うんです」

高校3年時のインターハイで、3得点を決めてベスト8進出に貢献した安部のプレーを見た椎本は獲得を決断する。ほかの選手の獲得を目指していたが、実現に至らなかったこともすべて話したうえで、オファーした。

椎本は安部について「裕葵と話したとき、僕のなかで（柴崎）岳に似たものを感じました。自分を客観視できる冷静な目と心を持っている」プロ向きな性格だと語る。

２０１８年にはチームにとって、欠かせない戦力へと成長し、人気も高まっていった。

「選手に会うだけで、小さな子どもたちが目をキラキラさせている。僕は子どものころに憧れの選手がいなかったので、そういう経験がない。プロ選手は子どもたちに夢を与えられる仕事だと初めて実感しています。本当に幸せな仕事だと改めて感じています。自分が頑張り、何かすることで、喜んでくれる人がいる。感謝とともにしっかりやらないといけない。責任やプレッシャーはもちろんありますが、それはどんな仕事でも同じことだから」

上海申花戦をドローで終えたあと、韓国へ飛ぶ。2月21日、ＡＣＬ第2節。マイナス2度の気温のなか戦った対水原三星戦は２－１で勝利を収めた。昌子源が話す。

「ピッチが凍っていて、カッチカチだった。スパイクが刺さらず浮いているような状態だから、みんな慎重にプレーせざるを得なかった。前半は守備がハマらなくて、難しい入り方だったが、ハーフタイムでみんなが修正しようと、声を出し合っていたのが、すごくよかった」

上海戦では左、水原戦では右と両ＳＢを務めた安西や鈴木優磨、三竿健斗など、若手選手がアウェイでの勝ち点３獲得に貢献できたのは大きな収穫だった。

あと１勝を手にすることができず、リーグ優勝を逃した２０１７シーズン。捲《けん》土《ど》重来《ちょうらい》となった２０１８シーズンは、ゆっくりとスタートしていく。

歯車が噛み合わず、苦しい序盤

2月25日のリーグ開幕戦、アウェイでの清水エスパルス戦はスコアレスドロー。相手の勢いに押されて、ミスが目立つ試合だった。

「ミスをしてしまうと、どうしても自分たちの陣地でごちゃごちゃする回数が多くなる。前半、スンテがＰＫを止めてくれて、首の皮一枚でつながった感じがあるよね」と先発出場の内田の表情は硬い。ロッカールームから姿を見せる選手は、やりきれないといった顔をしている。

この試合のキックオフは13時予定だった。

「ＡＣＬから帰国して、アウェイでこの時間からスタートというのは、鹿島にとってはコンディション的に難しいものがあったと思います。ここで引き分けられたのは大きい」

試合後、清水のGMを務める久米一正が語っていた。

久米は中央大学で鈴木満の先輩にあたり、柏レイソル、清水、名古屋グランパスで強化部長やGMを務めた同職の草分け的な存在だ。久米はこの年の秋に長く患っていた病で他界したため、これは私が彼と交わした最後の言葉になった。


3月3日、リーグ第2節に勝利すると、スタメン8人を代えて挑んだ3月7日、アウェイでのACL第3節対シドニーFC戦でも勝ち点3を得る。しかし続くリーグ第3節を落とすと、ホームでのACL第4節シドニー戦も引き分けに終わった。

4月3日上海へ飛び、ACL第5節上海申花戦。グループステージ突破がかかる。しかし、前半のうちに2失点。球際でもまったく勝てず、腰が引けたような戦いから一転、後半は鈴木の1ゴール1アシストの活躍で2-2とし、ノックアウトステージ進出を確定させる。

「相手は後半になると運動量が落ちる。スカウティングから『両サイドの強度が下がる』という情報があり、そこを突こうとスイッチを入れた」

大岩剛は試合後、スカウティングスタッフへの感謝を述べている。

鈴木はこの日先発した小笠原満男の言葉について話した。

「誰が引っ張るとかではなく、年齢に関係なく誰もが『自分が引っ張っていく』という気持ちで戦い、後半のようないいサッカーができた。最近は、自分も含めて、他人任せという部分があったと思う。試合前に満男さんと『うちのチームにはヒーローはいらない』という話をした。チームの勝利のために自己犠牲を払ったプレーが大事だと。今日も一番年上の満男さんが一番走っていた。あの人が走っているのに、なんで、俺ら若手が走れないんだという気持ちになる。満男さんはプレーで引っ張っていく人。間違いなく、俺らにそれが伝わってくるし。俺らがもっとやらないといけないなって気持ちになっています」

４月７日第６節、湘南ベルマーレ戦では終了間際に決勝点を許し敗れた。４月11日の第７節ＦＣ東京戦も落として連敗。順位も13位まで後退する。ＦＣ東京戦では、自身が突破を許し、逆転弾が生まれたこともあり、試合後西大伍は「すべて僕の責任です。今までは気持ちという部分を言ってこなかったけれど、今はそういう部分が大事だと思っている」と語った。

「全員の得点だし、全員の失点」

湘南戦で同点ゴールを決めた鈴木が発した言葉が響く。

内田、遠藤康、安西、町田浩樹、昌子源、レオ・シルバ、ペドロ・ジュニオール、安部、そして、山本脩斗と多くの選手が戦線離脱。４月14日第８節、名古屋グランパス戦。内田と昌子が先発復帰し、勝利を飾る。

「篤人の復帰は大きい。チームに自信と安心をもたらしてくれた」と小笠原。

ＡＣＬグループステージ最終節となった４月17日水原戦。引き分けでも１位突破が決まるが、0－1と敗れ2位となった。負傷者を抱え、水原戦の4日後には川崎フロンターレ戦が控えていたこともあり、名古屋戦からスタメンを6人代えて挑んだが、連携面でのミスに加え個人的なミスも目立った。チャンスを得た選手たちのモチベーションは高かったはずだ。ただそれをピッチで表現できなかった。競争に勝つことの難しさを、試合に出て痛感したに違いない。

アジアタイトルを目指してラウンド16へ

4月21日、第9節の川崎戦は1－4の敗戦。

「みんな頑張っているけれど、噛み合わない。自分たちの形がはっきりしていない。連戦のなかで立て直すのは難しい。我慢しかない」と内田。翌日の練習は急遽オフになった。

4月25日カシマスタジアム、第10節ヴィッセル神戸戦。

鹿島はフォーメーションをわずかに変更している。2トップの一角だった鈴木は左アウトサイドに立ち、負傷から復帰した遠藤が右アウトサイド。金崎夢生と土居聖真の2トップが縦に並んだ。先制点を許した試合を1－1のドローで終えた。内田が前線からのプレスに応じ、コンパクトな陣形を保ち、波状攻撃が生まれるシーンもあった試合を振り返る。

「自分たちが置かれている状況を見ると、どうしても下を向きがちになる。勝てないときは1回ポンと休んだりして、頭や体をリフレッシュさせるのも大事。サポーターの人が練習場に張ってくれた横断幕を見ながら練習できたことには感謝している。

（大岩）剛さんに呼ばれてフロンターレ戦のあとにふたりで話しました。『僕ら（選手で）試合が終わったあと、飯食いながらこんな話をしたんですけど、どう思いますか？』とか。今は監督と選手ですが、以前はチームメイトだったから話しやすい空気があります。フォーメーションを変えてから、特に攻撃の部分で嚙み合わなかったところがよくなったと思う。これが正解かはわからないけれど、ひとつのヒントにはなったはず。今日は勝てなかったけれど、戦い方としては光が見えたのかな。今は、我慢する時期だと思うけど、じっと我慢するんじゃなくて、いろいろ試行錯誤をしながら、だんだんよくなっていけばいい」

　攻守にわたりチームに落ち着きをもたらした遠藤は淡々と語った。

「グラウンドのなかで感じたこと、ときには厳しいことも言わなくちゃいけないし、ミスをしたら鼓舞しなくちゃいけない。チームにとって必要な声をかけようと思っていました。（今日の結果は）選手一人ひとりの勝ちたいという意識が表に出た結果だと思う。みんなが同じ方向を向けた。でも、ホームなのに勝てなかった。うちは勝たなくちゃいけないチームだし、優勝しなくちゃいけないチーム。それをもっともっと追求し、プライドを持たなくちゃいけないと感じている」

　しかし第11節の横浜F・マリノス戦も0－3と敗れ、順位も15位まで後退した。4月はJリーグ、ＡＣＬ合わせて8試合を戦ったが、1勝2分5敗と大きく負け越した。失点数も少なくない。大岩は「継続しなければいけないことと、守備面でやり直さなくちゃいけないことがある」と語り、守備の修正が急務という意識を示した。

5月2日、V・ファーレン長崎をホームに迎えた第12節で4試合ぶりの勝利を飾るが、後半は相手に押し込まれる展開だった。植田直通が試合を振り返る。

「長い時間をかけて話し合い、練習でもコミュニケーションをとってきたなかで、今日は自分たちがやりたいようにやれた部分もあった。押し込まれる時間帯もあったし、失点もしたけれど、後半だけを見れば、あれだけ押し込まれても失点しなかったのは、よい点だったと思う。改善するところも出てきたので、そこを修正し、もっとレベルアップしたい」

三竿健斗が「後半はラインが下がってしまい、プレスにいけないところもあった。主導権を握った守備をしなくてはならない」と語り、選手たちが漂わせた安堵感はわずかだった。

「久しぶりの勝利ですね」というこちらの問いかけに、小笠原はひと言もらしただけだ。

「たかが1勝」

勝利に危機感が解消されるほどの甘さはなかった。

勝ちながら、選手を育て世代交代し、勝ち続ける。その過程にマニュアルも法則もない。チームを構成する選手それぞれが、自分の立場で奮闘し、悔やみ、考え、改善するしかない。経験を積み学ぼうとする若手も、それを支えようと思うベテランも同じだ。

続く5月5日の第13節は金崎のPKで1－0と浦和レッズを下し、今季初の連勝となる。

試合後の会見で「私の友人です。すばらしい選手でした。今はすばらしい監督です」と浦和の監督となったオズワルド・オリヴェイラが大岩を紹介。アントラーズファミリーの絆を見た。

「鬼門」

　鹿島は、過去に5度ＡＣＬグループステージを勝ち上がっているが、ノックアウトステージの１回戦を突破した経験はなく、未だにその先の風景を見ることができずにいた。ノックアウトステージ１回戦が準々決勝だった２００８年もここで敗退している。２００９年、２０１０年のラウンド16はシングルマッチだったが、どちらもホームで敗退。２０１１年はアウェイでのシングルマッチを落とした。ホーム・アンド・アウェイとなった２０１７年は広州恒大と対戦。アウェイゴールの差で敗退している。

　２０１８年のラウンド16の相手は上海上港（中国）。第１戦のホームゲームでのミッションは「無失点で勝つ」ことだった。

　5月9日。43分に鈴木が先制点を決めると、後半開始早々49分には西が追加点をマーク。その後もプレスをかけ、高いディフェンスラインを維持できた。しかし、上海上港は鹿島のディフェンスラインの背後を狙うなど猛攻をしかけてくる。71分以降には3分間に7本のＣＫがあったことでもわかる。「結果的にＣＫになったけれど、僕らがボールに触っているということ」と昌子は、そのときの心境を語った。

　75分には安西のクロスボールからのオウンゴールで得点すると、今季公式戦初の3得点。しかし直後の76分に失点を許してしまう。

87分、金崎に代わり、小笠原が途中出場。遠藤が差し出したキャプテンマークを着けることもなく、ゲームに飛び込むと、チームメイトの集中力を促すように手を叩いては声を張り上げ続けた。その体には闘志がみなぎり、わずかな時間でも、勝利のために全力を尽くす。

キャプテンの魂が伝わってきた。

ボールに関与しなくとも、チームに与える影響力は計り知れない。

「小笠原の経験と統率力を非常に頼りにしている。もう少し早い段階で入れていれば、試合を落ち着かせることができたと感じている。次の試合では活かしたい」

試合後、大岩剛も高く評価している。

「ラウンド16突破より、優勝して歴史を変えたい」と植田は語った。

結局3－1で終了したものの、シュート21本を許す苦しい試合内容になった。

5月16日。中国、上海体育場。試合終了を告げる笛が鳴ると、両チームの選手たちがピッチに立ち尽くす。腰をおろし座り込む選手もいる。誰もが限界まで戦った証だ。

ACLラウンド16、第2戦。試合は1－2で上海上港の勝利だったが、第1戦を3－1で勝利していた鹿島のベスト8進出が決まった。

右足の負傷で第1戦を欠場したフッキ、オスカルと強力ブラジル人が織りなす上海上港の攻撃は抜群の破壊力を誇っていた。7分の先制点はそのフッキに決められたものだ。

「相手も相手だったので、この1点は仕方ない。俺らはまだ勝っていると思い、落ち着いてボールをまわすことができたし、そこから決定機も作れた」と昌子。

鹿島は42分に土居のゴールで追いつく。第1戦後半同様に、上海上港の攻撃を鹿島がしのぐ展開。スンテのビッグセーブに何度も救われる。81分にフッキがPKを決める。もう失点は許されない。勢いを増す上海上港をなんとか抑えきった。

「第1戦にフッキが出ていなくて、よかったよね」

ユニフォームが汗で体に張りつくほど、90分間攻守に走り続けた鈴木が言う。

「今日はいいゲームをしようとは思っていなかった。ここを突破するというみんなの強い意志が出た。足がつろうが、動けなくなろうが、今日の試合はそれでもいいと思っていた。最後は失点しないように、あらゆることをした。もちろん僕は前線の選手なんで、点が獲りたかったです。でも、突破が決まって、非常にうれしく思っています」

過去、ノックアウトステージのタフな戦いの前でプレッシャーにつぶされるように跪《ひざまず》き敗れてきた。積み重ねた悔しい経験が力を与えてくれたのかもしれないし、鈴木の言うように「運があった」のかもしれない。それでも、踏み込んだことのない世界へ一歩前進できた。

ワールドカップロシア大会

上海での激闘は少なからずリーグ戦に影響を及ぼした。5月20日ホームでのベガルタ仙台戦は1－2と敗戦。そしてJリーグはワールドカップロシア大会のための中断期に入る。

安西が鹿島で戦った3か月間を振り返る。

「鹿島へ移籍して、試合に出たい、レギュラーになりたいと思っていたけれど、移籍1年目で、これほど自分がピッチに立ち、試合に出続けるとはイメージしていなかった。アジアへ行ったり、外国人選手と戦ったり、しかも中3日ですぐに試合。体よりも本当に頭が疲れる。でも、こういうなかでタイトルを獲得してきたのが鹿島。相当スゴイことだと実感しています。だから、僕がいるときにタイトルを獲れなかったとはなりたくない。今までも勝ちたいとプレーしてきたけれど、僕も鹿島の選手たちが持つ『勝たなくてはいけない』という強い使命感を持ってやれている。うまくいくこともあるけれど、練習の一つひとつに悩むこともあります。1個1個勉強しながら。もっとこのチームと自分がシンクロできるようにしたい」

2月中旬のＡＣＬからスタートし、すでに22試合を消化。一時は10名近くがケガなどで離脱し、スタメン、ベンチ以外のほとんどの選手がプレーできない状態に陥る時期もあった。そんなピンチは安西や清水から加入した犬飼智也をはじめ、若い選手が経験を積む機会にもなったが、リーグ戦の成績は芳しくない。1試合消化試合が少ないものの、この段階で首位との勝ち点は19ポイント離れての11位。しかし、鹿島はＡＣＬの準々決勝進出が言い訳になるクラブではない。


ワールドカップロシア大会を戦う日本代表には、昌子と植田が選ばれている。

「僕と同世代はプラチナ世代と言われてきたけれど、それは宇佐美（貴史）や（柴崎）岳のことであって、僕はその端っこにいるかどうか、プラチナ世代でもなんでもなかったからね」

6月19日、ロシア・サランスク。勝利した初戦のコロンビア戦で、先発出場した昌子は、うれしそうに語った。年代別の世界大会とは無縁の存在だった昌子が頭角を現したのは、鹿島で成長を果たしたからだ。

日本代表は決勝トーナメント1回戦でベルギーに敗れている。全4試合を通じて植田がピッチに立つことはなかった。

「鹿島で試合に出られなかったときの経験が非常に生きている。ロシアでもあのときのことを思い出します。ネガティブな感情を押し殺し、チームのために働くことが、どれだけ大事かもわかっている。だからこそ、今の自分がある。控えの選手の気の持ちようで、チームの方向性が変わります。戦える選手がベンチに揃えば、チームもかなり上まで行けるんで」

鹿島で黙々と、そして全力でトレーニングした先に辿りついた日本代表。植田の生き方を支えているのは、日々流した汗なのだろう。

リーグ戦中断期、鹿島は6月6日の天皇杯2回戦、ＨｏｎｄａＦＣ戦を6－1と完勝すると、7月11日の3回戦、ＦＣ町田ゼルビア戦にも5－1と勝利する。7月4日に行ったコンサドーレ札幌との練習試合（45分×3本）でも5－1と快勝していた。

Ｊ1前半戦14試合で12得点しか挙げられなかったチームは、「ビルドアップからポゼッション、フィニッシュまで、意図を持った攻撃を構築していくことに取り組んできた。ボールを奪われたあとの切り替え、攻撃のためにボールを奪い返すことにフォーカスした」と大岩が話す中断期のキャンプを経て、変化の兆しを感じさせた。

7月12日には植田のベルギー1部セルクル・ブルージュへの移籍と、13日にペドロ・ジュニオールの中国2部の武漢への期限付き移籍が発表される。

7月18日から再開したリーグ第16節対ジュビロ磐田戦は3－3に終わった。

昌子が体調不良で欠場。ＣＢで犬飼と町田浩樹がコンビを組んだ最終ラインは、一瞬の隙を突かれるように3失点。同点弾を決める粘り強さで意地は見せるも13位に後退する。

それでも、若い先発メンバーは、自分たちのサッカーへの手応えを感じているようだった。1アシスト1ゴールの活躍を見せた安部は、自身の立ち位置を次のように語っていた。

「常に練習からコツコツ積み上げていくことが大事だと自覚している。それを意識させてくれるのが鹿島のいいところ。時間が経てば経つほど、自分がとても幸せな環境にいると思える」

前日の7月17日には、ジーコのテクニカルディレクター就任が発表されていた。彼の復帰は16年ぶりとなる。鈴木満は「ワンランク上を目指すうえでジーコの力が必要だ。変わらなくちゃいけない部分もある」と話した。クラブやチームが変わろうとするからこそ、クラブの原点となるジーコを招聘したのだろう。変わらない部分、変えない部分があることが安部の言葉から感じられる。

「ジーコさんの言葉は、先輩やコーチングスタッフからかけられる言葉と根底には同じものがある。それがこのクラブが大事にしているものだと再確認できました」

ACL決勝に向けてチーム状況は上向く

7月22日の柏戦では6-2と大量得点で勝利。得点力向上が数字で証明される。中断期にコーチへ就任した、クラブ創設時のエース黒崎久志の存在が攻撃の活性化につながった。

7月24日、金崎のサガン鳥栖への移籍が発表される。今シーズンから背番号10を背負った金崎だったが、「新しいチャレンジに向き合いたい気持ちがあった」と移籍の理由を語っている。その鳥栖から韓国人のDFチョン・スンヒョンが移籍加入することも発表された。

7月25日セレッソ大阪戦を2-0で勝利。金崎の不在を感じさせない躍動感がチームに溢れる。安部がチーム内の雰囲気のよさを話す。

「ちょっとしたミスでもみんなでカバーする雰囲気があり、僕ら前線の選手も思い切ってチャレンジできる。たとえ、（ボールを）奪われてもすぐに周りが奪い返してくれる。そういうところが、何回もペナルティエリアのなかへ進入する勇気につながっていると思います」

ミスをカバーし合えるかがチーム状態を表すひとつのバロメーターだとは土居もよく話す。

得点を決めたこの日も「チームの前向きな気持ちが結果につながっている」と語った。

気持ちよく試合を進めたのは、攻撃陣だけではなかった。犬飼が先制点をアシストすると、41分に負傷した昌子に代わり出場した町田も、土居の2点目をアシスト。「アシストをしたことよりも、無失点に抑えられたことのほうがうれしい」と町田。ディフェンスラインの後方でゴールを守るスンテが犬飼と町田について話す。

「高い能力を持った選手たちです。でも、若いために意欲が強すぎて、ミスをすることもある。そういうときは『大丈夫』とか『集中』とか日本語で声をかけます」

7月26日には昌子の左足関節捻挫がリリースされる。ワールドカップ後、フランスのクラブからオファーが届いていたが、このときは実現しなかった。気持ちを切り替えるうえで負傷離脱の時間もプラスになるだろうと思った。しかし当初全治3週間といわれた負傷は、結局、試合復帰まで約3か月を要することになる。

同日、大阪で行われたトレーニングには、加入したばかりのスンヒョンの姿があった。急遽大阪入りしたという。２０１７年に鳥栖に加入したスンヒョンは、２０１６年のリオデジャネイロ五輪にも出場し、ワールドカップロシア大会でも韓国代表に選ばれている。

「昨日の夜の9時に言われて、びっくりしました。初めての練習は緊張もしましたが、チームメイトがよくしてくれました。鹿島はＪリーグで一番強いチームですし、一番の名門。かつて在籍していたイ・ジョンスさんやファン・ソッコさんも成績を残したし、韓国のプライドをかけて、それ以上の成績を残さなければいけない。彼らを超える選手になることが目標です」

日本語を交えながら、意気込みを語った。

さらに7月29日にはブラジル人ストライカー、セルジーニョの加入も発表されている。

7月18日の再開以降、8月24日までにリーグ戦10試合を消化するスケジュール。ＪＦＡ・Ｊリーグ特別指定選手の順天堂大学の名古《なご》新太郎も出場。5勝3分2敗で7位に浮上した。

ＡＣＬ準々決勝の対戦相手は中国の天津権健。ホームでの8月28日第1戦、鹿島は開始から15分間で数回の得点チャンスを迎えている。その後も主導権を握ったが、前半は無得点。後半にレオ・シルバとセルジーニョの移籍後初ゴールが決まり、2－0と勝利を飾った。

この日ＳＢではなく、左のサイドハーフで出場した安西が試合を振り返る。

「前半に決定機がたくさんあったのに、決めきれず、少しイヤな流れではあったけれど、後半の早い段階でレオが得点を決めてくれたので、試合運びはやりやすかった。『失点せずに狙いがあれば2点目を獲ろう』と全員で意思統一できたのがよかったと思います」

この試合では内田がシーズン二度目のフル出場を果たした。

「発表はしていないけれど、シーズン前半戦に3、4回は肉離れを起こしていた。これが1年半から2年くらい試合に出ていなかった、ブランクのある自分のコンディションということ。後半戦は、（大岩）剛さんから『無理をして試合に出て、痛めて抜けられちゃっても困る。体と相談しながら、ポイントで行けるときに行こう』という話があり、僕もそう思っている」

そんななかで、ＡＣＬノックアウトステージでの先発起用。その意味は大きい。

「ホーム・アンド・アウェイの場合、絶対にホームで失点しちゃいけない。そこらへんはドイツで散々ホーム・アンド・アウェイをやってきたので。わかっているつもり」とシャルケ時代、ＣＬやＥＬでのノックアウトステージを経験した猛者が笑う。

右サイドに立ちながら攻守にわたり、チームをコントロールする。その姿には、文字通り、ベテランの風格が漂う。同時に鹿島の選手としての矜持も感じられた。

「（小笠原）満男さんだったり、マルキ（マルキーニョス）だったりの後ろ姿でね、教わってきた。今の選手は若いけれど、話をすればピッチで表現できる技術がある。いいチームだと思う。でも、やるべきことをＡＣＬだけじゃなくて、Ｊリーグとか、ほかの試合でも詰めていかないと、本当の強さは出てこない。それが出ないと鹿島じゃないから」

「カッシーマ、アントラーズ！」「カッシーマ、アントラーズ！」

水曜日のナイトゲーム。試合が終わり、閑散としたスタンドにサポーターのコールが響く。

9月5日、ルヴァンカップ準々決勝第1戦対川崎フロンターレ戦を1－1のドローで終えた直後には、スタンドからは罵声が飛んでいた。

川崎戦は負けてはいない。しかし不甲斐ない内容だった。4日前の9月1日、リーグ第25節、対サンフレッチェ広島にも敗れており、ブーイングはサポーターからの想いのこもった叱咤だ。挨拶のためグラウンドをまわる選手たちは、状況の厳しさを痛感し、うつむきがちになる。そんな選手たちに寄り添うかのように激励の「アントラーズコール」が生まれた。

9月9日ルヴァンカップ準々決勝第2戦、対川崎戦は味の素スタジアムで開催された。

「このゲーム、難しいのは相手のほうなんだから。俺らは普通にやればいい」

キックオフ直前、円陣を組んだとき、内田が声をかける。勝利が大前提だが、2点以上の引き分けなら鹿島が勝ち上がる。鹿島のゴールは即アウェイゴールとなるからだ。

「ホームでの試合は負けてはいないけれど、内容がよくなかった。フワッとした入り方への反省もあった。それは選手みんながわかっていた。だから、今日は立ち上がりからしっかりと入れた」と語る山本が前半のうちに2ゴールを決め、鹿島有利の展開に持ち込めた。後半へ向かう直前、セルジーニョはレオ・シルバを通じてチームメイトにメッセージを送る。

「失点をするとドタバタしてしまう現象があったので、レオを通じ、『3点目を獲ったら試合が終わる。そのタイミングをみんなで見計らって狙おう。落ち着いてやろう』と伝えた」

51分、ＰＫを決められ失点。その直後、内田はディフェンスラインの選手を集め繰り返した。

「2－2でも俺らが勝てる。普通にやろう」と。

試合の行方を決定づける3点目をセルジーニョがマークしたことで準決勝進出が決まる。

試合後、内田は自身の役割について語っている。

「鹿島のＣＢは、多少ボールをまわされてもどっしり構えているというイメージがある。ワンちゃん(犬飼)やマチ(町田)はまだ経験があるわけじゃない。だから僕はそれを助けたい。ディフェンスラインをしっかりと締めて、そういう雰囲気を作りたい。それは特別なことでなく、自分が見てきた、上の人たちのプレーをそのままやっているだけ。アントラーズの伝統というものを伝え、表していかなければもったいない。下に伝えるというのは、自分がやらなくちゃいけない仕事だと思っている」

内田は球際で激しく戦い、タッチを割ったボールが相手ボールとなれば悔しがる。小さなディティールにこだわり、闘志を表現した。そして、鹿島の現状を口にする。

「内容や結果に波がある。俺たちには地力がまだない。でも、今日みたいな試合を続けていけば、気づいたときには勝ってきたな、タイトル獲ってきたなって、なるチームだから」

アジアを勝ち上がる

9月18日ＡＣＬ準々決勝第2戦、対天津権健戦は、天津での開催が困難だと試合15日前に会場がマカオに変更された。ＡＣＬでのアウェイ戦の場合、事前にクラブスタッフが現地へ飛び、宿舎や練習場、試合会場などの下見を行う。すでに天津での準備が完了したあとの変更だったが、急遽スタッフがマカオへ向かい対処した。しかし、台風22号も発生。移動便の欠航の可能性まで考慮し、9月14日の湘南戦の翌朝早くに鹿嶋を出発。連休と重なり、飛行機の手配も厳しく、チームは韓国経由の空路組と中国広州から陸路でマカオへ向かう組とに分かれた。現地に到着してからも、暴風雨の影響で2日間グラウンドでの練習はできなかった。さらに前日練習の会場が変更になるなど、アクシデントが重なるなか、それでも3－0と快勝。

ルヴァンカップに続き、ACLでも準決勝進出が決まった。内田が話す。

「昔のチームのレベルと比べて今の11人がめちゃめちゃレベルが高いかっていったら、そういうわけでもない。ACLでは過去に何度もはね返されてきた。選手もそうだし、（大岩）剛さんも含めて、ハネさん（コーチの羽田憲司）とか、悔しい経験をしたスタッフもいる。そういう人たちの想いがあるから。次のステージへ進めるのはすばらしいこと」

試合後のミックスゾーンで小笠原に「壁をひとつ越えましたか？」と声をかけると、人差し指と中指を立てた。Vサインにも見えるし、あと2ステージあるというふうにも見える。どちらかはわからないが、その表情は柔らかかった。

9月は公式戦8試合を戦い、6勝1分1敗。うち4試合が無失点での勝利だった。天皇杯もベスト8に進み、リーグ戦も首位との勝ち点差は11ポイントあるが3位に浮上。

曽ケ端は、好調の要因について次のように語る。

「まず、勝つことが大事ですし、そのために、（失点）ゼロというのは一番の近道だと思います。全員でいい守備からいい攻撃ができていると思いますし、そこがずっと続いて勝てている要因だと思います。連勝することで生まれる自信は試合に挑むうえで大きな力になる。ただ過信せず、みんなで1試合1試合謙虚に戦っていきたいです」

三竿健斗も言う。

「残りの試合はすべて決勝戦のつもりで戦う。僕らは何も手にしていない」

10月3日、水原三星とのACL準決勝第1戦は、水曜日のナイトゲームにもかかわらず、1万3千人を超えるサポーターがカシマスタジアムに集まった。

開始2分、オウンゴールで失点。続く6分にはクリアボールを拾われて2失点目。ホームでの試合は、失点を与えないことが鉄則であるのに、開始6分で複数失点に。この日はレオ・シルバが出場停止。鹿島は軸を抜かれたように不安定だった。

リスタート直前、自然と選手たちが集まり、声をかけ合う。スンテが言葉を発した。

「まだ80分ある。ここはホーム。まずは1点、1点返すことを考えよう」

21分にオウンゴールで1点を返し、攻勢に出たものの、敵地でリードした水原の守備は堅く、逆にカウンターを受ける。44分、右サイドからのクロスボールの競り合いからボールがこぼれて、相手にシュートを許したが、スンテと内田がゴールライン上でブロック。そのとき、接触した相手選手に抗議したスンテにイエローカードが出された。

「スンテがイエローカードをもらったあの瞬間、やっとチームにスイッチが入った」と内田。

「やってはいけないことだとわかっていたけれど、チームに喝を入れたかった。最初にもったいない失点が続き、こういう試合はそういう細かいミスから勝負が分かれると選手たちにも強調しました。球際で負けてしまうのはよくないと思っていた」とスンテ。

「もっとしっかり戦わないとダメだ」

スンテの声がハーフタイムのロッカールームでも響いた。

後半は水原陣地で試合が展開され、鹿島は攻めに攻め続けたが得点はできなかった。

ベンチが動く。

56分。安部に代わり、安西を投入。続いて72分、土居が永木亮太と交代する。パスの中継地点としてのポジショニングの上手さや運動量で、攻撃のリズムが出せる土居を起用し、攻撃の活性化をはかる。そして、右アウトサイドの遠藤に代えて西大伍を入れたのが83分。残り時間は少ないが、得点が必要だった。

その直後、スンヒョンからの縦パスを受けた西が切れのあるターンで相手を翻弄し、鈴木とのパス交換から、西がセルジーニョへラストパスを送ると、同点弾が生まれた。

「聖真が入って、よい位置でボールを受けられるようになり、流れが変わったのが一番のポイント。最初はセル（セルジーニョ）のことは見えていなかったので、どうにでも動かせるようなところにトラップしてボールを置き、中を確認してパスを出した」と西。

「西大伍だから、西大伍だからこそ、周りが驚く彼のプレーを信じてパスを出した」とはスンヒョン。

「あんなプレーができる大伍はＳＢじゃなくて、中盤の選手だよ」と内田。

ふたりの日本代表経験者を擁した鹿島の右サイドは、果敢に敵陣へ進入する。

「『内田さん、どこまで上がるの?』と思っていました。もし相手にボールを取られたら、俺が守るんだよって」と西が笑う。それでも簡単にボールを失うことはなかった。

2-2。同点では終われない。勝ち上がりを決める最初の条件は2試合の勝利数。勝てばアウェイゴールのインパクトは弱まる。内田、山本の両ＳＢは高いポジションをとり続けた。リスクはあるが、仲間を信じた。

「後ろはＣＢとボランチとで守り切るつもりでやっていた」とは三竿健斗。スンテの好セーブも続く。唯一ＡＣＬ王者に立った経験を持つスンテの絶対的な存在感が、相手に影響を与えているかもしれない。水原のシュートが枠を外れる。

「僕が以前プレーしていた全北現代を破って勝ち上がってきた水原には負けたくなかった」とスンテ。水原サポーターは、アップ中から彼に敵意を見せていたという。

「敵地水原へ行けば、もっとすごいことをたくさん言われるはず。だから、チームメイトに言っておきたいことがあった。『俺はこんなことを言われている。だからこそ、勝ってくれ』って」

スコアが動かないまま試合はアディショナルタイムに突入する。

西からのパスを受けた内田が倒されて得たＦＫのチャンス。キッカーはセルジーニョ。そのとき、スンテが安西を呼び、少し自陣へと下がらせた。

「セルジーニョのＦＫが素晴らしいことはわかっていたが、壁に立つ相手の選手がカウンターを狙っているように見えた。試合は笛が鳴るまで終わっていないわけじゃないから」

セルジーニョのキックに選手が競り合う。そのこぼれ球を蹴りこんだのは内田だった。シュートが相手に当たり、再び自分の足元に転がってきたボールを冷静に蹴る。内田よりゴール近くに立つ山本は体をよけるようにして、見送る。触ればオフサイドになるからだ。

「脩斗さん、触るな」

そう願いながら内田はボールの行方を見守る。ボールがゴールに吸い込まれ、得点が決まる。あんなに喜ぶ内田は珍しい。アディショナルタイムでの逆転劇。遠藤に代わりキャプテンマークを巻いた内田がヒーローになった。バランスを度外視し、リスクにひるまず、勝利だけを信じた。時計の針とともに焦りは当然生じる。そんななかで、熱さを隠すことなく、食らいつくようにゴールへの執着心を発露させた。それは鹿島の男たちの意地だった。

「鹿島アントラーズのために勝ちたかった」

加入からわずか2か月。若いスンヒョンの顔は晴れ晴れとしていた。

キャプテン内田が再び離脱

10月7日のリーグ第29節、川崎戦をスコアレスドローで終えると、10月10日、ルヴァンカップ準決勝第1戦、対横浜Ｆ・マリノス戦を迎える。

9月以降、カップ戦では内田を起用し、リーグ戦では西や安西がピッチに立っていた。

この日も先発した内田だったが、0－1での試合終盤、ピッチへ座り込む。腕に巻いたキャプテンマークを外し、交代を申し出た。この試合、中村充孝に続く負傷交代だ。

「（左もも裏の）肉離れだと思う。調子がいいときほど、肉離れが起きてしまう。週１で試合に出られるようになって、これからというときだったので、残念。チームに迷惑をかけてしまうことになる。申し訳ない」と内田は、離脱を覚悟し、「仕方がない」と言った。

公式戦９戦負けなし。４つの大会を戦う鹿島の記録が途切れるかと思われた93分、ＣＫから犬飼が鮮やかなヘディングシュートで同点弾を決める。その勢いのまま、追加点を狙おうと前へ出た。しかし、ゴールを決め切れず、ボールを失い、カウンター攻撃を阻止しようとしたプレーがファウルに。ゴール前でのＦＫを与えると、95分勝ち越し弾を許し、１－２で敗戦。

「もったいないっちゃもったいない試合だった。次は点を獲らなくちゃいけない。わかりやすくていいんじゃないかな。２点くらいなら獲れる実力は持っている。ケガ人も多いけれど、ここからまた一致団結して向かっていきたい」と遠藤は前を向く。中３日で第２戦を迎える。２点差以上で勝てば、決勝へ進めることは、選手誰もがわかっている。


10月14日。ルヴァンカップ準決勝第２戦、対横浜ＦＭ戦。第１戦に続き、この日もコンディション不良の鈴木優磨はベンチ外。セルジーニョも先発を外れている。ベンチには久しぶりに、昌子、山口一真の名前が並んだ。

前半で２失点した鹿島は精彩を欠いたままハーフタイムに入った。

「３点獲るぞ！」

後半開始直前、ゴール裏の鹿島サポーターの声が小さなニッパツ三ツ沢球技場に響く。失点しないことが条件だったが、３つのゴールを決めれば４－４。得失点差で並び、アウェイゴールの差で鹿島は勝ち上がれる。

46分ボランチの永木に代わり、セルジーニョがピッチに立つ。61分にはＳＢの山本に代わり、山口が出場。サイドハーフだった安西がディフェンスラインに下がる。

２０１８年シーズン、阪南大学から加入したルーキーの山口は、リーグ戦の第６節で初ベンチ入り。第８節で途中出場したが、出場時間はわずか15分のみ。第11節で26分間出場したものの、その後は10分未満の試合が５試合あるだけで、８月19日の第23節を最後にベンチ入りすらできなくなっていた。

中３日、中２日で試合が続く過密日程では、トレーニングもコンディション調整が中心となり、紅白戦を行うこともままならない。連勝を続け、走り出したチームのなかで、山口は置いて行かれたように存在感が薄れていく。

「今までは自分中心のサッカーをやっていたけれど、プロではチームという組織のなかで、選手は駒という意識も必要になる。ほかのクラブでは１年目の大卒選手が活躍しているのを耳にするとすごく悔しかった。鹿島でそう簡単に出番がくるとは思っていなかったけれど、いろいろ悩んだし、毎日考えた。選手としてだけでなく、人としても成長していると思う」

レベルの高い環境に身を置いていることを自覚しても、思うように試合に出られない現実を素直に受け入れるのは難しい。「ここで腐ってはいけない」と堪えようとしても、やり切れない感情が芽生えて当然だ。プロになるために必要なプライドや勝気な性格は、厚くて高い壁を前にしたとき、邪魔になるのかもしれない。厳しさから逃げるのは容易だ。誘惑はいつもそばにある。揺れる心を抱えた選手を起用する甘さは、プロの世界にはない。チャンスの扉は遠のき、迷路のような毎日が続く。山口が過ごした葛藤の日々を、多くの選手も味わってきた。ルヴァンカップではベンチ入りしていたが、出場は4分のみ。しかし、この日ニッパツスタジアムのピッチに立った山口は、吹っ切れたように軽快なプレーを見せていた。その姿は頼もしく、怖さがあった。

62分土居のゴールに続き、70分には、山口のパスから安西のクロスに反応したセルジーニョのヘディングシュートで2点目が決まる。2-2。あと1ゴールで勝ち上がれる。

84分、金森健志に代わり昌子がピッチへ。その直後にCKのチャンス。昌子がサポーターを盛り上げるように両手を振る。しかし、何度も得点の匂いを漂わせながら、結局あと1点が決められず、試合終了。鹿島のルヴァンカップが終わった。

「出られない選手がたくさんいるなかで、僕がチャンスをもらったので、出られない選手のぶんまで僕が頑張ろうと思いました。少ない時間で結果を出してこそのプロだと思う。次は結果を出せるようにしっかり練習していきたいです」

試合後、笑顔を見せることなく語る山口の言葉には重さがあった。

昌子が先発に復帰したが、第30節10月20日の浦和戦を落とし、4位となった鹿島の勝ち点は

46ポイント。首位川崎との勝ち点差は14ポイントに開き、リーグ優勝は遠のいた。来季のＡＣＬ出場権をかけた3位争いには、勝ち点4ポイントの間に7チームが並んでいる。

10月24日、ＡＣＬ準決勝第2戦へ向けて、チームは韓国へ渡る。

ＡＣＬ準決勝第1戦後、水原は監督が交代。8月下旬に辞任を表明し、チームを離れていたソ・ジョンウォンが10月中旬に復帰すると、その後公式戦3連勝とチームの雰囲気は上向いていた。ソ・ジョンウォンと同世代の大岩は試合前日の会見で、それを認めている。

「水原の最近の試合を分析して、選手の前向きな姿勢を感じた。監督が戻ってきてから、よいマネージメントが行われている。我々にとってＡＣＬ優勝は悲願という話もあるが、上を見るのではなく、明日の試合をしっかり勝って、ファイナルへ進むことしか考えていない」

大岩はソ・ジョウォンとは２００１年アジアクラブ選手権２０００／２００１で、水原ＧＫコーチのイ・ウンジェとは２００９年のＡＣＬで対戦している。アジアの舞台で戦った選手たちが、指導者として再びそのステージに戻ってきた。

キックオフ後、アグレッシブさを見せたのは、ホームの水原だった。球際の競り合いは激しく、圧力をかけてくる。鹿島がそれを跳ね返す。一進一退の熱い攻防が展開され、25分鈴木優磨が倒されて得たＦＫから、山本のゴールで先制点が決まる。

水原は後半開始時に長身ＦＷを投入し、シンプルに前線へボールを蹴り込む戦術へ変えると、鹿島の守備陣の対応が遅れ、52分、53分、60分と後半開始15分で3失点してしまう。このとき、ピッチ中央で円陣を組んだ選手たちは、守備の修正を行うだけでなく、「まずは1点返そう」と意識を統一した。2－3になれば、延長戦に持ち込める。内田不在でも、彼が残した、苦しい状況でやるべきことを共有する円陣は継続された。

64分、右SBで先発した西が鮮やかなトラップから1点を返すと、82分には鈴木の粘り強いキープからセルジーニョの得点が生まれ、3－3の同点とする。

93分にピッチに立った小笠原は、周囲の選手たちに大きな声で指示を出し、安定感と落ち着きをチームにもたらした。そして試合終了の笛が鳴る。重圧感から解放された鹿島の選手たちは、お互いを労うくらいで、歓喜を爆発させるというような空気はなかった。

「1－3になっても冷静でいられました」と大岩は、会見でチームへの信頼を示した。

「選手には常に自分でアクションを起こすことを求めている。そのためには相手に伝え、相手の話を聞くことが必要。コミュニケーションをとり続けようとシーズンを通して言い続けている。ピッチのなかで起きる、いろんな状況をどう感じ、『じゃあどうしよう』というのを選手自身がチームとして統一していかなくちゃいけない。その積み重ねで選手は自信を身につけることができている。ここにきて、1ランクも2ランクも成長している。選手から自信を感じるので、強い信頼を持って、送り出せる。選手たちは本当に頑張っている」

だからこそ大岩は教えすぎないことを意識していると語る。

「うちは自立している選手が多いというのもあるし、若い選手には自立してほしいから」

大岩のもとで成長を重ねた昌子は、長いリハビリを経て、復帰したばかり。準決勝を突破した安堵感とともに、この日の失点に絡んだ事実を噛みしめたからこそ、胸を張った。

「誰になんて言われようが、鹿島の3番というのは揺るがない。どんな試合でも俺が支えるという強い気持ちを持ってやってきた。失点に絡み、いろんなことが甦った。チームに迷惑をかけたぶん、絶対に決勝でチームを救う。(岩政)大樹さんに代わり3番をもらい、鹿島のディフェンスを支えてきたのは自分だと言い聞かせてきた。ＡＣＬ決勝は3番の覚悟を見せられる舞台。その魂を持って挑みたい」

総力戦でリーグ戦を戦う

10月は計7試合を戦い2勝3分2敗。ルヴァンカップを落としている。10月31日、リーグ第31節対セレッソ大阪戦での１－０の勝利は、リーグ戦では約1か月ぶりの勝利となった。ゴールを決めたのは小田逸稀《いつき》。２０１７年に東福岡高校から加入したＳＢのプロ初ゴールだった。

この試合でプロ４年目にして、Jリーグ初先発初出場となった久保田和音《かずね》が充実感に満ちた表情で「楽しかったですね。サッカーを楽しめました」と語る。この日はＡＣＬ水原戦の先発から9人が入れ代わっている。久保田以外にも山口や田中稔也《としや》が先発。そんな若い選手たちを支えるのはスンテ、昌子、犬飼、そして永木と小笠原だ。

3日後の11月3日にはＡＣＬ決勝第1戦が待っている。控え組中心のメンバーでリーグ戦に挑むのは、ある種、当然のことなのかもしれない。しかし、リーグ戦も佳境を迎え、来季のＡＣＬ出場権獲得のためにも、勝ち点を落とすことはできない。「総力戦」と常々口にしている大岩にとっても大きな決断だっただろう。指揮官の勇気、そして、厚い信頼に応えるかのように「選ばれた」者たちは、使命感に燃え、結果を手繰り寄せた。昌子が振り返る。

「いい試合だった。若い選手が頑張ってくれた。選手全員の名前を言いたいくらい、全員が本当によかった。プレーの精度という部分での課題もあるけれど、たとえば（山口）一真が最後までシュートにこだわり、強引に打ったシーンは、点を決めたい、勝ちたいという気持ちが表れていた。僕らが若い選手をサポートするだけでなく、若い選手も僕らをサポートしてくれる。非常にいい関係だと思います。『俺らがいいプレーをして勝って、ＡＣＬへ勢いをつける』という気持ちが、今日の結果を生んだ。これは本当にデカいと思いますよ。気持ちを前面に出したプレーをすれば、相手よりも先にボールに触れられる。今日戦った選手たちの姿勢は、（主力組に）刺激を与えまくった」

　夏以降、ベンチ外になる試合もあった小笠原は、試合後のミックスゾーンで話すことはなかった。若い選手たちに囲まれながら駐車場をさっそうと歩く姿が印象的だった。

　ＡＣＬ決勝第1戦、対するのはイランのペルセポリスＦＣ。カシマスタジアムには3万5千人を超える観衆が集まった。２０１８年シーズンで初めての数である。ホーム・アンド・アウェイのため、この試合で優勝が決まるわけではないが、レオ・シルバとセルジーニョの得点による2－0の快勝に昌子は「みなさんが作ってくれた雰囲気のおかげ」と感謝した。

序盤はロングボール主体の相手の攻撃を警戒し守備ラインが下がった。ホームとはいえ大観衆が作る空気に、選手たちのプレーに硬さもあり、消極的になった面も否めない。

「前半は全体が後ろへ少し重くなっていると感じていた。『勇気を持ってディフェンスラインをあげよう』と伝えた。陣形がコンパクトになれば、相手の速さや中央の激しさに対して数的優位に立てる」と大岩はハーフタイムに指示を送り、鹿島のサッカーを取り戻したことで勝利を引き寄せた。１週間後にはテヘランで行われるアウェイ戦が待っている。


その前にリーグ第32節で柏をしっかりと叩かなければならない。11月６日の試合もセレッソ戦同様に若い選手がスタメンに選ばれた。６分に金森のゴールで先制するが、９分、24分と連続失点。27分に町田のゴールで同点としたが、なかなかゲームが動かない。そんな試合を決めたのが61分の山口の決勝弾だった。リーグ初ゴールだ。

「ボールがこぼれてきた瞬間は、これを決めないとクビだとか、いろんなことを考えた。最後はほとんどボールも見てないくらいの勢いで。だから気持ちで押し込んだゴール」と山口。

若い選手たちがスコアを重ねるなか、勝利を手繰り寄せたのは、ベテランたちの修正力だった。小笠原は試合が途切れるたびに、周囲に指示を出す。永木がその状況を説明する。

「前半の途中までは、守備の重心が後ろになって、ズルズル下がり２失点してしまった。ダブルボランチも下がりすぎて、相手のボランチにプレッシャーをかけられていなかったので、満男さんを中心に話して、4－1－4－1にしようと。満男さんが中盤の底に立ち、僕と（久保田）和音で相手のダブルボランチを見る形にして、そこからうまくいった」

ベンチに立つ大岩は、静かにその修正を見ていた。選手たちの自主性を信じていたのだろう。

試合後の会見で敬意を表している。

「今日はアグレッシブにやろうという話をしていたが、それを小笠原、曽ケ端、遠藤、永木がプレーで表現してくれた。若手を引っ張ってくれる存在。彼らの経験を若手が吸収していることが、成長できている要因、自信を持てている要因だと思う」

永木の本職はボランチだが、SBやサイドハーフでのプレーにも大岩は信頼を寄せている。

「自分の持ち味を出しながらも、試合の流れ、チームの状況を考えるところは（湘南から）鹿島へ来てすごく勉強になっています。鹿島の選手は常に考えてプレーしているし、満男さんだったり、ソガさんだったりが、それを伝えてくれる。自分たちもそれを継承し、また、そんな自分たちのプレーを見て、若い選手がやってくれればなと思います」

リーグ戦を2連勝とした鹿島は第32節終了時点で、単独3位に立った。


火曜の柏戦終了後、鹿島は約17時間のフライトを経て木曜日にテヘランに到着。翌日には前日の公式練習と公式会見が行われる。ACLのアウェイではお馴染みのスケジュールだったが、西アジアは移動の距離や時差、そして高地など東アジアとは違う環境で戦わねばならない。

悲願だったアジアの頂点へ

11月10日、イラン・テヘラン、アザディスタジアム。試合のキックオフは18時半だったが、日本人メディアや鹿島サポーターは、渋滞や混乱を避けるべく、昼過ぎにはスタジアムに到着するスケジュールが組まれていた。いくらなんでも早すぎるだろうと思いながら、スタジアムに入ると、すでに多くのサポーターがスタンドを埋めていた。

イスラム教の教えのもと、イランではサッカースタジアムへの女性の入場は禁じられてきた。しかし、この決勝戦では女性の観戦が解禁。メインスタンドの一角に女性専用座席が用意され、地元メディアの取材も行われている。日本から鹿島の女性サポーターも訪れていたため、男性専用のスタジアムに急遽女性用のトイレも設置された。

10万人の観客で埋まるスタンド。ブブゼラの音が響き渡るなか、試合が始まる。

「脩斗！」「健斗」「レオ」

昌子は何度もチームメイトの名を呼ぶが、その声が仲間に届くことはなかった。

「声が届かないのは想定内。『ポジションに戻るときとか、いつでも俺のほうを見てくれ』と伝えていた。声が届かなくてもメッセージを送ることはできる」と昌子が試合を振り返る。

この日は引き分けでも鹿島の優勝が決まる。逆にペルセポリスＦＣが優勝するには3点以上の得点が必要だった。そのため、昌子はペルセポリスＦＣの猛攻を覚悟した。

「相手の2トップが強力で、ＧＫからのロングボールもある。こんなにＣＢがしんどい試合も少ない（笑）。だけど、勝つために、僕らのゴールからボールを遠ざけることを徹底した」

守備陣をコントロールしながら、ペナルティエリア内では体を張ってゴールを守る。とにかく失点しないことがタイトル獲得への最低条件だ。昌子が続ける。

「グラウンドが思った以上に悪く、ロングボールが増えた。変な言い方だけど、鹿島はちょっといやらしいよね。こういう舞台で躊躇することもなく、ロングボールを蹴る。勝つためならカッコ悪い戦いもやってしまう。途中から出た選手も含めて、すべての選手がその意識でプレーしている。それは憎い。俺が相手だったら、本当にイヤや。うっとうしいやん（笑）」

自陣からボールを遠ざける。この試合ではＧＫへのバックパスをプレーの選択肢から外すようにし、前線の選手が不用意なバックパスをしようとすれば、叱責された。徹底したリスクマネージメントのもとでの戦い。得点を決めるのではなく、優勝するために必要な仕事に集中する。そして、両者スコアレスのまま、試合終了。

ＡＦＣチャンピオンズリーグ２０１８、鹿島アントラーズの優勝が決まった。

「鹿島は優勝しなければいけないというプレッシャー、責任感もあります。試合前のピリピリしたムードもあるなか、大舞台に慣れている先輩方が多く、心強かった。僕にとって初めてのタイトルですが、想像以上に気持ちがいい。笛が鳴った瞬間は今後も忘れないと思いますし、こういう経験を何回もしたい。喜びを与え続けられる選手になりたい」

安部がタイトル獲得の感動を味わい、次なるタイトルへの想いを口にする。タイトルが次のタイトルへのエネルギーとなっていく。鹿島アントラーズの二十冠はこうして積み重ねられた歴史なのだ。

優勝セレモニーを待つ間、ピッチ中央に立っていた大岩のもとへ突然、選手たちが駆け寄り、ペットボトルの水をかけて指揮官を祝った。小笠原の発案だった。驚くように振り向いた監督は、ひとりの選手の手を取り、自身の腕のなかへ引き寄せ、ギュッと抱擁する。小笠原を抱き寄せるその力強さとそこに込められたさまざまな想いがスタンドにいても伝わってきた。

鈴木満の言葉が脳裏によみがえる。今季リーグ戦、小笠原は９７７分しか出場していない。

「やっぱりベテランで、実績のある選手を外すというのは、すごく難しい部分があるんだけど、大岩は満男の処遇だとかをうまくやってくれた。そういうところをシビアにやれるのが、剛のよさだと思っている。やっぱり剛は選手に対して優しい。すべての選手に対して、想いを持ってちゃんと接して、信頼関係をきちんと築いている。選手と1対1で話しフォローもしている。（メンバーから外される）選手が納得するのは、なかなか難しいところがあると思うが、たとえば（現役を）やめてから『しょうがないな』と思えるようにはなっていると思うよ」

大岩自身、現役時代の終盤は長い時間を控え選手として過ごしている。辛さや悔しさを抱えながら、客観的に冷静にチームを見ては若い選手にアドバイスを送っていたと鈴木は言う。だからこそ、先発起用が減った小笠原の悔しさや空しさも理解できたはずだ。

「現役時代一緒にプレーしていたので、僕自身も彼に対して特別な感情がありますし、曽ケ端も含めてですが、彼らとアジアタイトルを獲れたというのは、非常にうれしく思っている」

指揮官は試合後の公式会見でそう語った。大岩が鹿島に加入したのは２００３年。小笠原や曽ケ端はすでに中心選手だった。年齢的には若いふたりから、数多くの学びを得たのだろう。何度もアジアの壁にはね返された悔しさをともに味わってきたのだ。

それでも、温情的な采配はしなかった。

アディショナルタイムの最後の交代カードは金森。たとえそれが小笠原だったとしても誰も驚きはしなかっただろう。だが、監督はスピードが持ち味の金森を投入し、試合を終わらせた。

表彰式。カップを渡されたゲームキャプテンの昌子は真っ先に小笠原にそれを手渡した。

「絶対にカップを掲げるのは、満男さんでしょう。絶対にイヤがると思ったけど、俺が『ミツ』って言ったら、みんながミツさんを探し出してくれた。本当はソガさんとふたりで掲げてほしかったけど、まずは（チーム）キャプテンである満男さんに渡した。イヤイヤ言いながらも、なんやかんや笑顔だったし、うれしそうだった。やっぱり一番、あの人が似合う」と昌子。

セレモニー後の記念撮影では、現地にいない選手のユニフォームを掲げた。

「本当にチームの悲願だったので、その瞬間にピッチに立てたのはうれしかった。スタンドで見ていた（山口）一真とマチ（町田）、あと日本に残っている選手の気持ちも込めて、仕事をしようという想いでピッチに入った」と永木が言えば、遠藤も同じ想いだった。

「ユニフォームを用意してくれたのはスタッフです。選手だけじゃなくて、チームスタッフもサポーターも含めて、みんなが戦ってくれたおかげで、こういったタイトルが獲れた。タイトルは試合に出ている人たちだけでは獲れないということを再確認できた」

山本も全員で手にしたタイトルだと笑う。

「リーグ戦で普段試合に出ていない選手たちが戦っている姿に、僕たちも感じるものがありました。ここに来ていない選手がいてくれたからこそのタイトルだと思います」

鈴木満も優勝カップを掲げている。

「初めてだよ。まあ二十冠の節目だからね。長かった。少しチームが緩んでいたところを締める意味でもジーコに来てもらった。剛も苦しいところがありながらも、後半になり、選手の使い方や見極め方がよくなった。ジーコと一緒になって、あやふやになっていたところを、グレーじゃなくて、明確にしたのがよかった」

この試合には大量の警察官がスタジアムに投入されていた。記者席からピッチを通り、取材エリアへ向かおうとしても、警備員や警官に止められてしまう。大会関係者に引率されなければ進めない。そのうえ駐車場へ抜けるマラソンゲート内に設置された取材エリアは狭すぎて、選手が歩くことも難しい。選手たちと警備員、警察官が入り乱れ、一般人の姿もちらほら。明かりも少なく暗い場所で、話を聞くために選手を探すのもひと苦労だった。日本の取材環境と

は違うアウェイで起きるハプニングや混乱もまたACLを取材する面白さだが、決勝戦での熱量は格別だった。

ACLで優勝した鹿島は、12月12日からUAE（アラブ首長国連邦）で開催されるCWCへの出場も決まった。

残念なことに、決勝戦で途中交代した鈴木優磨は11月13日に右足関節捻挫と発表され、同時に初招集されていた日本代表も辞退することになる。

2019年1月に日本代表がアジアカップへ出場することに伴い、10月に天皇杯の日程が発表され、12月16日準決勝、12月24日決勝の予定だったが、鹿島のACL優勝によって、さらなる日程変更を強いられた。CWCと日程が重なるため、準決勝が12月5日に、決勝は12月9日と変更される。

すでに天皇杯準々決勝のほかの試合は10月24日に行われていたが、ACLのため延期されていた、対ヴァンフォーレ甲府戦が11月21日に山梨中銀スタジアムで行われた。土居のゴールで1－0と勝利。続く11月24日のリーグ第33節、対仙台戦も3－0と快勝する。

「常に前を向いて、上を目指していかなければいけない。停滞は後退と同じだ」

ACL優勝にとどまるなと大岩は、試合当日、選手たちに奮起を促している。

鹿島は3位をキープ。2位広島との勝ち点差は1ポイント。4位コンサドーレ札幌との差も

1ポイントの状態でリーグ最終節を迎える。

12月1日Jリーグ最終節、対鳥栖戦。ホームゲームに3万人近い鹿島サポーターが集った。前年の最終節に引き分けて優勝を逃した苦い想いを抱いていたのは選手やチーム関係者だけではない。サポーターも同じ想いからスタジアムへ駆けつけた。

残留争い真っ只中の鳥栖の「負けたくない」という想いに引きずられたのか、鹿島はゴールを決められず、スコアレスドローで試合を終えると、スタンドからはブーイングが起こった。悲願のＡＣＬは獲ったが、リーグタイトルは逃した。2季連続で最終節に勝ちきれない。続く天皇杯、ＣＷＣに向けてのエール……愛あるブーイングだった。

しかし、12月5日の天皇杯準決勝対浦和戦も0－1で敗れ天皇杯を失う。この試合で右ハムストリング筋損傷を負った鈴木優磨は、ＣＷＣへの出場も叶わなくなった。そして、試合復帰することなく、翌年夏ベルギーへ移籍する。

再びのクラブワールドカップの舞台へ

ＵＡＥのアルアイン。日中は暑いくらい日差しが強いが、陽が落ちると内陸に位置しているせいか急激に気温が下がる。

「力的に考えて、俺らよりも下のチームはいない。いつも通りにやるだけ。うちらは挑戦者だから。初戦は大事。すべての試合を決勝戦のつもりで戦わなくちゃいけない」

内田は平常心の重要性を口にしながらも、警戒心、危機感を失ってはいない。

「あとはケガをしないことだよね」

鹿島復帰最初のシーズンである２０１８年、連戦に耐えた期間は2か月にも満たない。

「これじゃあ、帰ってきた意味がないよ」

内田が吐き捨てるようにこぼしたのは、ホームでのＡＣＬ決勝戦前日だった。悲願のアジア制覇につながる道程で、水原戦では貴重なゴールも決めたが、満足にはほど遠い。


12月15日、ＣＷＣ準々決勝戦に対するは、メキシコの名門クラブ、ＣＤグアダラハラ。チームは開始早々の3分に失点。それをベンチで見ながら安部は考えていた。

「前半の相手のプレーの強度には正直驚きましたけど、冷静に考えれば、あれが90分続くとは思えない。０－１なら全然いける。押し返せば相手の強度も落ちるだろうから」

後半開始からレアンドロに代わり、安部がピッチに立つと、鹿島は相手ゴールへと迫っていく。49分に同点弾を決めた永木が振り返る。

「スペースがあったので、思い切ってそこへ走り込み、あとはパスが来るのを信じていました。同点になり、相手ががっくり来ていたのがわかった。そこから自分たちが畳みかけるように攻撃できたと思うし、点も獲れた。開始直後は相手の勢いに面食らった部分も多少あって、試合への入り方もよくなかった。そこでハーフタイムに話し合いながら修正できた。相手が落ちた部分もありましたけど、修正できたというところは、自分たちのよさだったと思います」

69分にはセルジーニョがＰＫを決めて逆転。

83分、グアダラハラがセルジーニョを倒してボールを奪うとカウンターを狙う。しかし、ハーフウェイライン近くでその攻撃は寸断される。安部がファウル覚悟で飛び込んだからだ。いわゆるプロフェッショナル・ファウル。倒された選手は安部に詰め寄るが、安部はその抗議に一切反応しない。審判からイエローカードを出されても、平然とそれを受けていた。

「審判がいなければ、普通にノーファウルで奪えたと思います。ファウルをもらっても、冷静を装えばチームメイトにいい影響というか、チームの雰囲気がよくなる。あのプレーでみんなが落ち着けるし、チャンスをつぶされた相手は、落胆するだろうし。計算通りでした。相手が熱くなっても、僕がファイトする必要はない。ファイトすれば、退場の可能性もありますから」

相手のビッグチャンスを防ぎ、チームの悪い流れも断ち切る。時間を使うことにもつながったはずだ。そして84分には世界中で高い評価を得た安部の美しいミドルシュートが決まる。

「何も考えていないです。トラップをしたときに、ああ打てるなと。気持ちよかったですね。あんなにきれいなゴールは多分、プロになって初めて。取材で、『数字を残したい』と言いました。そういう意識を口にすることで、それが（現実として）現れたのはうれしい」

安部の得点は94分にオウンゴールで失点したことを考えれば、非常に価値あるゴールだった。それ以外にもファウルで敵の攻撃をブロックしたシーンや、相手をふたり背負いながらもパスをつないだシーンなど、この日の安部のプレーには印象的なものが多かった。チームの勝利と自身の未来への執着心が、ピッチ上のあらゆる場所で感じられた。

　そして、準決勝。２０１６年以来となるレアル・マドリードとの対戦だ。

「楽しみよりも違和感ですね。2年前の試合は、高校の寮でみんなと見ていました。『鹿島スゲーな。お前ここに入るのか』と言われながら。そしたら、次に僕が戦う〝はめ〟になった」

　安部らしくない少し乱暴な言葉が漏れる。周囲からレアル、レアルと言われることにも違和感があるのかもしれない。

「ＣＷＣは世界のスカウトが見る大会。若手には大きなチャンスになる」と語る内田の言葉を伝えると、「どんな試合でも、誰かが見ている。そういう意識でいつもやっているから、特別な気持ちはない」とサラリと答えていた。のちにＦＣバルセロナへ移籍する男の野心と欲と向上心が垣間見える。すべては通過点でしかないのだろう。

　レアル・マドリード戦前、スンヒョンとの会話に彼のレアルに対する好意を感じたが、「レアルが一番好きなチームですか？」と聞くと、通訳を待たず「一番好きなチームは鹿島アントラーズです」と日本語で即答。シャツのエンブレムの上に手を置き、笑った。


「何度も何度も第4審判が、アップをやめろと言ってきた。確かにもう3人の交代枠は使っていたけれど、延長になれば、4人目の交代が認められる。その準備を続けなくちゃいけない。でも、第4審判には僕らの気持ちが伝わらなかった。だから、数名だけ残して、あとはベンチに引き上げるよう選手たちに伝えるしかなかった。非常に悔しかった」

準決勝後、そう語ったのはコーチの羽田だ。勝負を諦めない想いが伝わってくる。

レアル・マドリードとの再戦

２０１８年12月19日アブダビ。ＣＷＣ準決勝、対レアル・マドリード戦。

前半40分までは、鹿島はプラン通り、無失点でレアルを抑えていた。しかし前半終了間際に失点すると、後半も53分に守備陣の連携ミスから得点を許し、55分にも失点を重ねた。その後、土居のゴールで１点を返すが、試合は１－３で終了。スコア以上にピッチに立った選手たちが味わった屈辱は大きいものだった。恐らく想像以上だったのだろう。

「守備ではめていこうとするんだけど、うまくはまらない。相手をつかめないというか。とにかく差を痛感した。２年前もなめられているなと思ったけど、今回も同じだった。０－３になってからは、ベンゼマはパスミスしても笑っていた。遊んでいるようなプレーをされてしまった。一応同じプロとしてやっていて、こっちは必死なのに、相手は笑いながらプレーしている。屈辱的だったし、これが世界との差かと実感したところもある。そういう相手にどうすればいいのか？　正解が最後まで出せなかった」

時間の経過とともに疲労に襲われ、鹿島の選手たちの苦しさはさらに増す。それは２年前とは違う苦しさだったと昌子は語る。

「ホームとかアウェイとか、誰がいて、誰がいないというレベルの問題じゃない。結果を見て、そう言われるんだろうけれど、ナンセンスだと思う。レアルと対戦できるチャンスなんてそうあるものじゃない。そこで手を抜くとか、頑張らないなんてことはない。気持ちを見せるプレーをしたかった。球際を強く行きたいと思っても、相手がそうさせてくれなかった」

悔しさを感じることが許されないほどの「差」があった。言い訳めいた話をしたくはないだろうが、何を言っても言い訳にしかならない。それでも。昌子は続ける。

「いろんな複雑な気持ちが混ざりに混ざっています。楽しい、悔しい、もっとやりたい。みんな、チンチンにやられましたけど、充実感もありました。本当に終わってほしくない90分だった。こんな90分を感じたことはなかったかな。前回の対戦でも思いましたけど、そのときよりも強く思った。もっとうまくなりたい。レベルの差は感じたけれど、これが今の実力。これから自分がどれだけ突き詰められるかしかない」

試合を振り返る内田は淡々と話し始める。

「相手はベストな状態ではなかったし、1-3という結果以上の差があった。子どもみたいだったじゃん、俺ら。寄せたら、ダイレクトではたかれて。でも、寄せなくちゃ、ボールを持たれる。そういう相手をショッキングだと感じる選手もいたと思うけれど、俺は特に思うことはない。ただ（安部）裕葵なんかの顔を見ると、俺もああいうときがあったなと思った。あいつは最後まで諦めず、ボールを追っていた。自分がＣＬでマンチェスター・ユナイテッドとやったとき、左サイドまでボールを獲りに行ったことを思い出した。こういう相手とやって、もう追いつけないと思うのか、自分がヨーロッパへ行ってやろうと思うのか、それによって、選手の位置というか、プレーヤーとしてのレベルが変わってくる」

そんな安部について話をするうち、内田は涙声で言葉を詰まらせた。

「俺もああいうときがあった。マンU、レアル、チェルシーに子どもみたいに扱われて差を痛感すると、サッカーボールを蹴り始めてから、今まで自分がやってきたものが間違っていたのかなって思ってしまう。裕葵の気持ちと俺の気持ちが同じかはわからないけれど、もう追いつけないのかなって感じたことを、思い出した」

内田が涙ぐむ姿に驚いた。約20分間にわたって、この日ピッチに立った若手の話は続いた。

「（安部は）日本にとどまっている選手じゃない。今日の涙を見てもわかる。こういう気持ちをきっかけに強くなっていくはずだから。今日のあいつの涙が今後の日本のサッカーにとって、いいきっかけになってほしい。試合後にロッカーに戻ってきた姿を見て、思うところがあるんだなと感じた。あれだけまわされて。子どもみたいに扱われて。そんななか、裕葵や（土居）聖真がもがいていたことがうれしかったね。ああいうのを見て、俺も元気が出たよ」

内田の話は続く。

「俺らがレアルと対戦して感じるものを、レアルの選手が知っているのか、知らないのかはわからないけれど、この想いは、我々にとってはすごく大事。日本という国、鹿島というチーム、裕葵という選手、聖真という選手にとってはね。この大会を無駄にしちゃいけない。選手個人としても、チームとしても、ここからどう這い上がっていくかが大事だと思う。彼らはポテンシャルもあるし、可能性が無限大。挑戦していろんな壁にぶつかりなさいって思うよ。自分がこんなことを言う日が来るなんて思わなかった。後輩のことを自分とダブらせて、涙ぐむなんてことはないと思っていたけど、可愛いんだよ、後輩は。気持ちがわかるから」

自らが気づき、切り開き、道を探し、もがくしかないことを内田も経験した。

「CLのベスト16以上の大人のサッカーをやってくる相手との試合では、選手としての立ち位置を見せつけられる。その繰り返しだった。それを肌で感じてきた。もう対戦することはないと思っていたレアルともう一度、鹿島の一員として戦えることは感慨深い」と話している。（シャルケ在籍当時の）２０１５年春のレアル・マドリード戦後に、彼の長いリハビリ生活は始まった（その試合後の代表戦には出場したが、シャルケでは２０１６年12月まで出場できず）。欧州で復活することは叶わず、帰還した鹿島でのシーズンも負傷に苦しむ1年だった。戦力と呼ぶにはまだまだ物足りない。それは誰よりも内田自身が強く実感している。

諦めることは容易いが、諦められない想いがある。

世界4位と選手の移籍

レアル戦後、ゴール裏のサポーターのもとへ挨拶に行った安部は、レオ・シルバに抱きかかえられながら、ロッカールームへと戻っていった。感情が涙になって溢れ出ていた。

「どんな試合でも百点満点なんてない。悔しさはサッカー選手にとって必要なことだけど、僕は勝って成長したい」

普段よりも遅く、ミックスゾーンに姿を見せた安部は、いつもの冷静な男に戻っていた。初めての世界トップレベルとの対戦で、受けて当然のショックを見せることもなかった。そんな様子が逆に、彼が味わった屈辱の大きさを感じさせた。わずかでも弱気を見せれば、押しつぶされてしまう。だから、必死に立っているように見えた。

「前半の30分ぐらいで強度の違いを感じた。自分のコンディションは悪くないと思っていたけれど、自分の息が上がっているのに気づいた。パススピード、展開の速さ、判断のスピード、相手はすべてが速い。そのぶん僕らはたくさん筋肉を使い、たくさん息をしていた。普通にやっているように見えたかもしれないけど、いつもより強度が高かった」

失点を重ね、ゲーム展開としてはいいところがまったくなかった。

「ひとつラインが下がった。そしてきつくなった。正直、立ち上がり20分間くらいのプレーを90分間は続けられないというのはみんなわかっていた。でもああするしかなかった。本当に勝ちたくて。でも苦しすぎて、きつすぎた。相手が涼しそうにプレーしているのを見て、なんかもう悔しいのを超えて、冷めた感じで相手を見ていた。気持ちが落ちて、ふと現実に戻った。心を折られたわけじゃないし、諦めたわけではないけど、彼らとは明らかに違うと感じた」

落胆から盛り返せたのは、サポーターの声とかつての自分の姿のおかげだった。

「ゴール方向にサポーターがいたので、その声もよく聞こえていました。0－3になっても僕の名前を呼んでくれた。本当にきつかったですけど、僕らは絶対に諦めない。試合中、2年前に高校の寮のテレビで見ていたレアル戦のことを思い出した。鹿島の選手が必死になって走っている姿を。だから、自分も少しでもそういう姿を見せようと。少しでも背中で勇気を与えられたらなと。（2年前の）あの試合から僕はいろんなものを与えてもらったから。

　試合中にそういうことを考えたのは初めてです。2年前の試合は日本に限らず、日本人があれだけやれるというのを示した試合。レアルが相手というだけで、与えられる影響はとてつもなく大きい。だから僕はサッカーが好きなんです。だから頑張りました。でも、今日の試合が今の実力。あれが目いっぱいという気持ちもあれば、もっとやれたという気持ちもあります。もっと、こういう環境でプレーしたいと思いました。今後、成長していくためにどういう道を選択していくべきか。自分の考え方が少しは変わったんじゃないですかね」


　選手個人の体感からも伝わってくるが、レアル・マドリードと鹿島とでは、個々人のプレースピードや技術、戦術眼などにも違いがあった。同時にチームとしての対応力や組織力、戦略など、あらゆることが足りなかった。大岩は試合数日後に次のように語っている。

「いろんなバリエーションというか、懐というか、幅というか、どういう言葉が適切なのか今はわからないが、いろんなものに対応できる大きさ、チームとしての大きさ、幅の広さはレベルが上がればもっともっと必要になってくる。これは選手だけじゃなくて、スタッフも含めて。だからこそ無駄にしたくない。この悔しさは、僕にとってはエネルギーになる。今後の監督人生もそうだし、このチームを率いていくうえでも絶対に忘れてはいけない試合だった」

3位決定戦。鹿島はアルゼンチンの雄、リーベル・プレートと対戦する。内田は新たな経験を積めるという意味で、南米王者との対戦を「運がいいこと」と話す。

「リーベルとボカ（・ジュニアーズ。リーベルと並ぶアルゼンチンの強豪）の試合をハイライトで見たけど、すごかった。レベルが違う。彼らは背負っているものが違うし、南米のチームがＣＷＣへかける想いは、ヨーロッパのチーム以上のものがある。今日みたいに遊んではくれないからね。レアルとはまた違った意味でのやりにくさがあるはず」

アルゼンチンやブラジルで活躍する選手たちは欧州への移籍を貪欲に狙っている。ＣＷＣはその大きなチャンスなのだ。リーベル・プレートは、２０１６年に対戦したアトレティコ・ナシオナル（コロンビア）とは、まったく違う相手だった。

12月22日の試合は０－４と大敗。鹿島は4位で大会を終える。

準決勝同様、試合後の内田からは「日本サッカー界の未来」という言葉が何度も口をついて出た。Ｊリーグの一員として、世界と戦ったからこそ、痛感しているのか。

「海外にいるときは（日本のことは）思わなかった。戻ってきて、ワールドカップやＣＬ、ＥＬを見ているとやっぱり比べてしまう。こういう大会で海外のチームや選手と戦い、体感したものを意識し続けられるかで、選手としての成長が変わってくる」

この日も内田は饒舌だった。それだけ強く感じるところがあったからだろう。

「Ｊリーグは俺が幼稚園のときに始まったけど、シャルケは１９０４年に始まっている。10代のころ、ヤナさん（柳沢敦）に『海外って日本と何が違うんですか？』と聞いたら『歴史』と答えてくれた。僕もヨーロッパへ行き、その答えの正しさを感じている。歴史や時間を埋めていくにはどうしたらいいのか？　いろんな課題があると思う。『違うな、足りないな』と感じるところはいっぱいあるから。１試合だけなら勝てるかもしれない。でも、その差っていうのはみなさんが思っている以上に大きい」

この試合に先発出場した安西は、レアル戦でも途中出場している。

「サッカーをやってきて一番大きかった。レアルとリーベルの２戦はサッカー人生のなかでも一番つらかったというか……同じ人間がやっているのに、ここまで差があるのかと。細かいところも全体としても全部負けている。鹿島に来て、成長できたと思っていたけれど、最後にこれだけ大きな衝撃があると、上には上があったと気づけた。ここからのサッカー人生をプラスに変えることは絶対できると思っているし、変えなくちゃいけない。自分がもっと成長していく姿を見据えなくちゃいけないし、サッカー選手としての覚悟が必要だと思いました。（内田）篤人くんが言っていることがよくわかる。もっと上を見てサッカーをしたいと思いました」

長谷部誠が欧州移籍を目指したのは、２００４年の対ボカ戦がきっかけだった。２－５で敗れた試合で、相手の貪欲さに触れ、危機感を抱いた。安西だけでなく、安部が受けたインパクトもこのときの長谷部と同様だったのだろうと思う。

２０１９年1月、昌子はフランス１部のトゥールーズへ移籍。夏には鈴木優磨、安西、安部が、それぞれヨーロッパへと旅立った。

小笠原満男の引退

12月27日、小笠原満男の現役引退が発表される。

UAEでも膝の状態が悪い様子は伝わってきた。そして、リーグ戦での度重なるベンチ外という現実。移籍か引退か……と覚悟はしていたが、正式発表が与える衝撃は大きかった。

「みなさんこんにちは。鹿島アントラーズの小笠原満男です」

12月28日、カシマスタジアムで引退会見が始まる。

「本日は年末のお忙しいなか、お集まりいただき本当にありがとうございます。今シーズンをもって、鹿島アントラーズでサッカー選手を終える決断の報告をさせていただきたく、今日の会見の場を設けていただきました」

会見冒頭でそう挨拶した小笠原は、すっきりとした表情に見えた。

「引退を決断した最大の理由は、今シーズン1年を振り返り、試合に出る機会が少なくなり、ピッチで、チームを勝たせることができなくなってきたということ。試合でプレーしたいという想いが強く、それができなくなったときに身を引くことは、以前から決めていたことです。

本当にサッカーが大好きだし、アントラーズが大好きだし、まだまだ、サッカーをやりたい気持ちがあるというのが正直な気持ちです。でも好きだからこそ、このチームがさらに強くなっていくために、自分よりも、若い選手、これからの選手にピッチに立ってほしいと思いました。鹿島アントラーズが強くなっていくために、身を引くときが来たかなという想いです」

大岩とどんな話をしたかについても語っている。

「それは僕と剛さんとの秘密にしたいですね。剛さんへの感謝の気持ちもある。ずっと監督に言ってきたのは、『特別扱いはされたくない』ということ。いろんなことも剛さんだから我慢できたこともあるし、剛さんの背中を見てきたものもあるので。感謝しかない」

チームメイトに伝えたのは、シーズン最終戦後だった。

「自分としては、最後の最後までやってすべてを終えてからみんなに報告しようと。ＣＷＣ３位決定戦のリーベル戦が終わったあとに、話しました。

ただ、ジーコには、試合直後にブラジルへ帰る飛行機に乗るため話す時間がないと考え、試合前に伝えました。自分がここまでやってきたこと、最後までそれをやり遂げたことに拍手を送りたいと言ってもらえてうれしかった。『アントラーズに恩返しがしたい』と今後の相談をすると、ジーコも『そうするべきだ』と言ってくれた。今後もジーコからいろんなものを学び、ジーコが築きあげてきたものを受け継ぎ、アントラーズのためにいろんなことをやってみたい。

ＡＣＬのタイトルを獲れたのは素直にうれしい。カップを渡されて掲げたことが美談になっていますが、本音としてはピッチに立ってチームに貢献したかったから、イヤで恥ずかしい」

17個のタイトル獲得にかかわった小笠原は、勝てる理由を聞かれると、「あんまり過去を振り返ったりするのは好きじゃない」と断ったあと、続けた。

「タイトルはひとりの力で獲れるものではない。みんなで獲ったものだから、自分が獲ったというふうには思っていない。それ以上に失ったタイトルが何十個もある。そういう悔しさがすごくあります。ただ、これだけのタイトルが獲れたのは、やはりジーコが植えつけた勝負にこだわること、勝負から逆算して試合を組み立てて、考えてプレーしてきたから。これからアントラーズが強くなっていくためには、もっとそういうことができるようになるべき。ＣＷＣでも準決勝、3位決定戦は負けました。確かにレベルの高い相手ですが、レベルの差があっても勝つ方法はあると思う。それを覚えて、表現できれば、もっともっと強くなっていくと思う」

その3位決定戦のリーベル戦では76分から内田に代わり出場している。

「最後に勝ちたかった。なんとか点を獲って、勝って終わりたかったという気持ちだけです。自分のことだけを考えれば、最後に優勝して終わりたかったので、悔しかった。でも、そういう想いで終わるのも自分らしいのかなって思いました」

小笠原の取材を続けるなかで思い出すエピソードはいくつもあるが、彼について考えるとき頭を離れないのは、「優しさ」だ。

「ミスした選手は、ただでさえ混乱し動揺しているから、そこで怒鳴ることはしない。あとで話せばいいでしょ」

これは、磐田に在籍していた元ブラジル代表キャプテンのドゥンガが、「ミスはその場で注意しないと修正できない」と語る鬼軍曹だったという私の話に対する小笠原の返答だ。

そのころの磐田では、ドゥンガの厳しさのなかで若い選手が成長したという事実もあり、どちらが正しいという正解のあるテーマではない。ただ、周囲に対する愛情の深さと自身に対する厳しさの間で、小笠原満男は生きているのだということは、その後もたびたび実感した。

だから彼はきっぱりと現役を引退したのだろう。

第十二章

監督

「『スピリット・オブ・ジーコ』にもあるように、どちらかといえば、派手に強いというよりも地味に強い感じになると思います」

——相馬直樹

鹿島アントラーズは２０１８年シーズン60試合を戦った。その影響なのか、鈴木優磨、三竿健斗、犬飼智也など、ケガ人を抱えたまま２０１９年シーズンはスタートしている。ヴィッセル神戸に移籍した西大伍をはじめ、鹿島を去った選手もいる。

２月９日のいばらきサッカーフェスティバル対水戸ホーリーホック戦は中村充孝のゴールで勝利したものの、安部裕葵や新加入の伊藤翔もベンチ入りできていない。

「攻撃でも守備でも物足りなさはある。ケガ人が多いなかですり合わせができなかった選手もいる。そういうなかで、今日の試合中にコミュニケーションを取って、やれた部分とやれなかった部分があった」と試合後の会見でも大岩剛が語っている。

シーズンの戦い方について、中村は「今年はサイドハーフがボールを獲りに行こうという話もある。前で獲れれば相手の陣地、相手のゴールに近づくから」と話してくれたが、その意識は彼自身が高い位置でボール奪取を見せていたことからも伝わってきた。

２月19日のＡＣＬプレーオフ対ニューカッスル・ジェッツ戦（オーストラリア）は４－１と

し、本大会進出を決める。しかし、2月23日リーグ開幕の大分トリニータ戦。3バックの相手との試合を1－2で落としたことで、戦い方に変化が生じる。前からボールを獲りに行くことのリスクを考慮し、ブロックを形成する守備へと変わっていった。

第17節終了時点で8勝4分4敗（第16節未消化）で5位。首位との勝ち点差は8だった。

ACLグループステージを3勝1分2敗で突破するとラウンド16でサンフレッチェ広島と対戦。ホームでの第1戦を1－0で勝利し、6月25日の第2戦は2－3と敗れたが、アウェイゴールの差で突破が決定する。

7月9日安西幸輝がポルトガル1部のポルティモネンセSCへ。

7月12日安部がスペイン1部のFCバルセロナへ。

7月15日鈴木がベルギー1部のシント＝トロイデンVVへ。

主力選手の海外移籍が発表される。1月の昌子源に続き、戦力が海外へ流出した。

「アントラーズはここ数年で二度もクラブワールドカップに出場し、ACLでもタイトルを獲った。そうなればどうしても海外からの注目度は高くなり、選手の価値も高まってくる」

ジーコは選手の移籍について、国際大会で結果を残したことの影響を語っている。そして、

「2019年に関しては、選手の出入りがあるなかで、すばらしい結果だった。最後までリーグ優勝争いをして、ACLではベスト8。天皇杯でも決勝まで行ったのだから」と評した。

シーズン前には伊藤翔、白崎凌兵《りょうへい》が移籍加入し、ブエノも復帰。順天堂大学から名古新太郎、流通経済大学付属柏高校から関川郁万《せきがわいくま》、鹿島ユースから佐々木翔悟《しょうご》、有馬《ありま》幸太郎が加入した。3月には小池裕太がシント＝トロイデンＶＶより期限付き移籍で加入。夏には柏レイソルから小泉慶《けい》も加わり、名古屋グランパスから相馬勇紀が期限付き移籍で加入すると、法政大学卒業後の加入が内定していた上田綺世も前倒しで鹿島とプロ契約を結んだ。

「新しく入った選手はみな、鹿島がどういうクラブかというのを理解してくれている。これはメディアのみなさんのおかげ」と鈴木満が話すように、タイトルを義務づけられた、勝利にこだわるクラブとして、アントラーズを認識したうえで選手たちは加入している。だからといって易々と勝利を手にできるわけではない。アカデミー部門で仕事を始めた小笠原満男が語る。

「チームが一丸となって戦い、クラブスタッフもチームが勝つためにプロフェッショナルな仕事をしながら作ってきたのが鹿島アントラーズ。サポーターも含めて、チームが勝つために協力するというのを植えつけたのは間違いなくジーコの功績が大きいと思う。ただ、それを続けることは簡単じゃなくて、今は難しくなってきた部分もある。国内外の移籍が活発になっていることを考えると、今までのようなチーム作りが難しい時代に突入してきたと感じる」

ＡＣＬ準々決勝は広州恒大と対戦。２試合ともドローながら、アウェイゴールの差で敗れた。

第十二章

監督

8月10日以降、リーグ戦を5勝2分と負けなしで終え、第28節終了時点で首位に立つ。その後は1勝1分で、2位ＦＣ東京と勝ち点で並び、3位横浜Ｆ・マリノスとは1ポイント差。

11月9日、4位川崎フロンターレをカシマスタジアムに迎える。

ルヴァンカップ準決勝でも対戦し敗れた相手だ。この日はシュート数で上回り、手応えのある内容だったが、セットプレーとカウンターで失点し、0－2で敗れると3位に転落。

第32節アウェイの広島戦はスコアレスドロー。首位横浜ＦＭとの勝ち点差は4ポイント。2位ＦＣ東京とは3ポイント差。そして、ホーム最終戦。他力ではあるが、優勝の可能性を信じカシマスタジアムに集まった約3万4千人のサポーターの前で、第33節のヴィッセル神戸戦を落とすと、最終節を残しながら優勝の可能性は消滅した。

カシマスタジアム開催の天皇杯準決勝を残していたものの試合後、セレモニーが行われた。

「自分たちの力のなさ、不甲斐なさを痛感した」と挨拶したのは、今シーズン小笠原に代わりキャプテンを務めた内田篤人だった。

シーズン序盤の第5節、ジュビロ磐田戦で負傷すると、9月まで復帰できなかった。引退会見場で、ひっそりと小笠原の言葉をかみしめていた内田にとって、キャプテンを務めることは、自身に課した責務だったに違いない。しかし、その任は２０１９年限りとなった。

12月7日、名古屋グランパスとの最終節を勝利し、リーグは3位で終了。

12月11日、大岩剛の監督退任が発表される。

12月21日天皇杯準決勝。V・ファーレン長崎戦を3－2で勝利し、決勝進出が決まる。J2相手に苦しんだ試合ではあったが、大岩はカシマスタジアムでの最終戦について語った。

「対戦相手としてカシマスタジアムに来たときは、威圧感がすごくて、やりづらいスタジアムだった。ホームスタジアムになってからは、我々の背中を押し、大きな力と勇気を与えてくれる。今日もサポーターの皆さんのおかげで勝ち切ることができた。この大きな声援をしっかりと背中で感じながら、力も借りながら、決勝戦も戦っていきたい」


２０２０年元日。天皇杯決勝戦。対するは神戸だ。

左ＳＢに町田浩樹。ＣＢは犬飼智也とブエノ。そして右ＳＢには永木亮太。ボランチは三竿健斗とレオ・シルバ。攻撃的ＭＦには白崎と名古。ＦＷは伊藤とセルジーニョが並んだ。上田や相馬は前所属で天皇杯にエントリーしていたため、出場できない。

3－4－3の相手への対応がうまくいかず、18分、38分と失点。後半開始から白崎に代えて土居聖真を投入。53分には山本脩斗を名古に代えるとシステムは3－4－2－1へ変更される。72分には中村充孝が伊藤に代わってピッチへ。交代とシステム変更で活性化されたかに見えたが、得点は奪えず、試合は0－2のまま終了した。

「自分の不甲斐なさを痛感している。前半のうちに、自分たちで変化していけたらよかった。修正できないところが、僕たちの現状だと思う」と三竿が言えば、犬飼は自身のクリアミスが失点につながったことを悔いた。

「力不足だと思う。2失点目は僕のミス。本当に悔いが残る。いいときは、どんなに苦しいゲームでも守り切っていた。どこかに隙があったと感じている」

そして土居はチームとしての力量について語った。

「誰が悪いというわけではない。チーム全体として負けてしまった。神戸の方が一枚も二枚も上手だった。個人的にもチームとしても、もっと成長しなければいけない部分がたくさんある」

２０１９年を象徴するような消化不良の決勝戦とともにシーズンは終わった。

3選手の海外移籍や親会社変更など、あわただしい夏を経て、ＡＣＬが終わり、冬の訪れとともにリーグ優勝もなくなった。しかも、天皇杯決勝まで勝ち進みながら優勝を逃したため、２０２０年のＡＣＬは1月28日のプレーオフからスタートしなければならない。休息もままならない状態で、新体制がスタートする。大きな改革を掲げたシーズンが。

鹿島の現在地を考える

内田は鹿島復帰後、幾度となく「今のチームには〝ジリキ〟がない」とコメントしている。ジリキとは自力（自分たちの力）とも読めるし、地力（本来持っている力、ベースとなる力）とも読める。内田が語った〝ジリキ〟にはこの両方の意味があるのだろうと思っていた。

かつての、たとえば三連覇を達成したチームは、相手に応じて自分たちで戦い方を選択し、封じることができた。選手個々の能力の高さが臨機応変力を生み出したとも言えるし、長くプレーし連携面での精度が増した成果とも言える。選手こそが鹿島の戦略であり、戦術だった。監督は試合に対する情報を整理し、チームとしての方向性を示す。選ばれた選手は、何をすべきか、何ができるかをピッチ上で選び、ゲームの流れに応じて微調整しながら、勝利へと向かう。そこにはハイレベルな選手が揃うがゆえの〝自力〟と、「勝つために何をすべきか」を熟知したチームとしての〝地力〟があった。

「選手がみんな大人だった。チームとしてというよりも、それぞれが考えて、それがチームになっていた」と2021年に内田は三連覇のチームについて語った。そんな成熟したチームに比べると、自力も地力も足りないと感じるのは内田だけではなかっただろう。

欧州では1970年以降、数多くの戦術家を輩出してきた。さらに近年では、選手よりも監督にフォーカスが当たるようになっている。自身のゲームプランのなかで、選手に役割を与え、チームの連携度を高め、結果を導く。選手の入れ替えが激しい欧州クラブでは、選手よりも監督の戦略を明確にするほうがチーム作りはしやすいのかもしれない。

ブラジルには選手の高い能力を軸に戦ってきた歴史がある。しかし、優勝した2002年以降ワールドカップでベスト4入りは一度しかない。

鹿島の源流はブラジルにあり、その風土を大切にしてきたからこそ、このクラブは存続繁栄してきた。しかし、自力や地力を手にするためには、変わるべき時期を迎えたのかもしれない。

第十二章

監督

２０１９年12月30日。クラブハウスで鈴木満の囲み取材が行われた。

——天皇杯が残っているなかでの大岩監督の退任発表。

「シーズンが終われば、次のシーズンへ向けて、クラブとしても、選手個人としてもいろいろと判断しなくちゃいけない時期を迎える。天皇杯が終わるまで待ってはいられない」

——大岩監督の評価は。

「成績も悪くない。リーグ戦は3シーズン3位以内に入っているし、ほかの大会でも上位に進出した。２０１８年と２０１９年とではメンバーが代わり、安定したチーム編成ができないなかで、よくやってくれたという感謝はあります」

——海外へ出ていく選手も増え、他クラブでは大型外国人選手の補強も目立つ。

「日本人選手の価値観が変わり、欧州への道も開けてきた。ＤＡＺＮが放映権を持ったことで、Jリーグを取り巻く環境の変化もある。今までは10年くらいのスパンでチーム編成を考えていたが、今は3年くらいのスパンで考えなくてはならない。鹿島の伝統やフィロソフィーを継承していくのも難しい時代になったと感じている。そのために何をすべきかと考えたとき、今までと同じというわけにはいかない。それではどんどん薄れていくだけ。ただ、アントラーズとして、変えてはいけない残すべきものと、変えるべきものを整理する必要がある」

——変えなくてはいけないところとは？

「たとえば、クラブハウスも30年前は最先端だったけれど、今ではアドバンテージになるものではない。それはサッカーも同じ。今までは結果も出て、それなりにやってきたけれど、もう『それなりにやっていればいい』ではすまない。ジーコがいてブラジル的なものを重視しながらやってきたけれど、今のサッカーの中心であるヨーロッパ的なものも取り入れながら、チーム作りをしないと立ち後れるという想いもある。今まで以上にやらないといけない」

――ヨーロッパ的なものとは?

「簡単に言えばブラジル流は、能力の高い選手を集めて、選手の判断で、選手の能力を活かしていくサッカー。そこに組織的なものをもう少し取り入れなければ、サッカーは変わっていかない。個の能力、個の判断だけじゃなく、もう少し組織力を高めていくこともしないといけない。欧州にもいろんなやり方があり、ブラジル、南米にもいろいろある。アントラーズのベースは残しつつ、それぞれのよさを取り入れて、いろんな変化をもたらしていきたい。今まで成功したやり方にあぐらをかいていると、どんどん取り残される時代になってきた。環境や選手の意識の変化というところにちゃんと対応していかなければと考えています」

――サッカー自体については。

「よい選手を集めて、選手に任せてというサッカーをしていても勝てない時代になってきた。こういうサッカーをやるんだという絵を描き、しっかりとチームに落とし込んでいくようにしないと。リフォームしながらやってきたが、リフォームじゃ少し間に合わないところに来ている。来季は基礎だけ残し、家を建て替えるというような編成を考えている。新築しなければいけない。ブラジルでさえ、外国人の監督を起用している。そこは考えなきゃいけない」

鈴木が話すのはＣＲフラメンゴのことだ。２０１９年夏、監督に就任したポルトガル人のジョルジェ・ジェズスは、リベルタドーレスカップとブラジル全国選手権で優勝。その後、ブラジルのクラブではポルトガル人、アルゼンチン人などの外国人監督就任が相次いでいた。

——次は外国人監督招聘という報道がありますが。

「うちは関塚（隆）に始まり、ブラジル人の監督のもとで、監督を補佐する日本人のアシスタントコーチをつけてきた。日本人の国民性や社会性を理解している人間がそばにいることが成功につながるという考えがあった。それは日本人指導者の育成にもつながっている。そうして育成した人間が監督を務めるというのが、石井（正忠）、大岩と2代続いた。次は外国人監督にしようと思っている。外国人と日本人の視点の違いというのは指導者にもあるので、もう一度外国人に戻すタイミングだと考えています」

——次の監督に求めるものは？

「主導権を持ち、主体性を持ったサッカーに変えていきたい。ここ2、3年は、相手にポゼッションを渡して、受けるような『負けないサッカー』をしながら成績を残してきた。けれど、『勝ち切るサッカー』を目指したい。タイトルを獲っていたときの試合をビデオで見直したんだけど、同じようなサッカーをしているようで、全然違った。試合の主導権を握っている。（大岩）剛もそういうふうにしたかったと思うが、少し変化をつける時期だと感じています」

おそらく２００８年ごろだったか、鈴木に鹿島の監督選考について話を聞いたとき、選手やチーム状況に応じた指揮官を選ぶことが必要だと話していた。

「代表レベルの選手が揃うチームでは、ビッグクラブでの指揮経験があるとか、代表として現役時代に活躍していたとか、それなりの経験を持った人でないとチームはまとまらない」

２０１９年の本書の取材でも同様の話をしている。

「監督の人選は常にチームありき。たとえば、若手を育てることに適している（トニーニョ・セレーゾに指揮を執ってもらったが、選手がセレーゾの指示に委縮しているようなところがあり、もう少し選手に自由を与えたほうが力が出せると考え、石井に代え、今度は選手に対して強さを持っている（大岩）剛に任せたように、チームの状況を見ながら監督を代えてきた。オズワルド（・オリヴェイラ）は、毎年タイトルを獲ったが、あの時期、あのチームだったから結果が残せたと思う。ほかの時期で同じような成績だったかはわからない。監督の良し悪しではなく、今のチームに合っているかということが大事だと考えている」

ふたりの日本人監督はいずれもシーズン途中での就任ということを考えれば、「リフォームしながら」という言葉にもうなずける。シーズン中の新築は難しい。選手が入れ替わればチームも変貌する。チーム状態に応じて指揮官が代わることになるのか？

「以前なら、違ってきたなと感じても少し待ってみようと考えたが、今はそうならない。だから、シーズン途中での監督交代になった。でも、交代後は成績がすごくよくなるので、間違っていなかったとは思っています。昔は監督が長く指揮を執ることで、積み上げられるし、長くやったほうがチームにプラスだと考えていた。でも、最近は選手の入れ替わりも激しい。監督も3年くらいで代わるほうが今の環境には合っているのかもしれない」

２０２０年に新監督のもとで始動した新築の鹿島アントラーズは、２０２１年4月に監督を解任。コーチだった相馬直樹が監督に就任することになる。そんな未来を予想はしていなかったが、川崎フロンターレや町田ゼルビアで監督経験のある相馬をコーチに就任させる組閣には、セーフティネットの意味合いも感じた。それだけの改革を行おうとしていたということだ。

新しい監督、新しいサッカーのチャレンジ

２０２０年1月2日、アントニオ・カルロス・ザーゴの監督就任が発表される。

１９６９年にブラジルで生まれたザーゴは、元ブラジル代表のＣＢ。サンパウロＦＣでプロデビューし、１９９６年から柏レイソルでも2シーズンプレー。その後イタリアのＡＳローマに5シーズン、トルコのベシクタシュＪＫに2シーズン在籍し、ブラジルに帰国後、２００７年に現役を引退した。

２００９年当時2部のＡＤサンカエターノで監督デビューを飾り、２０１０年にＳＥパルメ

イラスの指揮を執ったが数か月で離れると、ブラジルの４つのクラブで監督を務め、２０１３年以降、ローマやウクライナのＦＣシャフタール・ドネツクでアシスタントコーチに就任。２０１５年にブラジルに戻り、５つのクラブで監督を務めた。そのひとつが、近年欧州サッカー界でも注目されている「レッドブル・グループ」が経営するレッドブル・ブラジルだった。

1月３日以降、10選手がチームを離れることが発表され、７人の移籍加入選手と４人のルーキーの名前が新たに鹿島の登録選手リストに並んだ。

1月８日、チームは始動するが、元日まで戦っていた選手の合流は見合わされた。全選手が揃ったのは1月中旬。トレーニングマッチを経て、公式戦を迎える慌しさだ。例年、プレシーズンマッチとして実施される、いばらきサッカーフェスティバルよりも前に公式戦が行われた。

1月28日ＡＣＬプレーオフがカシマスタジアムで開催される。相手はメルボルン・ビクトリー（オーストラリア）。

スターティングイレブンは、ＧＫクォン・スンテ、ＤＦ広瀬陸斗《りくと》、奈良竜樹《たつき》、犬飼智也、永戸勝也、ＭＦ三竿健斗、レオ・シルバ、ファン・アラーノ、和泉《いずみ》竜司、ＦＷ土居聖真、エヴェラウド。６名が移籍加入したばかりの選手だ。ディフェンスラインからビルドアップし、ボール保持をベースとしたザーゴのスタイルが見られたが、５バック気味に並ぶ敵陣への進入には苦労していた。何度かチャンスは生まれたが得点にはつながらない。ボールをキープしているとはいえ、ゲームの主導権は握れていないように思えた。メルボルンは、鹿島にボールを持たせ、ミスを待っているように見え、余裕すら感じられた。54分、メルボルンのゴールが決まると、鹿島は得点を奪えないまま、早くもＡＣＬが終わった。

そして、12月19日カシマスタジアムにセレッソ大阪を迎えたＪリーグ最終第34節。戦前４位セレッソ、５位鹿島との勝ち点差は１ポイント。

コロナ禍により、リーグ戦が中断されたこともあり、２０２０年天皇杯に参加するＪ１チームは、準決勝からリーグ上位２チームのみと変更された。天皇杯優勝チームに与えられるＡＣＬ出場権をＪ１チームが獲得する可能性は高く、そうなれば、リーグ４位のチームもプレーオフからＡＣＬに参加できる。鹿島にもまだＡＣＬ出場のチャンスは残されていた。

「相手は引き分けでもプレーオフ進出が可能。引き分けを狙ってくると試合前から予想していました。我々は勝つしかない。焦って、急ぎすぎたりしないようにと指示しました」

ザーゴはいかに冷静に戦うかを戦前から、選手たちに説いていた。

ボールを保持し、相手を押し込む。しかし、ゴールを死守し、鹿島の攻撃を跳ね返し続けるセレッソを崩すことができない。この試合前、鹿島は連勝（４－０、２－０）していた。その調子のよさが、かえって選手に焦りをもたらしたのか。時計の針が進むにつれ、セレッソのアドバンテージは高まっていく。83分クリアボールを拾われて失点。だが直後の90分、暗雲を散らすようなエヴェラウドの同点弾が決まる。アディショナルタイムは５分。逆転を諦める必要はない。しかし試合は1－1のまま終了した。

アディショナルタイムだけで3本のシュートを放つ猛攻を見せたが、すべて阻止された。上田綺世の最後のヘディングシュートもポストに阻まれた。途中出場を重ねて、11月以降は先発に定着。出場6試合で6ゴールと発揮した決定力を、この試合では見せられなかった。

涙が止まらない。

上田同様に鹿島のアカデミー出身のＧＫ沖悠哉も同様だった。悔しさや不甲斐なさ、高ぶる感情をどうしていいのかわからないのは、エースのエヴェラウドも同じだ。

実はエヴェラウドには中国のクラブなどから移籍のオファーが届いていた。揺れる気持ちを引き留めたのが、この試合だった。

「試合後サポーターからの温かい応援を感じた。期待に応えられなかったので、涙が出そうになった。みなさんの期待に応えるために、僕はアントラーズで、Jリーグで、歴史を作りたい」


２０２０年リーグ戦は5位で終わった。

ＡＣＬ敗退後、ルヴァンカップとリーグ初戦を落とした鹿島だったが、新型コロナウイルスの影響で公式戦が中断する。チームの活動停止や制限期間はあったものの、準備不足を補う時間が生まれたとも思えたが、そうはいかなかった。ザーゴが最終節後に語っている。

「チームコンセプトやゲームスタイルを変えたので、選手たちに戸惑いがあったと思う。コーチも含めて、両者が慣れるのに時間が必要だった。いいスタートをしようと取り組んでいたところでリーグが中断した。グループ練習しかできず、なかなかチーム作りが進まなかった。全員で統一するのには時間がかかったが、夏あたりからいい状態になった」

　確かに引退を表明した内田篤人にとっての最終戦、8月23日のガンバ大阪戦を引き分けたあと、FC東京、柏レイソルに逆転勝利、8戦負けなしで順位も12位から4位に上昇した。

　勝利は良薬となり、チームに自信をもたらした。ビルドアップやポゼッションといった監督の描くサッカーにとらわれすぎていた選手たちのプレーからは、解放感すら漂った。

　ボールを持つということは、ミスも生じるということだ。ときには致命傷になることもある。パスがつながらず、相手にボールを渡してしまう悪循環も散見した。正確なプレーを実直に行おうとする選手からは、鎖につながれたままプレーしているような息苦しさを感じていた。

　連勝中のチームには後方からのロングボールで戦況を変えるシーンや、中央からの崩し、サイドから演出する得点機も生まれ、新しい鹿島とかつての鹿島がうまく融合していた。

「ゴールや勝利から逆算してプレーを選択する」

　遠藤康が「鹿島の勝利へのこだわり」について以前そう語っていた。状況を見極めて、臨機応変に最適解を選ぶ。その感覚はチームの一体感によって支えられていた。同じ哲学があるから、共有する絵を描ける。無駄のない的確なプレーがゴールを生み、勝利につながる。それが鹿島アントラーズらしさではないのか。

　72分に三竿、89分、91分と土居がゴールを決め、逆転した第13節柏戦はまさに鹿島の真骨頂ともいえる、ゴールへの最短距離を突く爽快感がそこにはあった。

監督を選ぶことの難しさ

前述の２０１９年末の囲み取材で鈴木満は外国人監督招聘の難しさについても語っている。

「新しい監督は、どこの組織でも同じだけれど、自分の色を出したがる。ここを変えてくれという要望がたくさん出る。それをすべて聞くのではなく、クラブとして残したいものを守りながら、新しい監督がもたらすものを植えつけていく、せめぎ合いは必ずあります。『とりあえず、俺の言う通りにやってみてくれ。改善すべきところは３か月後に聞くから』とこちらが言うことも多い。３か月が経つと、監督は『これで問題ない』となる。監督が代わるときはいつもそういう感じです。アントラーズのやり方に慣れ、受け入れてもらいつつ、選手の特徴を見極めてもらうためのコミュニケーションは大変な作業です」

監督がクラブの方針に３か月の猶予期間を持つのと同様に、クラブも監督の手腕をそれだけの時間をかけて見極めるのだろう。

鹿島では監督にすべてをゆだねることはしない。それは２０２０年シーズンに限らず、クラブが大事にしていることだ。２０２０年シーズン終了後の取材で鈴木に聞いた。

「僕やジーコを含めて、監督とのすり合わせ（話し合い）は頻繁に行っている。就任間もない外国人監督は選手の表情や態度でいろいろな判断をするが、『あの選手は、そういう選手じゃない』と否定するのも僕らの仕事です。サッカーの方向性についても、僕らが見て感じたこと、『もっとこうすればいいんじゃないか？』と意見を伝えながら、鹿島のサッカーとのすり合わせ、ギャップを埋める作業には時間をかけています。もちろん、選手起用や練習内容は監督の専権事項だから、『こいつを使え』と言うことはない。ただそうやって時間をかけることで、長い間鹿島のサッカーを継承できたんだと思います」

　夏以降、ザーゴのチームが勝利を重ねた理由には、そういった話し合いの効果があったことは容易に想像できる。ではなぜ、鈴木はすべてを監督に預けないのか。

「幸い僕はみんなが頑張って勝ってくれるから鹿島で長くこの仕事を続けられた。勝った負けたの責任は監督、選手だけでなく、僕自身も負わないといけない。この仕事をしていくうえで、自分の意見や考えを伝えたり、行動したり、力を尽くすのは当然のことです」

　ブラジル人監督とフットボールグループプロチームとのミーティングで通訳の高井蘭童はどういった立ち位置なのだろうか。過去をさかのぼり語ってもらった。

「監督がやりたいと考えていることが、日本やクラブのルールから逸脱しないもの、許せる範囲であれば、それができるように全力でサポートします。『あなたがやりたいところまで心中するよ』というスタンスでやり通します。だからクラブとも交渉する。たとえば、成績が伴わず、もうあとがないようなときに監督がクビを覚悟で『これでいく』と言えば、『わかりました』

と。その決断がよい結果になるようギリギリまで力を尽くさなくちゃいけないと考えています。それでも結果が伴わずに、クラブから『ちょっと難しい』と言われたら、寂しいけれど、それを伝えるしかない。逆に監督の現状などをクラブから聞かれたときは、正直にその状況を伝えるのも僕の仕事です。難しいと思ったら、理由とともにそれを伝えます。

ブラジルから来た監督やスタッフ、選手には、『勝たなくちゃいけないという意味においては、鹿島はブラジルのクラブに似ている』という話をします。すでにプレッシャーを背負っているわけだから、余計な重圧をかけないようにとは考えている。それでも『アントラーズの名のもとで、キャリアを積みたいのか、真剣にアントラーズを強くするために来ている人間かは、行動を見ればわかる』ということは言いますね」

Jリーグでは、監督解任や成績不振に陥ったとき、社長やオーナーが矢面に立たされるクラブは少なくない。しかし、チームの現場責任者は、強化部長やGM、スポーツディレクターであるはず。社長やオーナーは、現場責任者を任命する責を担ってはいるが、チーム編成やその運営は現場責任者に託すべきだ。社長はクラブの経営者なのだから。鹿島で長く現場を預かってきた鈴木に対して、2019年クラブの代表取締役社長となった小泉文明は次のように語る。

「自分がフットボールに対してのプロであれば、そこへ積極的に参加するでしょうが、当然私はプロではない。ならばプロに託す。鈴木満へのリスペクトもありますから。一方で、責任は当然持っています。そのうえでリスペクトは、持ち続けたいと思っています」

２０２０年年末に行われた鈴木の取材で、監督選考に話が及んだ。

「たとえばオズワルド（・オリヴェイラ）は優れたモチベーターではあったけれど、サッカー自体は選手に任せて自由にやらせるタイプだった。けれど、次の監督にはもっと戦術や方向性を示してほしいという想いがあり、いろいろな情報をリサーチして４人をリストアップした。そして、選手としてもイタリアでプレーし、指導者としてもレッドブル・グループのクラブを経験しているザーゴに任せることにしたんです」

選手主導のサッカーでの限界は、すでに述べたように選手の入れ替わりの早さや時代の変化によるところが大きい。それでは、小笠原のようなリーダーの不在も理由ではないのか？

「それもある。それも含めてのチームの状況ということ」と鈴木は言った。

ザーゴ体制がなかなか勝ち点を積み上げられなくても、鈴木に焦りはなかったという。

「夏くらいによくなって、最後は優勝争いに絡むだろうと思っていた。というのも、非常によい練習をしていたから。練習を見ていると安心することも、不安になることもある。でも、ザーゴの練習はインテンシティの意識が強く、強度も高かった。メニューもそうだし、集中のさせ方もすばらしい。時間が経てば勝つと思えた。練習の映像や選手個々の脈拍や（ピッチ上での）移動距離というデータを取り、きちんと活用していた。『今日はそんなに負荷がかかっていなかっただろう』とすぐ選手に指摘する。テクノロジーを上手に使い、チームの空気を作るのがうまかった。選手も『練習が大変で試合のほうが楽という感覚が戻ってきた』と話していた」

5位に終わり、ＡＣＬ出場権も手にできなかったという結果について考えてみると、試合終盤（75分以降）にスコアが動くことが気になった。終盤に追いついたのが5試合、逆転した試合が4試合ある一方で、1点差の敗戦が5試合あり、0-2で敗れた4試合ではすべて80分以降に追加点を許している。ハイプレスでの体力消耗や高いディフェンスラインを保つことの弊害がゲーム終盤に出たのか。0-1という状況で、攻勢に転じたことで失点したのか。

ボールを保持することだけが、試合をコントロールする術ではない。かつての鹿島はそれを示してきたチームだと思う。そこにいやらしさがあり、憎らしさがあった。それが「勝負強さ」と評価されてきた。しかし、今はまだそんな老獪さを見せるには至っていない。

それでも、若いチームならではの勢いは示せた。沖や上田、ルーキーの荒木遼太郎（東福岡高校）や松村優太（静岡学園）、染野唯月（尚志高校）への監督の期待は大きい。

「収穫もあった。新人がデビューして能力を示した。彼らの伸びしろを考えれば、クラブとしていい形で育てていける。今シーズンは悪い面ばかりではなく、よい面もあったと思う」

２０２１年については、「今年をベースにさらなる上積みをしていきたい」とザーゴは語った。

12月24日、曽ケ端準が現役引退を発表する。

鹿島を去った大岩が語るアントラーズ

鹿島から離れたあと日本サッカー協会で、Ｓ級ライセンス取得のための講習で監督経験者としてインストラクターを務める大岩の取材を行ったのは、12月29日だった。講習では、チームマネージメントなどについて話す立場だという。

２０１０年に現役を引退し、翌年から鹿島でコーチを務めた大岩は２０１７年5月31日、石井正忠に代わり、監督に就任した。

「監督とコーチが担う責任はまったく別モノ。コーチは選手との距離も近いし、仕事はやりやすい。監督はすべての責任を負い、いろんなことをジャッジする仕事。その重圧、ハードさが自分の肩にかかってくるから、楽しいというよりも、重さを感じることのほうが多かった」

結果を残すことは、どのチームの監督でも同じだが、「勝利」や「タイトル」へのこだわりが強い鹿島で、自身の戦術や選手を試し、継続する余裕はあるのだろうか？

「自分のやりたいことにチャレンジするにしても結果を最優先にしなくちゃいけないので、挑戦しづらい環境かもしれません。僕はそう感じていました。『すべては勝利のために』というのが鹿島です。それは僕自身も38歳まで現役でプレーし、コーチをしてきたからわかります。結果を出すための時間がない、時間がかけられないというのは、世界のトップクラブならどこでも同じだし、鹿島もそういうクラブです。どんなサッカーでも勝たなければ認められない。

最短で勝利しなければいけない。それをすべて理解したうえで監督の仕事を受けました。その責任は重くても、担うべき価値のあるものだと考えていました。ただ、（内田）篤人の言葉を借りれば、僕も監督になった瞬間から、クラブを離れる覚悟はありましたね」

　内田は自身の現役引退会見で、将来監督になるかと問われて次のように話している。

「アントラーズの監督に就任するサインをしたら、もうクビになるカウントダウンだと思っています。二度とこのチームには戻って来られない。どのクラブでも監督を見ているとそう感じました。そこが難しいなと思います」

　監督とは結果が出ず失敗して（成功できず）、仕事が終わることが多い。成功し続ける監督もいるが稀有な存在だろう。だから、監督就任は終わりの始まりなのかもしれない。

　大岩の印象は、温厚という言葉しかない。

　厳しさがありながらも、優しさを合わせ持つ「大人」だった。選手、コーチ、監督と立場が変わっても、その印象は覆ることがなかった。温厚に見えるのは、さまざまな感情を呑み込んだ末の表現だったかもしれないが。

　監督公式会見では、顔見知りの記者の名前を口にし、距離を詰める優しさがあった。質問者の意図をくみ取り、丁寧に答えてくれた。しかし、状況を客観的に判断し、冷静に対処したうえで、話すべき内容、使うべき言葉まで選んでいるようにも見えた。当然、会見の内容は当たりさわりのないものも多かった。ただ、大岩の言動は自身を守るためでなく、チームや選手を守るためと映った。

そんな大岩には、選手、コーチ、監督として17年間在籍した鹿島らしさが漂う。

すでに述べたように大岩は結果を残すチームには「一体感」が必要だと考えている。

「監督をマネージャーと呼ぶこともあるけれど、まさにチームをマネージメントする人間だと思います。ピッチ上で選手に表現させる戦術や戦略だけでは監督は務まらない。ピッチ外というのも非常に大事です。どんな職業でも組織でも、何かへ向かっていくとき、何かを作り上げるとき、その組織、チームを構成する人間の気持ちが重要になってくる。そのために『目標』が明確であればあるほど『一体感』を持って、向かっていける。

鹿島は常に目の前の試合やタイトルという目標を掲げてきた。その目標に対して真剣になれない選手は、だんだんグループから離れていくことになる。そういう人間を出さないよう、監督時代は、『次の試合』、『すべてのタイトルを』と発信し続けた。鹿島は、創設以来ずっと『優勝』という目標がいつもあるから、『一体感』を持ち続けられた。しかも選手やチーム、（鈴木）満さんなどの現場だけでなく、（鈴木）秀樹さんといったスタッフもみなが同じ目標を発信し続けている。だからブレずにここまで来たんだと思います」

大岩の言葉から思うのは、目標に向かう人間の熱量が下がれば、一体感は薄れて、結果につながらないということだ。海外へ向かう選手が増えたことは、戦力ダウンにとどまらず、チームの空気にわずかな隙を生む可能性も秘める。選手それぞれが目指す場所が異なるのは当然だが、それを含めてのチームマネージメントが監督に求められることはいうまでもない。

大岩はＡＣＬを獲った。

彼にとってのアジア挑戦は、２００１年ジュビロ磐田でのアジアクラブ選手権決勝戦で水原三星に敗れたところから始まっている。その後、鹿島の選手として4度、コーチとなって3度戦ったが、敗退し続けた。ともに苦汁をなめた小笠原や曽ケ端とともに手にしたタイトルは、悲願という言葉では表せないほどの想いがあっただろう。

けれど、国内でのタイトルは獲れなかった。リーグ2位、3位、3位という成績を評価するクラブもあるだろうが、それではダメなことは大岩自身が理解している。レアル・マドリードに対しても勝たなければならないと考えるのが鹿島だからだ。

「鹿島での経験は非常に大きい。これからもずっと僕のキャリアに影響を与えると思っています。鹿島では理想と現実があった。好きな戦術、配置、選手起用でチャレンジしても、元に戻さざるを得なかったり、堅守速攻せざるを得ない場面もあった。今後、監督の仕事に就いたとしても、自分の責任を軽くしたいとは思わない。鹿島と同じように勝たなければならないというなかで、戦術的にもチャレンジして、質と結果を求め続けたいと思います」

もちろん、鹿島でも勝つために質を求め続けたつもりだ。その仕事に後悔はない。しかし、やりたかったことができたかと問われれば、イエスとは言えない。その理由を問えば、自身の力不足と答える。だからこそ、悔しさが残ったはずだ。

「優勝のうれしさよりも負けることの悔しさ。そのギャップを全員が共有しているのが鹿島だと思う」

そう話す大岩のなかにも、監督として経験したギャップがあるのだろう。初めての監督経験で味わった苦さが彼の今後に生きてほしい。

ザーゴ解任。相馬直樹が新監督に

２０２１年もまだコロナ禍は続いていた。

恒例のJリーグプレシーズンマッチ、いばらきサッカーフェスティバルは中止され、一般非公開のトレーニングマッチとして２月21日に開催。水戸ホーリーホック相手に２－１で勝利している。しかしミスが目立ち、連携の精度も低く、仕上がりは悪そうな空気が漂っていた。

終盤の３失点で逆転負けした清水エスパルスとの開幕戦以降のリーグ３戦を１勝１分１敗としたが、その後は３連敗。続く柏レイソル戦には勝利したものの、コンサドーレ札幌戦を引き分けた。１試合未消化ながらもこの時点で15位。１年前と状況は変わらない。

４月14日、ザーゴの解任とコーチの相馬直樹の監督就任が発表された。

「最終的には札幌戦後に監督交代を決断した。以前は相手に合わせたようなサッカーになっていたので、より主導権を握り、アグレッシブにゲームコントロールをしっかりやるというベースを２０２０年に作って、クラブ創設30周年となる今年は勝ちに行く、タイトルを狙うという戦略を持っていましたが、よいスタートが切れず、それが尾を引いてしまった」

危機感は開幕戦からあったと鈴木満は相馬の就任会見後に話した。

「開幕戦の清水戦は、それなりにゲームをコントロールできていたなか、先制点（75分）を獲って、残り15分間しっかり守り切らなければいけないところで、そこから3失点し負けてしまった。あの試合でチームの自信やベースが崩れ、それを戻す作業でもうまく噛み合わず、選手たちは方向性を共有できず、迷いを持ちながらプレーしていた」

監督とのすり合わせに変化が生まれたのか聞いてみた。

「会話をしながら、いいものを作り上げていくという方向性やスタンスは変わっていなかった。細かいことは言えないが、たとえば、サッカーのベースや方向性はよいけれど、もう少し、試合状況に応じて臨機応変にサッカーのやり方を変えることも必要ではないかというところで、監督の考えとのズレが生まれたとは思います」

ザーゴが描き、チームに落とし込もうとしたスタイルは、ボールを持ち、試合の主導権を握り、自分たちに有利なゲームを展開することだったはずだ。「今までの鹿島のサッカーとは真逆のスタイル」と指揮官は意欲を見せたが、勝てなかった。時間をかければ解決するのか、否か。その答えはわからない。しかし、決断なしには前へは進めない。

選手を理解しているヘッドコーチの監督就任は、スムーズだ。鹿島アントラーズというクラブの「空気」をわかっているＯＢならば、適応度はさらに高くなる。鈴木もそれは認めている。

「相馬は監督経験があり、うちのＯＢでもあって、将来的には監督をやってほしいと思っていた。現代のサッカーはチーム全員で守備をする意識が求められるが、今のチームはＦＷ、ＭＦ、ＤＦでその意識が共有できていない。無理に前から守備へ行きカウンターから失点する試合も多い。相馬は守備を組織化するのが得意なので、守りのベースの整理に期待している」

相馬は町田時代にも前線からのアグレッシブな守備を行うゲームプランで戦っていた。それを考えれば、ザーゴが作ったベースを引き継ぎ、窮地を脱することができるという判断もあったのだろう。

２０２１年４月14日の監督就任オンライン会見。冒頭、相馬は言葉を選びながら語る。次の試合まで数日しかない。相馬もまた石井や大岩同様に鹿島アントラーズの監督が担うべきものを強く感じている。その緊張感が伝わってきた。

「コーチとして、こういう状況になったことには非常に責任を感じている。ただ止まってはいられない。もう一度、強いアントラーズを取り戻す。非常に重い責任だと思っています。自分が大事に思っている鹿島を前へ進める力になりたい」

ゲームの主導権を握るとはどういうことなのかを問うてみた。

「ボールを持っていても主導権がないときもある。ただ自分たちがアグレッシブにできているのか、ボールを持たされているのか、単純にいうとそういうことになるかと思います。逃げるというのではなく、いろんな意味でアクションが起こせるようにしたい。それはもちろん理想で、リアクションが必要なときもあるとは思いますが」

強いアントラーズについても問われている。

「その言葉がひとり歩きしてしまうのもよくないと思っている。常勝と言われているけれど、今の成績を見ても常に勝っているわけじゃない。『スピリット・オブ・ジーコ』にもあるように、どちらかといえば、派手に強いというよりも地味に強い感じになると思います。いい選手、いいスタッフが、謙虚に足元をしっかり見ながら戦う。そういう強さだったと思います。

いろんな人が作ってきた実績の上にふんぞり返るのではなく、這いつくばっても勝ちを獲りに行くというところを出していきたい。さかのぼれば、鹿島は最後にJリーグ入りしたクラブ。もう一度チャレンジャーとして、一番後ろから上がっていくという気持ちが必要だと思います」

チームのリーダーについても言及している。小笠原満男、内田篤人はもういない。

「選手もスタッフも、苦しい想いをしながら、成長し、チームを引っ張れる存在になっていった。今はそういう人間がいないから、探すというのではなく、誰もが自分事《ごと》として、すべてを尽くし、向き合ったときに変わっていくと思うので、促していくしかない。苦しいからこそ、そういうものが出てくると信じたい」

第十三章

ノンフットボールビジネス

「でも、僕のように
ベンチャー企業を経営している人間は、
何もしないことはリスクだと考える」

——小泉文明

「新聞記者というのは社会で起きている現象について書くのが仕事だけれど、自分自身は社会と直接タッチしていない。直接触れることのできる仕事がしたい」

30年あまりの記者生活を送ったのち、吉田誠一は別の生き方を模索しようと55歳で退職を決めた。そんな吉田に声をかけたのが鈴木秀樹だった。

「これまでサッカーに貢献してきたのだから、サッカーにかかわっていくべきだ」と鹿島での仕事を依頼したのだ。想定外のオファーに「鹿島のようなビッグクラブで、僕が貢献できるとは思えない」と迷ったが、鈴木秀樹の熱意には惹かれるものがあった。

「秀樹さん自身、そのとき僕にどんな仕事を任せるかという明確なビジョンはなかったと思います。それでも一緒にやろうと。これがアントラーズなんだと実感しました」

志をともにできる人間に対する嗅覚、その人間の持つ可能性などを瞬時に判断し、巻き込んでいく、ある種の強引さがアントラーズファミリーを形成してきた。それはスポンサーをはじめとした関連企業に対しても同じだったのだろう。数多くの施策にチャレンジし、剛腕といわれる鈴木秀樹のキャリアを見れば納得がいく。

鹿島の一員として仕事を始めた吉田だったが、遊軍のような形でクラブを観察するうちに、クラブと地域連携について興味が湧いたという。

「アントラーズは地域密着の象徴と思われているけれど、創設時と比べると、地元の熱が落ちているなと感じました。みんなアントラーズを知っているし、好きだけど、毎試合スタジアムへ行くというような熱狂度は下がっている。そこで地域との関係性をもっと高める仕事をやりたいと思い、自然な流れで地域連携の責任者に収まりました」

地域貢献で行われる施策といえば、学校などでのサッカースクール開催や選手による学校訪問、学童のスタジアム招待などを思い浮かべるだろう。当時その活動は総務部（現アドミンググループ）が行っていた。対して、地域でのチケット販売やスポンサー対応は事業部（現マーケティンググループ）の担当。それらを一括し、地域に対するアプローチを「地域連携」として実施することになった。

Jリーグが発足時に掲げたのは、企業に頼るクラブではなく、地域に密着したクラブの創設だった。吉田自身、記者時代に地方のクラブも含めて、取材してきた過去がある。

「プロ野球の球団は大都市にしかないけれど、Jリーグの場合はJ3まで入れると中小都市に存在するクラブのほうが多い。地域が疲弊すればクラブも疲弊するし、地域に活力がなければ、クラブも栄えない。地域の力がクラブに与える影響は大きいとずっと考えてきました」

Jリーグが登場し30年近い時間が過ぎた。プロ野球に先んじて地域密着を訴えてきたが、今ではプロ野球も大きく変わり、Ｊリーグが見習わなければならない点も多いと吉田は見る。

「地域と運命共同体になったＪリーグの動きはほかのスポーツにも波及していきました。バスケットボールのような地域型のプロリーグも誕生しています。現在、プロ野球の球団のなかにも地域との関係性において、横浜ＤｅＮＡベイスターズや北海道日本ハムファイターズなどＪリーグを上回る球団も出てきていると感じます」

ＤｅＮＡが横浜ベイスターズのオーナーになったのが２０１１年。以降、「コミュニティボールパーク化構想」を掲げ、横浜スタジアムの改革を行った。２０１６年にはスタジアムの運営会社を買収。野球ファン以外も楽しめる場所としてさまざまな施策を打ち、入場者数の増加につなげている。結果、球場近隣の飲食店なども賑わい、横浜市を活性化させた。

Ｊリーグが試合数の多いプロ野球と同様にするのは難しい。しかし、地域貢献の在り方を変えていく意識も必要だと吉田は言う。

「Ｊクラブはこの30年、子どもをはじめ地域住民とのふれあい活動を行ってきました。子どもたちが将来クラブを支えてくれる可能性があると。我々もそれを信じてきた。しかし、ふれあい活動でまいた種が花開くのはいつで、どんな実がなるのかという結果は不明瞭で、事業としての成果が見えづらい。クラブのなかには、効果がはっきりしない施策を減らし、ふれあい活動にもスポンサーをつけるところが増えています。ドライといえばドライかもしれないが、経営という視点では当然だと感じます。そういう意味で、Ｊリーグの地域貢献、地域密着というのはターニングポイントを迎えていると考えています」

新時代へ、メルカリ参入

各Jクラブがサッカー振興のために行った、学校訪問やスクール開催などの結果について、Jリーグ観戦者の年齢から考えてみた。「Jリーグ スタジアム観戦者調査2019 サマリーレポート」によると、観戦者の平均年齢は42・8歳。前年より0・9歳上がっている。年齢層別では40代（26・9％）、50代（20・5％）、30代（16・8％）と続く。一方で11歳から18歳（5・8％）、19歳から22歳（5・5％）、23歳から29歳（10・8％）を合計しても40代を下回る。

メインとなる40代は、調査からおよそ25年前のJリーグ開幕時には10代後半から20代前半。各クラブの子どもたちとのふれあい活動がつながっているのかは、意見が分かれるところだろう。課題として残るのは、20代以下の層の薄さだ。

少子化が進むなかで、いわゆる20代以下の「若者」の数も相対的に減り続けている。そのうえ、非正規雇用の増加などもあり、給与は上がらず、趣味に使えるお金や時間の余裕がないと考えられる。このゾーンの占める割合が小さいのは致し方ないのかもしれない。

人口減少、消費縮小など日本が抱える問題はそのまま、Jリーグにもつながっている。

本書の取材で聞いた中村憲剛の言葉が印象的だった。

「川崎フロンターレは後発クラブだから、鹿島をはじめ多くのクラブを見習ってきた部分がたくさんあります。逆にピッチ外のプロモーション活動では、独自のものを数多く行ってきました。サッカークラブの枠を外れているんじゃないかと思われるようなことも含めて、ＳＮＳの活用など時代に即した方法を模索しています。なぜなら川崎という場所には娯楽があふれているから。そのなかで川崎フロンターレや等々力（陸上競技場）を選んでもらうために必要な努力を重ねてきたんです。それはひとつの地域密着の成功例だと思っています」

大都市圏には大都市圏の壁があるということだ。しかし、ネット環境が整った今、どこに住んでいるかに関係なく、サッカーのライバルとなる娯楽が過去より増えたこともまた事実だ。

鹿島の観戦者年齢を見ると、23歳から29歳が15・5パーセント、30代が19・5パーセント、40代が23・5パーセント、50代が14・4パーセントとなっており、リーグ平均よりも若年層が多い。とはいえ、ここには首都圏の観客も含まれる。観戦者の居住地を見ると、ホームタウンの都道府県居住者の来場はリーグ平均では86・3パーセントだが、鹿島はガンバ大阪（62・4％）に続く、63・8パーセントの低さだ。

平均観戦頻度では、リーグ平均の11・0回に対して、鹿島は9・3回。スタジアムまでのアクセス時間がリーグ最長の92・8分。リーグ平均の52・2分を大きく上回ることが関係しているのだろう。しかし、それだけの時間を要しても、年に9回以上カシマスタジアムへ足を運ぶ人がいることは、鹿島を支えるサポーターの熱意を感じる数字ではある。

ホームタウンの鹿行地域に住む人たちの熱量をもっとスタジアムへ取り込むことも重要だが、鹿島が考えているのはそれだけではない。吉田は言う。

「今までの30年間でやってきた地域貢献というのは、心や感情に訴えるものでした。それを大事にしながらも、ホームタウンに住む人の生活を変える、町の姿を変えていくという新しい地域貢献の施策を考えています。親会社がメルカリに代わり、小泉（文明）が経営に入り、それがより明確になりました。ＩＴ基盤を整え、ＤＸ（デジタルトランスフォーメーション）を進めることで、教育をはじめ、町の社会問題を解決する。クラブがハブとなり、自治体やパートナー企業、地元の企業をつなげることが、クラブの使命であり、価値になると信じます」

２０１８年４月に発足した地域連携ＤＭＯ「アントラーズホームタウンＤＭＯ」で、吉田は専務理事を務めている。ＤＭＯ（観光地域づくり法人）で「鹿島アントラーズ」というブランドのもと、スポーツツーリズムを活性化させてきた。成田空港からスタジアムまでのバスを走らせるなど、試合観戦の利便性を高めたり、合宿の招致がその例だ。農業研修といったアグリツーリズムの実施など、ホームタウン鹿行地域の、秘めた可能性を見出し、観光地域として創生させることも、また大きな地域貢献となるだろう。

１９８０年に山梨県で生まれた小泉文明は、大和証券ＳＭＢＣ株式会社（現大和証券株式会社）入社後、株式会社ミクシィの取締役を経て、株式会社メルカリに入社。２０１３年からフリマアプリ「メルカリ」を提供し、同アプリは圧倒的な会員数や取引数、出品数を誇る。

小泉の取材機会を得たとき、まず、聞きたかったのは彼の仕事に対する動機だった。

「友人が死んだことが、私の死生観に強く影響を与えました。どうせ生きるなら、世の中に残るものを作りたい。人々の暮らしが豊かになるものを作っていきたいと。インターネットに強く惹かれたのは、個人が力を手にし、人らしく生きるうえで、重要なツールだからです」

そんな小泉の父親は行方市出身。幼少期より鹿島を応援してきたことはすでに述べた。鹿島アントラーズの誕生は、小泉自身が抱いていた鹿行地域への印象をも変える。実体験があるからこそプロサッカークラブの存在意義や鹿島の哲学への理解も深い。

柴崎岳と食事をした際、「今度試合を見に来てください」と誘われ、小泉は久しぶりにカシマスタジアムへ足を運ぶ。鈴木秀樹との出会いはそのときで、メルカリの２０１７年にオフィシャルスポンサー契約、翌シーズンからのメルカリロゴのユニフォーム掲出につながった。

「メルカリの顧客は20代から30代の女性が中心でした。マーケティング責任者だった僕は、次は男性や上の年齢層をターゲットにしたいと考えていた。僕がアントラーズファンだったこともありますが、メルカリがアピールする場所として鹿島は最適だと考えました」

決済事業「メルペイ」の展開も視野にあったメルカリにとって、スポーツクラブとの縁は信頼度を高めるうえで大きな役割を果たしたに違いない。創業間もない若い企業にとって、鹿島アントラーズというブランド力は小さくなかったはずだ。小泉は「鹿島が大切に培ってきた『伝統』もメルカリにとっては大きな魅力でした」と話す。

２０１９年夏、メルカリは鹿島の株式61・6パーセントを取得し、経営権を得た。

「インターネット企業しか経営してこなかった僕にとって、鹿島での仕事はまったく違うビジネス。深く考え、学ぶことがたくさんあります。同時にテクノロジーの使い方を含めて、僕ができることも数多くあると感じ、手応えもあります。融合による良質な化学反応のもと、新しいフットボールクラブの経営を模索していきたい」

プロサッカークラブの社長として小泉が描くビジョンは、トップチームの強化やアカデミーの充実といったフットボール事業にとどまらない。

「２０００年代以降、ＩＴ（Information Technology、情報技術）により、人々の生活、社会は大きく変わりました。今後もそれは加速していく。ネットワークにつながることで、生活や街がどんどん変えられる。テクノロジーで社会をよりよいものにしたいという想いがあります。でも僕は政治家ではないので、経営者の立場からフットボールクラブをアップデートし、地域に働きかけていきたい。それはＪリーグの理念にも近いと感じています」

地域貢献はＪリーグが掲げた理念であり、地域との約束だ。地域の象徴となった鹿島アントラーズ。そこに小泉が培ったデジタルテクノロジーや人脈、発想が加わった。

クラブの問題解決が、社会問題解決の糸口になる。たとえば、試合後のカシマスタジアム周辺での渋滞解消もそのひとつだろう。

小泉が考えるテクノロジーによる社会問題解決推進のサポートは、先端のデジタル技術を活用し、社会インフラなどを効率化し、生活の質を向上させた住みやすい都市であるスマートシティ化につながっていく。

「スマートシティというと、行政によるコンセプト主導の近未来的な話が多い。でも、渋滞解消やスタジアム内での生体認証によるキャッシュレス化など、ラボとしてスタジアムを使い、いろいろな施策を実施する。一つひとつは小さくても、10年経ったときに街がスマートになっているというのが、正しいアプローチだと僕は考えています。人口減少のなかで、課題がたくさんある地方都市ほど、テクノロジーの恩恵を受けやすい。ならば、地域の課題解決の支援を行うというスポーツクラブとしての新しい地域貢献ができると思っています」

デジタル技術の進化による、さらなる生活スタイルの変化も小泉の視野にある。

「今後、テクノロジーが発展することで週休3日や4日という企業が出てくるかもしれません。そうなると、余暇を楽しめず、戸惑う人も少なくないと思うんです。そういうときこそエンターテインメントの役割が大きくなる。それはスポーツも同じです。僕自身がスポーツ好きというのもありますが、スポーツが人々の生活や心を豊かにできると思っています」

ヨーロッパでは多くの人がスタジアムに集い、ビールを酌み交わし、交流を深め、ゲームを観戦する。アウェイゲームへ向かう人たちは試合以外にも小旅行を楽しむ。クラブ内の施設ではマッチデー以外も、さまざまなスポーツに興じる市民の姿を数多く目にした。

中田浩二が在籍したＦＣバーゼルのホームスタジアム、ザンクト・ヤコブ・パルクは老人ホームやショッピングモールが併設されているだけでなく、近隣にはアリーナのほか、十数面のサッカーコートがあり、子どもだけでなく、大人たちもサッカーを楽しんでいた。

第十三章

ノンフットボールビジネス

日本でスポーツを楽しむといえば、観戦が主だ。しかし、スポーツのすべてが競技である必要はない。年齢を重ねた人たちがスポーツを楽しむ「生涯スポーツ」の意識を持つことは、高齢化が進む日本において重要なことだ。さまざまなカシマスタジアムでの事業をみれば、プロスポーツクラブが秘める可能性（できること）は大きいと感じる。

それはトップチームの勝敗を別にしたフットボールクラブの在り方になるだろう。

試合開催日以外でも人々が足を向ける場所として、カシマスタジアムが目指す改革は新たなフットボールクラブとしての存在意義を示すための施策だった。

収益第4の柱、ノンフットボールビジネス

Ｊリーグの収益源は３本の柱（入場料、広告料、物販）だ。

欧州ではリーグ戦の順位に応じた分配もあるため、ビッグクラブでは１００～２００億円の放送権料収入がある。選手の移籍金が収入の柱というクラブも存在するが、Ｊリーグではそれらの収益はまだ小さい。

鈴木秀樹は、フットボールビジネスによる収益にとどまらない４本目の柱を「ノンフットボールビジネス」と呼ぶ。その舞台がカシマスタジアムであることはすでに述べた。医療や健康をキーワードにマッチデー以外の賑わいをスタジアムにもたらしている。

同時にスタジアムでのクラブによる、中継映像制作やスタジアム高密度Ｗｉ－Ｆｉの導入、

電子チケットによるチケットレス入場、スタジアム内でのキャッシュレス決済など、フットボールやエンターテインメントにも強く働きかけている。

「ノンフットボールビジネス」を柱にするためには、積極的な施策が必要になってくる。

そのひとつがスタジアムの稼働率を上げるためのターフプロジェクトだ。

日本では、「芝」は貴重なものと考えられてきた。芝生エリアに立てられる「進入禁止」の看板はその象徴だ。芝は観賞用の植物ではないが、管理が大変だからだ。スタジアムなどでのイベント開催も、芝を守るためにその回数は限られてしまう。芝がサッカーにも大きな影響を及ぼすこともその理由とされている。

「ならば、芝を変え、その管理方法を変えられないか」

鈴木秀樹はそう考えた。

事業構想として２０１８年3月に発表されると、２０１１年から芝生育成人工光源の研究開発に参画。ソニービジネスソリューションやセキシン電機、信州大学と共同で開発したＬＥＤ照射システムは「BRIGHTURF」として、２０１６年から導入されている。短い納期で芝を張り替えるビッグロール工法や独自に開発した高温多湿耐性型の新品種ターフなど、実証実験を終えて、２０１８年の発表に至った。

さらにゾンビスタジアムやスタジアムキャンプなど、試合での使用以外のイベント開催にも意欲を見せていたところにコロナ禍が立ちはだかった。

それでも鹿島のノンフットボールビジネスは、続々と推進されている。

ＤＸコンサル事業をスタートさせ、地域企業のデジタル化もサポート。コロナ禍により、在宅勤務の重要性が増し、企業がデジタル環境を整えることが急務となったからだ。

「地域のビジネスがデジタルで輝き、一緒に成長できる。そういう町にしていきたい」と話す小泉の想いは実現に向けて動き始めている。


２０２１年3月には、地域課題を解決し、新しい地域作りを目指す試みとして、鹿島や鹿嶋市などと共同事業を希望する企業などを募るピッチコンテスト「Pitch & Match」を開催。受賞した「Timee（タイミー）」は、すぐ働きたい人とすぐ人手がほしい事業者をマッチングさせるアプリを運営。働き手確保だけでなく、短期滞在機会を促すなどの施策が発表された。


さらに同年5月、新規事業の立案やマーチャンダイジングの副業人材を募集。正社員を募っても鹿嶋という立地を考えると、移住には高いハードルがある。プロサッカークラブで仕事を得ようとしても、求人も少ない。だが、都心在住者であってもリモートで行える業務は多い。スポーツ界ならではのハードルの高さを小泉は不思議に感じたのだろう。

「働きたくてもコネがないと入れない業界だと言われがちで、職業としてオープンでないというか。インターネット系の会社は、人材は広く募集した方が優秀な人が集まることが分かっているけれど、スポーツ業界は人材が流動するとノウハウも出ていくと思いがち。出ていくけれ

ど、入ってもくるのに」（「日本経済新聞」２０２１年5月25日付）

　鹿島の社長となった小泉自身が、他業種で培ったキャリアをスポーツ界で活かすことの面白さや可能性を実感していることも大きいだろう。もちろん、長く鹿島で働く人間もＩＴ業界の知恵がクラブに好影響をもたらすことを感じているため、新しい風への期待感は大きい。

「副業での人材募集には３００人くらいの応募がありました。働き方が変わり、空いた時間にフットボールに携わる仕事を求める人に、適材適所で仕事をお願いしたい。応募者のなかには、鹿島とどれだけ所縁があるかを話す人も多かった。それだけアントラーズが鹿嶋のブランド価値を上げたのかもしれない。これはうれしいことだった」と鈴木秀樹は目を細める。

　鈴木は常々インタビューなどで、小さな町のクラブにとり、デジタルがいかに有効な武器であるかを語っている。クラブ創設時からマーケティングを重視してきたからこそ、あらゆるものを可視化し、仕事の効率や効果を知ることができるデジタルやテクノロジーの有用性を感じてきた。そのうえで、重要なのは人材の育成なのだと考えるのだろう。

「デジタルは問題を可視化するうえで、スピードアップが図れるツールです。ただそれをいかに捉えるのか、どう使って問題を解決するのか、どんな手を打つのかを決定するのは人間の仕事。アナログな部分がないとうまくはいかない」

　小泉もノンフットボールビジネスの重要性を語る。

「フットボールクラブの収益の中核を大事にしながらも、街作りやライフスタイル全体をカバーするようなビジネスモデルへ変えていかないと、売り上げが１００億、２００億という形にはならない。ドメイン（事業領域）を広げないと稼ぐことにも限界がある。増加した収益を強化費にまわして、収益につなげるというループを大きくしていく必要性を強く感じています」

　新しい施策に次々とチャレンジするのは、鹿島の伝統のひとつだった。今はそれに拍車がかかっているように感じる。

「チャレンジを躊躇する気持ちも理解できます。でも、僕のようにベンチャー企業を経営している人間は、何もしないことはリスクだと考える。留まることのリスクを常に感じています。それは鈴木秀樹をはじめとした鹿島アントラーズも同じだと思います。特にサッカー業界は、ヨーロッパは放送権料の高騰でマーケットが巨大化しているのに、僕らは必死で積み重ねても収益１００億にも届かない。このままだと、どんどん差は広がっていくばかりです。何もしないと相対的に後退していくのではという危機感のほうが強い。日本でもフットボールクラブの新しい経営をやっていかないと立ち行かなくなると思います」

ビジネスとしてのクラブ運営の未来

　２０１８年のＦＩＦＡクラブワールドカップで再戦したレアル・マドリードについて、鈴木秀樹は次のようなことを話していた。

「レアル・マドリードはデジタルの担当スタッフが30人もいた。うちはふたりだけなのに」

ＦＩＦＡは大会ごとに、ひとつのクラブあたり最大50名分の渡航費などを支給している。選手やスタッフすべての人数分だ。それ以外は当然クラブの負担になるが、デジタル担当者の数だけでなく、チームのメディカルスタッフだけでも3倍ほどの差があったという。レアル・マドリードのデジタル担当者の数は、発信するコンテンツの多さを示しているが、マーケティング用だけでなく、強化面のスタッフだったとも考えられる。

２０１６年に初めて大会に出場したときには気づかなかったスタッフ数の違いは、レアル・マドリードがビッグクラブであることを再認識するだけでなく、チームの強化やクラブのためにはどこでどのように予算をかけるべきかという学びの機会にもなった。

二度の世界大会出場はこうやってクラブの財産になっていく。

小泉は、プロフットボールクラブの経営の難しさは、勝敗というナマモノにあると話す。

「普通の事業は、ある程度自分たちでコントロールできることが多い。しかし、試合での勝敗はコントロールできません。もちろん、勝利の再現性を高めるアプローチは常に行っています。そのために今までのやり方を変える必要があれば変えます。守ることが大事なのではなく、勝つことが大事だから。それを前提に意思決定をし、準備できるのが鹿島の強みです。

強い組織というのは目標が高い。逆に弱い組織は、『これくらいでいいか』となってしまうから、勝てない。どんな組織でも同じだと思います。鹿島は勝ってきた歴史のなかで、『ここまでやらないと勝てない』というのがわかっているので、自然と目線が高くなる。ターゲットをあげていく。それを一人ひとりが自覚したうえでのアプローチが日々繰り返されていると感じます。それは選手など現場の人間だけでなく、ピッチ外のスタッフも同様です。本当に全員が勝とうとしている。僕らのクラブのミッションである『すべては勝利のために』を胸に、誰もが仕事をし、『タイトルをすべて獲ります』と本気で言っている。その本気度を含めた目線の高さがあるから、結果を残しているんだと感じています」

小泉はメルカリ時代から「1位にならなければならない。2位では意味がない」と発言していたというから、鹿島アントラーズとの親和性は高かったのだろう。

「チームやクラブを未来へ育てていくことが大事だと思っています」

伝統と革新という鹿島の歩みが小泉によって、さらに加速する。

スタジアムで鈴木秀樹と遭遇する機会は多い。勝敗によって漂わせる空気が異なるのは当然だが、軽い口調で彼が発する短い言葉は試合の本質を突いている。

本書の取材の終盤、彼が話した言葉が重く響いた。

「東日本大震災が起きたときも、今回のコロナ禍も同じで、こういうとき、サッカーなんてなくても困らない。サッカーの仕事をしているからこそ、こういう気持ちが大事なんです。それでも、災害が落ち着いたあとに必要になってくるのがサッカーであることも事実だから」

プロサッカーをはじめとしたエンターテインメントは人の心を潤す。人生において欠かせないものであることは間違いない。しかし、それで空腹を満たすことはできない。命の危機を前にしたとき、その役割は必ずしも大きいものではない。

「すべては勝利のために」と邁進し続けてきた（いる）男にとって、サッカーが重要なのは当然だ。しかし、自分と同じように、世間や社会がサッカーを重視しているわけではない。この客観的な視点こそ鈴木秀樹の鈴木秀樹たる所以だと感じた。

同時に彼が、鹿島アントラーズという、いちフットボールクラブがサッカーを超えたところで社会に貢献できるという確信を抱いていることも。

試合開催日のカシマスタジアム。開場2時間前になると試合運営にかかわるスタッフ一同が集まり、全体ミーティングが行われる。ミーティングを進行する運営責任者が毎回スタッフに訴えるのは、「すべては勝利のために」ということだ。身だしなみや接客対応など、最善を尽くすことを全員に意識させる。

「勝てなければ、スタッフも重い空気になります。でも運営責任者が『我々が暗くなってどうするんですか！』と喝を入れるんです。ミーティングといっても業務連絡という空気じゃない。熱量が高くて、戦いの場をみんなで作るための時間なんです。だから、鹿島で本気で働くのは疲れる面もあるんですよ」

そう言って笑う吉田だが、その表情から充実度の高さが伝わってくる。

終章

それでも鹿島は

「可能性は０・０００１パーセントしかなかったのに、
実現した。
それがアントラーズなんだから
簡単に諦めちゃいけないということを
町の人たちから教えられたんです」

——高島雄大

試合終了の笛が鳴ると、いつものようにストッキングを下ろした右足には、もはやユニフォームの一部とも思えるようになったテーピングが施されている。

２０２０年8月23日リーグ第12節対ガンバ大阪戦。

現役引退を表明した内田篤人はベンチで6分の失点を見ていた。早くも16分に広瀬陸斗が負傷し、ピッチに立つ。三竿健斗が内田へキャプテンマークを渡す。

得点を奪えないまま試合は進む。

新監督のもとスタートしたシーズンは、第11節終了時点で、3勝2分6敗の12位と低迷していた。また勝てないのか……。アディショナルタイムの5分が終わろうとしている。

右サイドのハーフウェーライン付近でボールを持った内田は、そこから長いボールをペナルティエリアへ蹴った。上田綺世が競り合いに勝ち、そのこぼれ球を土居聖真が拾い、杉岡大暉《だいき》へ送る。杉岡からのパスを受けた荒木遼太郎が中央へクロスを上げると、最後は犬飼智也がヘディングシュート。ゴールポストに当たりながらも、ゴールネットを揺らした。

「ただただ楽しかったね。今まではケガをしないようにというプレーをしてきたけど、ケガを恐れずプレーできる。『あれ？　まだやれるかも』と試合中に思うほど楽しかった」

　試合は１－１のドローで勝てはしなかった。だが、連敗を阻止した同点弾は、重い空気を散らすように内田が一気にボールを動かしたことで生まれた。そして、複数の選手が粘り強く冷静にパスをつないだ結果、何かが変わった。鹿島はこの試合後、７連勝と駆け上がる。

「このまま契約を解除して、引退させてください」

　8月12日、ルヴァンカップグループステージ対清水エスパルス戦後、内田は鈴木満に告げた。

監督に就任したザーゴは内田を高く評価していた。「内田と遠藤（康）を復活させることがお前の仕事だ」とフィジカルコーチに厳命し、ベテランに期待を寄せている。

内田は２月１日のいばらきサッカーフェスティバル２０２０で先発出場したが77分に交代。

「多分、痛めた。もう何度も経験していることだから」と試合後、内田がサラッと言う。

数日後、右下腿三頭筋損傷と発表される。右膝の古傷はさまざまな負傷を引き起こす。その繰り返しに自分の体を責め、恨んだこともあっただろう。

　コロナ禍で中断したリーグ戦が再開した７月４日の川崎フロンターレ戦で先発したが、その後はベンチ外が続いていた。練習でもケガをしないよう用心し、セーブしなければならない。清水戦のピッチで、自分がプロサッカー選手であり続けることが許せなくなったのだろうか。

「本当にやめるのか？　まだできるだろう」とザーゴから内田に声をかけてきた。

「僕はやめようと思っている。このままじゃチームメイトに申し訳ないから」

内田の決意を確認し、ザーゴは言った。

「来週のガンバ戦はお前が出るんだよ。引退するしないにかかわらず」

「その試合が終わったら、僕はやめるから」

内田篤人が伝えたかったこと

引退会見で内田が語った引退の理由をここに紹介したい。

「先輩たちがグラウンドでやるべきことをやっていたのを見てきました。本田（泰人）さん、（小笠原）満男さん、ヤナギさん（柳沢敦）、（大岩）剛さん、中田浩二さんの鹿島の選手らしい振る舞い、立ち姿に感じるものがあった。それを僕はできていなかった。練習中もケガをしないように少し抑えながら、ゲームでも少し抑えながらというプレーが続くなかで、たとえば（永木）亮太とか小泉慶とか（土居）聖真とかが１００パーセントで練習をやっているなかで、その隣に立つのは失礼だと思うようになった。鹿島の選手としてけじめをつけなきゃいけない。

鹿島に移籍してきた選手が言うにはこのクラブの空気というか厳しさは、ほかのチームとは全然違うらしいです。僕にとっては先輩たちが作ってきた空気は当たり前だし、そういう先輩たちから感じてきたものを次へ残すのが僕の本当の仕事だったけれど、それができていない。

戦力的にもチームにとってプラスになっていないと思ったので、そういう想いからです」

2021年6月30日、内田に話を聞いた。

「ジーコに来てもらって、アントラーズにいろんなものを植えつけようというのがあったと思うんです。昔だったらジーコがいなくても『ジーコの言いたいことはわかっているよ。任せろ』という選手が多かったし、若い僕はそういう先輩の背中を見て学んだところがたくさんあった。今度は僕が、そういうものを次の世代に伝える役割だった。僕自身もそれをやらなくちゃいけないと思い帰ってきたし、クラブも獲ってくれた。だけど自分が思っている以上にそれができなかった。その申し訳なさは大きい。その仕事が自分のなかで一番大きかったのに」

小笠原が引退し、内田が新たなキャプテンに就任した2019年も、3月30日のジュビロ磐田戦で右膝を負傷。半月板と内側《ないそく》と、鵞足《がそく》を痛めた。手術をしてもおかしくない大きな負傷だったが、すでに二度手術した右膝に再びメスを入れることを回避。結果的にリーグ戦に復帰したのは、9月に入ってからという長期離脱となった。

ベンチ入りを果たした内田は、ベンチ前に立ち、ピッチへ声を送った。「こうやったほうがいい」とアイディアを送ることもある。第二監督といえるほどの熱量はスタンドからも見て取れた。「余計なことを言うな」と思う監督がいてもおかしくはない。しかし、当時監督だった大岩は内田も含め、選手たちがピッチ内へ声を送ることを遮らなかった。チームに一体感をもたらし、選手の自主性や自立を尊重する大岩らしさだと感じた。

内田にしても万全のコンディションで、試合のピッチに立ちたい。それが叶わないまでも、自分の立場で１００パーセントできることをやっただけだ。けれど、それは鹿島の選手、キャプテンの本来の姿ではないと内田自身がもっとも理解し、歯がゆく思っただろう。

大岩がチームを去ることになったとき、内田は自分を責めた。

「僕は助っ人みたいなものだから、本当は試合で活躍しなくちゃいけなかったのに」

監督が去る理由が成績だとすれば、ほかの選手も自身の力不足を責めただろう。しかし、キャプテンの内田が抱いた悔いや悲しみは特別なものだったに違いない。


内田がチームメイトに伝えたいことはなんだったのか？　本書の取材で改めて聞いた。

「ひとつ選ぶなら強度。ドイツの練習では誰もが１００パーセント以上の力を出していた。ただそれを一番動けない僕が言うのは失礼なこと。説得力がない。口だけじゃイヤだった」

たとえば、１００パーセントできずとも、存在するだけでも影響力はあるはずだ。

「でも、求められているのはそれじゃないし、だったら、別に僕じゃなくてもよかった。それに80パーセントでいいとは、僕は教わらなかったから」

アントラーズのキャプテンとして

内田がキャプテンを務めたのは１シーズン限り、２０２０年シーズンはその仕事を三竿健斗が務めている。

小笠原は「次の世代にバトンを渡したい」という想いで、現役を終えた。本書の取材に「（内田）篤人はひとりで背負い込んでいた印象がある。実際はひとりでなかったと思うけれど、僕のほうが同期をはじめ助けてくれる人が多かったとは思う」と語っている。

その言葉を内田に伝えたが、内田はそれを認めなかった。

戦力にもなれず、バトンをつなぐこともできなかった。変わろうとするチームの力になれなかった。「体さえ動けば、やれたのに」という想いから抜け出せない。内田を責めるのは彼自身だけだろうが、無念が消えない限り、責めを負い続けるのか。

「昔みたいに『常勝軍団』と呼べないことには寂しさがあります。僕の責任という気持ちにもなる。バトンを渡せなかったから。途中でやめた僕が、『頑張れよ』なんて言えない。頑張ってほしいとは思っているけれど、申し訳なさのほうが今は強い」

「多くの選手が移籍した２０１９年ですが、忘れてはいけないのは、小笠原満男を失ったということ。ああいう選手はいきなりできあがるわけではない。彼はそのプレーでチーム全体を落ち着かせることができる。それは、ピッチ外でも同じ。突然、彼がいなくなったことは、チームにとって非常に痛手だったと見ています。苦しいときにチームメイトに安心感を与えるリーダーがいないというのは今後の課題になると思います」

２０２０年にそう話したのはジーコだ。興梠慎三は小笠原について次のように語る。

「言葉でいろいろ言われることはなかったけれど、練習態度や試合へ向かう姿勢、ピッチ上での振る舞いやプレーなど、背中を見て学ばされた部分がたくさんあった。本田さんと満男さんのキャプテンシーは少し違います。本田さんは満男さんと比べると、言葉を発することも多かった。ただ、球際の激しさや高いモチベーションをプレーで表現し、チームを鼓舞する姿はふたりとも同じ。試合に挑む姿はさすがビッグクラブのキャプテンだと思った」

引退した小笠原にキャプテンについて聞いた。

「それぞれ人間性が違うし、いろんなタイプのキャプテンがいていいと思うので、自分のやり方でやればいい。ただひとつだけ、チームが大事にしてきたものは受け継いでほしい。練習の雰囲気や上の人間が若手に見せる姿勢、チームが団結すること。みんなで助け合い、勝ちへ持っていくことなど、これまでアントラーズがつないできたものだけは、大事にしてほしい。

口でいろいろ言うよりも、まずは姿勢で見せること。練習で１００パーセントの力を尽くすこと。たとえば、走りのメニューでも手を抜かずにやったうえで、発言すると重みが違う。そういう先輩を見てきたし、まずはプレーで見せたうえでの言葉だと考えていました。

ただの仲よし集団で勝てるわけではない。ピッチのなかで厳しく、お互いが要求し合わなければいけない。ときには嫌われ役を買って出ることもあります。空気を引き締める役目も必要だから。キャプテンだけでなく、選手それぞれが自覚を持ち、ピッチ外でも臨機応変に役割を変えながら、果たすべきことに力を尽くしてきたからこそ、鹿島アントラーズであり続けられたんだと思います」

三冠、三連覇だけでなく、そのキャリアの大半で小笠原の仕事は、チームに勝利をもたらした。精神的な支柱であったことは間違いない。

だからといって、彼の不在を嘆いたり、ポスト小笠原満男を探すことにはあまり意味がないように思える。前出の相馬直樹の言葉にもある通り、小笠原満男は最初から小笠原満男だったわけではない。本田泰人とて同じだ。鹿島というクラブ、チームの一員として培ったキャリア、重ねた時間があってこそ、生まれたキャラクターなのだから。

ジーコがいれば、鹿島アントラーズができるわけではないのと同じように。

鹿島の歴史を作ったのは、決してひとりの人間ではないということを、本書を執筆するなかで、改めて痛感させられた。

独特の空気感が選手を育てる

「秘伝の焼き鳥のタレみたいに作られた空気がある」と小泉文明が言うように、鹿島アントラーズの空気は独特だ。それはピッチ上だけでなく、クラブハウス内にも漂っている。厳しさとともに、大らかな包容力をいつも感じさせてくれる。

鹿島を担当していない記者に言わせると、そんな空気は「一見さんには厳しい」と、決して居心地がよいものではないらしい。けれど、新しい担当記者も日々を重ねるうちに、鹿島アントラーズの空気を作る一員となっているケースが多いように思う。

それは選手も同じだ。

危なっかしいCBや勢いだけのストライカー、ピュアでまっすぐだが怖さのないMFが、気づけば頼もしい存在へと変貌を遂げる。そんな例を何人も見てきた。

最初から巧みさや老獪さ、怖さを持つ選手もいたが、小笠原や本山雅志、中田、曽ケ端ですら「鹿島の選手らしくなったな」と思う瞬間があった。

選手も鹿島の空気のなかで時間をかけて育まれた。

しかし、近年は国内外の移籍が活発だ。2020年シーズン前、多くの選手が入れ替わった。

長年、新卒選手を育てることが主流だった鹿島も、近年は他クラブから獲得する選手も増えた。しかし、移籍加入の選手は必ずしも即戦力という考えではないと鈴木満は話す。

「チーム編成や選手の状況にもよるが、即戦力として代表クラスの選手を獲得するというより、うちの選手たちと競争するなかで成長し、選手層を厚くしてくれればという想いで獲っている選手のほうが多い。若くてまだ経験が少ない選手にとって、実績のある選手は、競争ができる重要な存在だし、競争が互いを成長させるから。育てるということもそうだけれど、鹿島のフィロソフィーを守りながらやっていきたいという気持ちなど、理由はいろいろあります」

移籍でチームを去る選手について、20年ほど前の鈴木の言葉を思い出す。

「移籍を希望する選手も戦力としては貴重だが、そういう選手がいることで、チーム内の空気に悪影響を及ぼすこともある」

だから、2018年夏に海外移籍を望んだ昌子源を残留させたのは意外だった。結局、負傷離脱した昌子の代わりに出場した犬飼智也や若い町田浩樹の成長が促されたことを思えば、巡り合わせの妙を感じるが、アジアのタイトルを獲るうえで昌子が必要だったのは事実だ。

その昌子が2020年2月、ガンバ大阪へ加入。2021年8月には大迫勇也もヴィッセル神戸へ移籍し、Jリーグ復帰を果たしている。このふたりに限らず、欧州へ挑戦した選手が古巣である元のクラブへ戻らないケースは、近年増えている印象がある。代表クラスの欧州組の獲得競争が激化している証かもしれない。

そんななか、安西幸輝がポルトガルから鹿島へ戻ってきた。内田から託された背番号2を背負う。ブエノも期限付き移籍契約満了で復帰。一方、杉岡大暉が湘南ベルマーレへ期限付き移籍。サガン鳥栖へは小泉慶と白崎凌兵（期限付き）が移籍した。

新人だけでなくすべての選手にポジションを約束することはない。選手間の公平な競争はチームの活性化には欠かせない。それが鈴木満が長年貫いてきた流儀であり、鹿島の文化だ。

だが、その結果なのか、最近は選手の入れ替わりが激しくなった印象も残る。

鹿島が鹿島であること

２０２１年8月28日。リーグ第27節、対横浜Ｆ・マリノス戦。横浜ＦＭは対戦前13試合負けなしで首位の川崎を猛追し、60得点とリーグ最多得点数を誇っていた。その相手に鹿島は２－０の完封勝利を飾る。明確な意図を持った組織的な守備と選手個々人の粘り強いプレーで相手の攻撃を封じ込んだ。何より15分、30分と前半のうちに得点できたことが大きい。その姿には勝利への最短距離を描く、したたかさがあった。まさに「鹿島らしい」試合だった。

この試合の先発メンバーは以下の通り。

ＧＫ沖悠哉、ＤＦ常本佳吾《けいご》、犬飼智也、町田浩樹、永戸勝也、ＭＦ三竿健斗、ディエゴ・ピトゥカ、荒木遼太郎、和泉竜司、ＦＷ土居聖真、上田綺世。

3年前のＡＦＣチャンピオンズリーグ決勝戦を戦った選手は三竿と土居のみ。鈴木満の「チーム編成を3年くらいのスパンで考えなくてはならない」という言葉を思い出した。

「クラブの編成のサイクルを大きく変えている。満男たちが20歳でレギュラーになった時代には、そこから10年間チームの主軸として、彼らに活躍してもらえるという計算ができた。だから主力選手が30歳になるころ、次世代の選手を新卒で獲得し、3年くらい一緒にプレーさせる。

そういう時間を経て世代交代ができた。しかし、今のように23、４歳で海外へ行く時代になってくると、時間的な余裕はなく、選手の入れ替えのサイクルがどんどん早くなっている。

自分たちのフィロソフィーやアイデンティティを継承するうえでは、ベテラン選手から若手選手へというのがもっとも効果があるけれど、そういう選手を育てるのも難しい時代になってきたと感じている。ＯＢをスタッフとして戻しているのは、若い指導者として、ベテラン選手の役割もしてほしいという想いがあるから。薄れていく血を少しでも、濃くするためにね」


鹿島が鹿島であるというのはどういうことか？

誰に聞いても、そこにタイトルや勝利を絶対条件として掲げるだろう。

なぜ鹿島が強いのかを考えたとき、そこにあるのは「人を想う」という感情だった。なぜ勝ちたいのか。勝利は鹿島アントラーズにかかわる人たちへの感謝の形だからだ。鈴木は語る。

「それは、すごくあると思います。よく話すのは、マラソンをひとりで走っているとき、体調が悪くなれば、リタイアしちゃうかもしれない。でも、駅伝なら、たとえ倒れても走り続けなければという気持ちになるはず。そして、11人の人間の力を12や13、14というふうに引き出すのが、一体感、結束力です。チームのポテンシャルを最大限に発揮できる環境を整えるのがマネージメントであり、クラブのフィロソフィーやアイデンティティだと思っています。力の発揮率を１・５倍にできれば、ポテンシャルが１００だったとしても１５０の力となる。そういう考えでずっとやってきた」

鈴木の話を聞きながら、彼が守り抜いたものの強さを想った。

「目標を定め、そこに対するアプローチがしっかりないと継続的な結果は得られない。30年前、初年度に勝てたから、たまたま続いているわけじゃない。それでは30年も続かない。『勝つことへのこだわり』と言っても、ピンと来ない人もいるかもしれない。私たちは『1位と2位とでは大きな差があり、2位も最下位も変わらない』と言ってきた。実際は2位でも賞金は出るし、最下位なら降格するわけだから、2位と最下位は同じではない。でも、極端な言い方が必要なこともある。『1位だったら記録にも記憶にも残るけれど、2位のチームなんて名前も覚えてないだろう』と繰り返す。そういう小さな作業を重ねて、勝つことへのこだわり、一体感、結束力というものを培ってきた。そうやって作り上げたのが鹿島の空気なんだよ」

　重ねてきた経験の伝承は選手だけにとどまらない。ジーコも鈴木満もそして鈴木秀樹も、永遠に現場に立ち続けられるわけではない。渡すべきバトンは準備されているのか。

「クラブの哲学のもとでの行動規範や規律基準を整理して、マニュアル化する作業は行っているんだけど、それを見れば誰もが鹿島と同じようなチームが作れるものでもない。選手が30人、スタッフが20人という50人の所帯があり、すべての人間を公平に見て、競争させ、評価をし、チームを運営管理するうえで、その場その場のさじ加減が重要になってくる。白黒つけられないファジーな部分を残し、うまく使わないと組織はまとまらないし、まわっていかない。そのさじ加減がテクニックであり、人間の能力。それを文章化、言語化することは本当に難しい。ある意味、僕らは空気を作っているんだよね。でも空気は見えないから」

鈴木秀樹が話していた「アナログの重要性」と同じように、ＡＩでは代用ができないのがマネージメントの極意なのだろう。

「ＧＭ研修会などで、僕の仕事について話すと、『それって当たり前のことですよね』で終わってしまうことも多い。紙に書いたら当たり前のことになる。でも、それをどうやって行い、どれだけしっかりできるか、できないかだから」

鈴木満のように30年近い年月、ひとつのクラブで強化責任者を務めた人間は少ない。その事実だけでも鹿島アントラーズがほかのクラブと違うことがわかるはずだ。

失ったタイトルを忘れない

「タイトルは僕らにとっての栄養」と鈴木満は言う。勝利することで進化してきたクラブにとって、勝利こそが正義なのだろう。

「確かに最も多くタイトルを持っているから、それを評価してもらえるのはうれしい。でも、負けたときのインパクト、ダメージのほうが大きいんですよ。わかるかな。過去の30年間で20個タイトルを獲れたけど、日本の三大タイトル、ＡＣＬを加えると30年で１００を超えるタイトルがあるなかで、２割しか勝っていないということ。８割は負けている。僕らにとっては、そのことのほうがデカいから。満足とか達成感なんてないんだよ」

鈴木の言葉からは、貪欲さとともに、タイトルから遠ざかっている現状をどんな思いで受け止めているのか、その切迫感が伝わってくる。

２０１７年最終節に失ったリーグタイトル。２０１８年にはアジアを制したが、それ以降タイトルを手にしていない。２０１６年もチャンピオンシップを制してリーグ王者となったものの、年間勝ち点では3位だった。そういう意味で、1年間通して勝ち点を積み上げて優勝したのは２００９年までさかのぼらなければならない。

在籍年数の少ない選手にとっては、こうやって過去の実績を突きつけられるのは、過度なプレッシャーでしかないのかもしれない。しかし、その重さも含めての鹿島アントラーズなのだ。鹿島のユニフォームをまとうことはそれを引き受けるということだ。

相馬直樹が監督就任した第10節以降リーグ戦６試合負けなしでスタート。10月２日第31節対横浜ＦＣ戦を終えた時点で、16勝５分11敗の６位にいる。残り６試合、首位の川崎との勝ち点は28ポイント離れて、優勝の可能性はなくなった。来季のＡＣＬ出場権（プレーオフも含む）獲得権の3位ヴィッセル神戸とは４ポイント差だが、消化試合は鹿島が１試合多い。

タイトルの可能性が残る天皇杯。準々決勝は10月27日、等々力陸上競技場で行われる。対するは川崎だ。本書が店頭に並ぶころにはすでに結果は出ている。それがどうであっても、クラブ創設30周年の節目となるシーズンが、未来につながることを願う。

終章

それでも鹿島は

タイトルへの渇望。勝利に向かう熱量。

選手だけでなく、アントラーズの屋根の下にいるすべての人間が共有し、各々の場所で戦っている。クラブの屋台骨を背負うトップチームの選手はそれを感じているから、走れるのだ。

走らなければならない。勝たなければいけない。

「クラブハウスではさまざまなスタッフが仕事をしている。選手たちはスタッフの温度を感じながら日々練習をしている」と鈴木秀樹も話す。

「すべては勝利のために」

鹿島アントラーズは30年間、そう言い続け、走ってきた。

勝つということは負けないということ。

勝つための手段にはこだわらない。

そんな鹿島の潔さを前に、屈した敵は少なくない。

ひとつの形にとらわれず、臨機応変に戦ってきたからこその二十冠だった。

けれど、先頭を走っているつもりでいては、その場所に居続けられない。

30年前、誰もが目を見張ったクラブハウスも今では、「最新」の施設というわけではない。

同様にかつての手法が通用し続ける保証もない。

危機感は相変わらず、クラブのなかに漂っている。
勝つことへの執着心やこだわりだけが鹿島の30年を支えてきたのではなく、「優勝のうれしさよりも負けることの悔しさ。そのギャップを全員が共有している」という大岩の言葉にある通り、敗戦の痛みが強いからこそ、危機感は消えることがないのだと思う。
勝つか負けるかの二択しかない勝負の世界。タイトルという果実を手にする確率は50パーセント以下だ。そんなわかりきったことを目標に走ってきた。強い痛みを抱えながら……。すぐさま解決策が見つからないとしても、その旗を降ろすわけにはいかない。

Ｊリーグを30年近く取材しているなかで、かつての強者たちがそうでなくなったとき、「今は世代交代だから」「土台を整えている時期だから」と、温かい視線でチームを見守るメディアやサポーターに遭遇したことがあった。確かにそういう思考にならざるを得ない心境も理解はできる。けれど、鹿島アントラーズにそんな温情は似合わない。勝てないことに慣れてはいけない。

それは悔しさを味わい続けた先人たちに対しての非礼であり、現場の人間も許さないはずだ。選手が入れ替わっても、変わらずそこにいるスタンドを赤く染めるファン、サポーターの心にある鹿島アントラーズのＤＮＡも諦めることをよしとはしないだろう。

「強いから勝つのではなく、勝ったから強い」

たとえ、意地を張っていると見えても、失笑を買ったとしても、そう言い続けるクラブであり、サポーターも含めたアントラーズファミリーでいてほしい。

FOOTBALL DREAMの旗のもとに

スペインのラ・リーガにアスレティック・ビルバオというクラブがある。１９２９年以来１部に所属し、レアル・マドリード、ＦＣバルセロナとともに2部に降格したことがない。しかもチームは地元バスク州出身者や幼少期をそこで過ごしたというバスクにルーツを持つ選手のみで構成され、その姿勢は「純血主義」と評されている。国際化が当然のサッカー界で、限られたエリアの出身者だけで戦い、結果を残せるのは、クラブとして変わらないゲームモデルを確立し、アカデミーも含めてそれが貫かれているからだろう。そのうえで、アイデンティティ、忠誠心、哲学のもとで一体感が生まれているのだ。

そんな唯一無二のビルバオの姿は、フットボールクラブのひとつの理想かもしれない。

鹿島にビルバオのような選手のルーツにこだわる純血主義を求めるわけではない。しかし「鹿島アントラーズ」という血を大切にする姿勢を守り続けてほしいと願ってやまない。

そのためにたとえこれから先、過去30年以上の困難が伴うとしてもだ。

最後に高島雄大の話を紹介しよう。

「1年目にジーコと一緒にサッカースクールをまわりながら、『なぜ彼は日本へ来たんだろう』と思っていました。そしたら、『サッカーを通じた町作りができるプロジェクトだったから、来たんだ』という話をしてくれた。でも、当時の僕にはピンとこなかった。サッカーにそんな力があるのかなぁと。でも僕もいろいろ経験させてもらい、仕事をしながら、ジーコの想いがわかった。『スピリット・オブ・ジーコ』を大切にして今に至り、ジーコも喜んでくれるから、彼が目指したものを形にできたと思えます。

　鹿島に来たばかりのころ、町の多くの人たちが『Jリーグ入りは99・9999パーセント無理だと言われていたんだよね』という話を何度もしてくれた。彼らが言いたいのは、『にもかかわらずJリーグに入れたんだから、ちゃんと成功させるように頑張ってくれ』と。居酒屋で酔っ払いながら言ってくれる人もいた。ひとりやふたりじゃなかった。可能性は0・0001パーセントしかなかったのに、実現した。それがアントラーズなんだから簡単に諦めちゃいけないということを町の人たちから教えられたんです。ずっと危機感を抱き続けてきた30年だけど、今こうやって振り返ると、町の人たちに喜んでもらえる結果を残せたなと思っています。同時にそういう人たちの存在をこれからの人間に伝えていかなくちゃいけない。

　ここから先は、ヤナギ（柳沢敦）や（小笠原）満男、ソガ（曽ケ端準）、（中田）浩二とか、相馬も監督で戻ってきたように、アントラーズを作ってきた選手が、クラブに戻り、危機感と向上心を持ち、やるべきことをしっかりやってくれれば、立ち向かっていけると思うんだよね」

終章
それでも鹿島は

奇跡のJリーグ入り。

そういわれたクラブは、地域に深く根を張り、日本一のチームを擁するようになった。

30年の歴史は成功と呼んでもさしつかえない。しかし、それは未来を約束するものではない。

それでもデジタルという武器を備え、鹿島アントラーズは新しい形のクラブと社会を作っていくだろう。一歩一歩やるべきことに全力を注ぎながら、揺るぎない哲学と柔軟な対応力でFOOTBALL DREAMを追い続ける。

すべては勝利のために。

頂がはるか遠くにあるからこそ、その志が折れることはない。

ME TO WIN

DESAFIO
共闘
TRABALHO
LEALDADE
RESPEITO
Zico espirito
We are hungry for vic
選手の力は無限大
俺達の闘い方で勝利を掴もう
We must win at any cost!!
WE

参考資料

日刊スポーツ、スポーツニッポン、スポーツ報知、サンケイスポーツ、日本経済新聞、茨城新聞
『未完成　ジュビロ磐田の戦い』寺野典子著（河出書房新社）
『オズワルド・オリヴェイラ自伝――風のおもむくままに』オズワルド・オリヴェイラ著（講談社）
『サッカースカウトマン』平野勝哉著（出版芸術社）
『ジーコスピリットの伝達者』鈴木国弘著（ＮＥＣメディアプロダクツ）
『血を繋げる。　勝利の本質を知る、アントラーズの真髄』鈴木満著（幻冬舎）
サッカーマガジン（ベースボール・マガジン社）、サッカーダイジェスト（日本スポーツ企画出版社）
サッカーキング（フロムワン）、Number（文藝春秋社）、web Sportiva（集英社）、エル・ゴラッソ（スクワッド）

・本書は書きおろしです。
・本書における試合記録、所属は２０２１年10月３日現在のものです（一部例外あり）。

おわりに

私が初めて鹿島アントラーズのクラブハウスを訪れたのは、1993年Jリーグ開幕の年だった。『サッカーai』という雑誌で、古川昌明選手の取材のためだ。「9時半から始まる午前練習前に時間が取れました」と連絡があり、東京駅から早朝6時の高速バスに乗った。

結局、取材は午後の練習後に変更され、夕方までどうやって時間をつぶすのか。スマートフォンはおろか、パソコンすらない。カメラマンの車で商業施設ジャスコへ向かうことになった。けれどジャスコにそう長居できるわけもなく、カメラマンの運転で市内をドライブした。鹿島（現鹿嶋市）を満喫できた一日のことをいつも思いだす。

それから30年弱。何度、鹿嶋を訪れたのだろうか？　週に数回足を運んだ時期もある。都心近郊のクラブよりもその回数ははるかに上回る。遠いと思っていた成田空港を「近い」と感じ、移動の2時間が苦にはならない鹿嶋は身近で愛着のある場所になったことは間違いない。

それでも、スポーツ界とは縁遠い現場で仕事をしてきた私にとって、鹿島の持つ硬質で硬派な空気に場違いのような緊張感を感じた。それを変えてくれたのは、柳沢敦や平瀬智行、ゴールデンエイジといった若い選手たちと歴代の広報担当者だった。次第にさまざまなスタッフと話す機会も増え、鹿島アントラーズのクラブハウスは居心地のよい場所に変わった。

「鹿島アントラーズで評伝本を書きたい」

評伝というのは、「人生」を追う伝記だ。関係者や書き手による人物評を交えながら、主人公となる人間の人生をさかのぼる読み物。だから、本来はフットボールクラブに関する書籍を「評伝」と呼ぶことはない。けれど、鹿島アントラーズなら、数多くの人たちの言葉を編み、つづれば、人生を描くような評伝になるはずだと思い込んだ。それが２０１７年の天皇杯後のことだ。

けれど、常勝集団として定着している鹿島アントラーズについて、「なぜ強いのか」を論じるテキストはすでに世のなかに出回っている。今さらどんなテーマで書籍を作るのか？　という編集者の声もあり、企画は進まない。それでも私の気持ちは揺るがなかった。

そうしたなか、本書の出版に共感を寄せてくれる編集者との出会いがあり、同時に２０１８年、集英社の「web Sportiva」にて、現役選手やOB、スタッフのインタビューと現在進行形のチームを追う連載「遺伝子～鹿島アントラーズ　絶対勝利の哲学～」が始まる。最終的にはクラブワールドカップまで続いたこのシーズンをフリーランスのライターが番記者のようにほぼ密着して取材できたのは、この連載と本書の企画があったおかげだった。感謝しています。

おわりに

いざ単行本の執筆にとりかかろうとしたとき、インタビューのテープ起こしの山を前に身が引き締まる想いだった。けれど、実際書き始めて愕然とする。書いても書いても、書きたいことは生まれ、永遠に終わらないかもしれないという恐怖心も湧いてくる。

けれど、コロナ禍のステイホームのなか、数か月にわたり、鹿島アントラーズについて書くことが日常となり、書き終わらなければならない今は寂しさでいっぱいだ。

取材にご協力いただいた方々の言葉をお預かりして、本書の原稿を書いた。もちろんすべてを文章にはできなかった。その申し訳なさ、もっと多くの声を聞くべきだったのかもしれないという気持ちが残る。想いを読者に届けられるのか？　最善は尽くせたのか？　と自問自答は終わらない。

でもこれが30年の記録としては、不十分だという自覚はある。勝敗やスコアなどの記録だけでは語れない物語は、当然もっともっと存在するだろう。「きっといろいろ言われちゃうよ」と本書の企画に対して、忠告してくれた人もいた。まあそれは覚悟のうえだ。

耳に心地よいことばかりを並べたつもりはないが、何かや誰かを批判したいわけじゃない。そのときどきを当事者たちの言葉で綴りたかった。答えを出そうとは考えていない。アントラーズの人生はまだ道半ばということもある。常勝軍団と呼んでよいのかも議論が分かれる現実もある。数センチや数秒で異なる現実を迎えるのがサッカーだ。未来は誰にもわからない。

幸いにも長くこの仕事を続けられている。

Jリーグだけでなく、日本代表などの取材を通して、お世話になった選手やスタッフ、記者のみなさん、執筆機会を与えてくれた媒体の人々などのあと押しがあったから、生きてこられた。そして読者の方々の存在も力を与えてくれました。この場を借りてお礼を申し上げます。感謝を伝えたい方が多すぎて、言葉が尽きません。

アントラーズファミリーのみなさま。クラブ創設30周年おめでとうございます。

本書に限らず、長年の取材へのご協力に対し、深く感謝いたします。

広報チームの松本隆吾さんの力添えがなければ、本書は完成しませんでした。

ワガママな私と並走してくれた集英社の川又玉緒さんの存在は本当に大きかった。ありがとう。デザイナーや校正スタッフの方々にもお礼を伝えたい。

１９９７年のチャンピオンシップで、ジュビロ磐田に敗れた試合のあと、涙をこらえながら仕事をしている鹿島の女性スタッフのことを覚えている。「仕事現場で涙など」という記者もいたけれど、彼女の姿に鹿島アントラーズというクラブの本質的な熱量を感じた。

私自身、その後、オリンピックやワールドカップでの日本代表の最終戦は、いつも涙があふれた。大会敗退の寂しさや悲しさではなく、悔しさや怒りで感情が高ぶり泣いてしまう。

おわりに

そんなとき、鹿島の女性スタッフの姿が頭に浮かび、敗者が抱える痛みが、次のステージへ向かうエネルギーになるのだろうと信じ、前を向けた。
これからもきっと、つまずき立ち上がろうとするとき、それを思い出すだろう。

２０２１年晩秋　寺野典子

追伸
２０１８年３月16日に他界した刈部謙一氏にこの作品をささげたい。
長く私を叱咤激励してくれた師であり、理解者だった。

頂《いただき》はいつも遠《とお》くに

KASHIMA ANTLERS 1991 2021 30TH ANNIVERSARY

鹿島《かしま》アントラーズの30年《ねん》

二〇二一年一一月一〇日　第一刷発行
二〇二二年　二月　七日　第三刷発行

著　者　寺野典子《てらののりこ》

発行者　樋口尚也
発行所　株式会社 集英社
〒一〇一-八〇五〇 東京都千代田区一ツ橋二-五-一〇
電話　編集部 〇三-三二三〇-六一四一
読者係 〇三-三二三〇-六〇八〇
販売部 〇三-三二三〇-六三九三（書店専用）
印刷所　大日本印刷株式会社
製　本　ナショナル製本協同組合

© Noriko Terano 2021 Printed in Japan
ISBN978-4-08-781690-7 C0095

定価はカバーに表示してあります。

造本には十分注意しておりますが、印刷・製本など製造上の不備がありましたら、お手数ですが小社「読者係」までご連絡ください。古書店、フリマアプリ、オークションサイト等で入手されたものは対応いたしかねますのでご了承ください。

なお、本書の一部あるいは全部を無断で複写・複製することは、法律で認められた場合を除き、著作権の侵害となります。また、業者など、読者本人以外による本書のデジタル化は、いかなる場合でも一切認められませんのでご注意ください。